Anita Bind-Klinger

Heilung durch Harmonie

In Meditation mit Edelsteinen
die Weisheit des Körpers erfahren

Anita Bind-Klinger

Heilung durch Harmonie

In Meditation mit Edelsteinen
die Weisheit des Körpers erfahren

Aquamarin Verlag

Deutsche Originalausgabe

Das Titelbild zeigt ein Gemälde von
WIVICA

Layout: Annette Wagner

1. Auflage 1992
© Aquamarin Verlag
Voglherd 1, D- 8018 Grafing

Herstellung: P & P Lichtsatz Gmbh, Grafing

ISBN 3-89427-020-9

Inhaltsverzeichnis

Vorwort

Mein Lebensauftrag

Meine Seele weiß schon lange davon. Sie hat ihn vor langer Zeit in mir angelegt. Ich selbst habe ihn lange Zeit nicht bewußt „wahr"-genommen. Beständig und ganz liebevoll hat mich meine Seele immer wieder auf ihn hingewiesen − *auf meinen Auftrag*.

Ich spüre einen Auftrag in mir − einen Lebensauftrag. Er wird deutlicher, größer und mächtiger, je mehr ich mich auf ihn einlassen kann, je mehr ich mich ihm anvertraue. Er heißt: „Erwecke mit der Flamme deiner Liebe die Liebe in deinem Gegenüber (Menschen, Tiere, Pflanzen, alles was lebt). Lasse den Funken überspringen, so daß die Flamme des Lichtes und der Liebe in allem Lebendigen auflodere und nach allen Seiten hin ausströme."

So wuchs ich auf in einer großen Familie. Umgeben von fünf Geschwistern lernte ich früh das Teilen und Anpassen, aber auch das Durchsetzen. Im Nachhinein bin ich meinen Eltern und Geschwistern sehr dankbar für diese Lebensschulung. In meinem ersten Beruf als medizinisch-technische Radiologie-Assistentin wirkte ich im Sinne einer *Vermittlerin*. Ich arbeitete in verschiedenen Krankenhäusern in den radiologischen Diagnostik-Abteilungen und vermittelte zwischen den kranken Menschen und der „modernen Gerätemedizin". Ich mochte meine Arbeit und freute mich am Kontakt mit dem Menschen, hatte das Gefühl, den kranken Menschen zu helfen.

Jahre später arbeitete ich in der Strahlentherapie mit Krebspatienten, zum Teil schwerst-kranken Menschen. Die Patienten müssen oft drei bis sechs Wochen lang täglich zur Bestrahlung kommen. Ich hoffte darauf, *menschlich* noch mehr helfen zu können. Wieder war ich *Vermittlerin* zwischen kranken Menschen und modernen Bestrahlungsgeräten, aber die Menschen kamen täglich, man lernte sie näher kennen. Mit dem einen oder anderen Patienten entwickelte sich – sofern es die Arbeitszeit zuließ – manchmal auch ein wichtiges Gespräch. Ich lernte in dieser Zeit sehr viel über Krankheiten und wie Menschen mit ihnen umgehen.

Aber etwas in mir blieb unbefriedigt – und ich fand lange nicht heraus, *was* es war. In dieser Zeit las ich viele Bücher über Krankheitsentstehung und verschiedene Behandlungsmethoden. *Gelesen* hatte ich es wohl, aber tief im Innern *begriffen* hatte ich es nicht. Die naturwissenschaftliche Medizin behandelt *nur das kranke Organ* und nicht den ganzen Menschen. Diese Art von Medizin besitzt unbestritten ihre Berechtigung, viele Menschen hätten ohne ihre Erfolge und Fortschritte nicht mehr die Chance zu leben oder zu überleben. Wir müssen uns nur klar darüber sein, daß die schulmedizinische Arbeit *eine Arbeit an einem Teil des Ganzen* ist. Als ich dies begriff, wurde mir immer unwohler bei dem, was ich täglich tat; ich stand nicht mehr hinter meiner Arbeit. Die Alltagsroutine in einem Krankenhausbetrieb, in dem viele Patienten am Tag bestrahlt werden müssen, ließ weder Zeit noch Raum, sich dem ganzen Menschen zu widmen.

Ein Schlüsselerlebnis war für mich die Krankheit meines Vaters, als er an Bronchialkrebs erkrankte und nach den üblichen Methoden, wie Operation, Bestrahlung und Chemotherapie, starb. Ich erlebte die „Krankheit", die ich bei so vielen *fremden* Menschen bestrahlte, auf der Seite eines Menschen, mit dem ich emotional sehr verbunden war. In dieser Zeit wurde mir vieles klar und deutlich vor Augen geführt. Nun war ich wirklich bereit, *hinzuschauen*, das tiefere Geschehen hinter der Oberfläche zu erkennen.

Nach der psychischen Verarbeitung des Todes meines Vaters schaute ich mich auch auf meinem Lebensweg um und ging den Weg in die ganzheitliche Medizin, in die Naturheilkunde. Seminare und Kurse, wie „Mit den Händen heilen", „Edelsteine und Kristalle als heilende Helfer" und REIKI-Einweihungen vermittelten mir wichtige Einsichten. Ich erkannte in der Homöopathie eine ganzheitliche Heilweise, die mich verstehen ließ, was Krankheit und Gesundheit bedeutet.

Als Heilpraktikerin arbeite ich nun wieder sehr gerne mit Menschen. Mit Menschen, die bereit sind, mehr als nur das *kranke Organ* behandeln zu lassen. Mit Menschen, die sich als eine Einheit von Körper, Geist und Seele fühlen, die ihre Ganzheitlichkeit erkennen und bereit sind, die Verantwortung für sich selbst zu übernehmen, und die auf diesem Weg jetzt gerade eine Hilfe oder eine Unterstützung brauchen. Im Erkennen der Eigenverantwortlichkeit liegt ein Schlüssel zur Veränderung − und damit zur Heilung.

Homöopathie, Bach-Blüten-Therapie, Edelsteine und Kristalle, die farbigen Aura-Soma-Essenzen, sanfte Massagen wie die Lymphdrainage und REIKI sind mir große Helfer in der Zusammenarbeit mit *den Hilfesuchenden*. Die Basis meiner Arbeit liegt in dem bewußt-machenden, aufklärenden Gespräch.

Ich erlebe als tiefe, wichtigste Aufgabe in meinen Behandlungsstunden, daß der Betroffene die Liebe zu sich selbst wiedererweckt oder stärkt, also *den inneren Heiler in sich selbst* ruft. Homöopathische Mittel aus dem pflanzlichen, tierischen und mineralischen Reich und Edelsteine unterstützen die Heilungsprozesse und helfen bei „akuten Notzuständen".

In Behandlungsstunden, Seminaren − und in diesem Buch − soll aufgezeigt werden, was die Krankheit als Botschaft bedeutet und wie man mit sich, seinem *inneren Arzt* und dem kranken Organ in Heilungsgesprächen und Heilungsbehandlungen in veränderter Weise als bisher umgehen kann − daß man den Schlüssel zur Heilung selbst in der Hand hält.

Diese Heilungsgespräche ersetzen keine medizinischen oder naturheilkundlichen Behandlungen, aber sie wirken unterstützend und aufbauend für jede wahre und dauerhafte Heilung.

EINLEITUNG

Sind Sie sich eigentlich darüber bewußt, wie sehr Sie Ihre Aufmerksamkeit lenken können? Wieviel Einfluß Sie darauf haben, auf welcher Ebene, der geistigen oder mehr auf der körperlichen, Ihre Wahrnehmung jetzt gerade die Reize und Impulse von der Außenwelt und vom Innern Ihres Körpers aufnimmt und verarbeitet?

Wenn ja — dann wissen Sie um diese enorme Fähigkeit. Dann werden Sie auf den folgenden Seiten von Impulsen zur Erweiterung und Vertiefung Ihrer Wahrnehmung erfahren, die sich auf Ihren Körper und damit auf Ihr ganzes Wesen beziehen.

Die *kosmischen Gesetze: Wie oben so unten, wie innen so außen, wie im Kleinen so im Großen* sind die Grundlagen dazu. Was sich in Ihrem Körper, was sich in einer einzelnen Zelle Ihres Körpers abspielt, ist ein Spiegelbild dessen, was um Sie herum in Ihrer Außenwelt geschieht. Wenn Sie Ihre *Körpersprache — die Sprache der Organe —* aufmerksam und bewußt wahrnehmen, werden Sie sich und Ihre Umwelt besser verstehen. Bedingungen dazu sind Ihre ehrliche Bereitschaft und die Liebe und Freude am Leben.

Wenn Sie sich bisher nicht bewußt damit beschäftigt haben, *in sich aufmerksam zu sein*, dann lassen Sie sich überraschen, was Ihnen aus Ihrem Inneren entgegenkommt, ja entgegensprudelt, wenn Sie bereit sind, die *Türen nach Innen und Außen* zu öffnen. Der Körper und Ihre Organe sprechen ständig mit Ihnen, senden ständig ihre Botschaften aus — auch wenn Sie bisher nicht bewußt hingehört haben. Unbewußt hat Ihr Körper Sie sicherlich schon oft gezwungen, das eine oder andere zu tun oder zu lassen. Unser Körper ist außergewöhnlich gutmütig und sehr, sehr geduldig.

Dann werden Ihnen diese Zeilen in Erläuterungen über die Organsprache und in angeleiteten, geführten Meditationen Impulse geben, die Sie in Ihr zukünftiges Leben — Ihr Leben ab jetzt — einbauen können. Sie werden *die Vokabeln Ihrer Organsprache* verstehen und damit die Zusammenhänge in Ihnen selbst und Ihrer Umgebung.

Haben Sie Mut und Vertrauen zu sich, es ist ganz einfach. Wir Menschen haben es *erlernt*, in so vielem nur Schwierigkeiten zu sehen. Trauen Sie es sich zu, es einmal anders zu probieren! Manchmal scheint es mir so, als zähle das *Einfache* nicht mehr. Wir erwarten oft von vorneherein, daß *es schwer* ist — und sind dann stolz, wenn wir *es geschafft* haben.

Der Körper mit seinen Zellen, Organen und Organsystemen ist ein Wunderwerk. Der Schöpfer hat im Zusammenwirken von geistigen Gestaltungskräften und Mutter Erde Wunder geschaffen, die bis ins Detail durchdacht sind. Das menschliche Eingreifen in dieses System sollte achtsam und gut überlegt sein — im *Bewußt-Sein,* warum ein Symptom da ist und was dieser Eingriff für das ganze System bedeutet.

Die tiefste Weisheit im Körper ist, daß sich in jedem Lebewesen der göttliche Funke befindet. In jedem *Lebendigen* brennt die Flamme des Lichtes und der Liebe. *So ist sich jeder selbst der beste Heiler!* Der *innere Arzt* in jedem von uns weiß am besten, was ganz individuell das Heilende ist. Geben wir diesem inneren Arzt, diesem uns eigenen inneren Heiler Raum und Zeit, seine Arbeit zu verrichten. Durch unsere Aufmerksamkeit und unsere innere Hinwendung können wir in Kontakt mit dem *inneren Heiler* treten, können wir Zwiegespräche führen und erfahren, wie wir seine heilende Arbeit unterstützen können.

Es gibt viele Unterstützungsmöglichkeiten. Die homöopathischen Mittel aus dem pflanzlichen, tierischen und mineralischen Reich, Edelsteine und Kristalle, universelle Lebensenergie (REIKI), Akupunkturnadeln und Farben — alle sind sie große *Helfer.* Sie sind *Hilfsmittel* auf dem Weg zu sich selbst. Sie wirken wie feinstoffliche, geistige Katalysatoren, sie bringen etwas in Bewegung und machen uns sensibel für geistige Reifungsprozesse. Wir können uns ihren helfenden Energien öffnen, aber wir dürfen und wir brauchen von nichts und niemandem *abhängig* zu werden.

Ich bin auf meinem Lebensweg diesen *Helfern* sehr dankbar. Schon oft war ein Edelstein oder ein Kristall zur rechten Zeit ein wahres Licht auf meinem Weg, oder in einem liebevollen, klärenden Gespräch wurde mir etwas bewußt, oder ein homöopathisches Mittel gab mir den richtigen Impuls.

Es ist mir ein Herzensanliegen, die Aufmerksamkeit auf die *Wahrnehmung* des eigenen Selbst zu lenken, zu erwecken oder zu stärken. Darin sehe ich eine große Chance für die Gesundheit. Sowohl die Krankheitsrisiken als auch die Gesundheitschancen sind in uns und um uns. Wenden wir zuviel Aufmerksamkeit den Krankheitsrisiken zu, entsteht Angst vor der Krankheit, und wir verteidigen und wehren uns nur noch. Auf die Gesundheitschancen zu achten, erhöht in großem Maße die Lebensfreude. Erlauben wir uns, den goldenen Mittelweg zu gehen, weder an dem einen noch an dem anderen Extrem zu sehr festzuhalten.

Erkennen wir in unseren Krankheiten und Symptomen unseren „Freund und Helfer", eine Botschaft aus unserem Inneren, und vertrauen wir darauf, daß unser innerer Arzt in seiner Weisheit ein Ungleichgewicht wieder ins Lot bringen kann.

Das erste Kapitel beschreibt, was *Gesundheit* und *Krankheit* überhaupt ist. Das zweite Kapitel stellt die *feinstofflichen Körper, Edelsteine und Kristalle* vor. Im dritten Kapitel werden die *Organe und ihre psychischen Entsprechungen* erläutert und für jedes Organsystem verschiedene Möglichkeiten der *Heilungsgespräche und Heilungsbehandlungen* aufgezeigt.

Was ist Gesundheit, was ist Krankheit?

OM

Mensch

Schnittpunkt von Geist und Materie

Seele

individualisierter Geist

Körper

individualisierte Materie

Mensch

verkörperte Seele – beseelter Körper

OM

(1)

Wie schön ist es doch, gesund zu sein. Sich kraftvoll zu fühlen und voller Lebensfreude zu sein. Die Arbeit geht leicht von der Hand, viele Unternehmungen locken. Man fühlt sich ausgeglichen und in Harmonie. Doch plötzlich, von einem Augenblick zum anderen, verändert sich die Lebenssituation – ein Hexenschuß macht aus dem eben noch strahlenden Menschen einen wehleidigen, vom Schmerz gebeugten „Kranken".

Oder im Hals fängt es an zu kratzen, man nießt und eine ordentliche Erkältung schüttet sich über dem Körper aus und legt den Menschen für ein paar Tage lahm. Oder die Kopfschmerzen, die sich so lange nicht meldeten, breiten sich wieder aus.

Was ist passiert? War es wirklich der harmonische, ausgewogene Zustand, in dem der nun kranke Mensch vorher war? Oder war das nur Schein und Unehrlichkeit, und die körperlichen Symptome zwingen jetzt zur Ehrlichkeit und lenken ganz unmißverständlich die Aufmerksamkeit auf die körperlich und psychisch wunde Stelle?

Um das Geschehen von Gesundheit und Krankheit zu verstehen, müssen wir den ganzen Menschen als Wesen, als eine *Einheit aus Körper, Geist und Seele* sehen. Wenn wir nur den Rücken und die Wirbelsäule beim Hexenschuß sehen oder nur die Erkältungserreger, die auf die Halsmandeln wirken, kommen wir nicht ans Ziel.

Ich werde im folgenden von verschiedenen Körpern und Ebenen sprechen, die ich nachstehend kurz erläutern will. Unser *sichtbarer Körper* ist der feste, irdische, materielle oder grobstoffliche Anteil, oder auch die körperliche Ebene. Er ist die materielle Hülle der Seele, das Gefährt, mit dem wir durch das Leben ziehen oder auch der Tempel, in dem die Seele die Lebensgeschichte darstellt. Der Körper ist die manifeste Ebene der Darstellung dessen, was Geist und Seele mitbringen. Der Körper bildet also die Darstellungsebene, die Seele die Entstehungsebene der Lebensaufgaben.

Geist und Seele sind nicht-materieller, feinstofflicher Art. Sie gehören zu den höheren, übergeordneten Ebenen. Wir können sie nicht mit unseren üblichen fünf Sinnen wahrnehmen. Das erschwert uns zunächst die Auseinandersetzung mit ihnen. Aber durch Erweiterung und Schulung des Bewußtseins erfahren wir mehr und mehr über diese übergeordneten Ebenen.

Der Geist darf nicht mit dem Verstand verwechselt werden. Der Verstand ist zwar auch schon „geistiger Art", also feinstofflich, nicht-materiell, aber er ist als das „Denken" zwischen Körper und Geist geschaltet. Das geistige Potential verbindet uns mit dem, "was wir als Menschen *nicht* sind", was über unser Menschsein hinausgeht. Wir alle sind mit einem großen Geist, einer unerschöpflichen Quelle von Liebe , Licht und Weisheit verbunden.

Die Seele ist über das Höhere Selbst mit dem Menschen verbunden und kennt die Lebensaufgaben und den Sinn des Lebens. Sie weiß von allen Fähigkeiten und Lichtseiten, die es auszuleben gilt und von den Schattenseiten, die es anzunehmen und zu erlösen gilt. Immerzu ist sie bereit, uns als innere Führung den einfachsten Lebensweg zu zeigen oder als innere Stimme ihn zu nennen.

Den tiefen Zusammenhang zwischen dem grobstofflichen Körper und dem feinstofflichen Geist zeigt ein Zitat aus einem sehr alten Sumari-Text, der „Heiligen Schrift des Bundes":

„Ehre deinen Körper; er repräsentiert dein Ich in dieser Welt. Seine große Schönheit ist kein Zufall. Er ist die äußere Form, durch die deine Werke kommen müssen; durch die der Geist und der Geist im Innerern des Geistes spricht. Fleisch und Geist sind zwei Stufen deines Seins in Raum und Zeit. Wer eine von beiden nicht beachtet, wird zugrunde gehen...."(2)

Gesundheit ist – so betrachtet – das harmonische Zusammenwirken von Körper, Geist und Seele. Gesund ist ein Mensch, der bereitwillig und gerne mit beiden Füßen auf der Erde steht, sein irdisches Dasein annimmt, sich mit seinen Lebensaufgaben auseinandersetzt, seine Fähigkeiten auslebt, sich wegen seiner Schattenseiten nicht verurteilt – sich durch seine Offenheit seiner Seele nicht verweigert, die der Einheit mit allem Geistigen und dem Licht zustrebt.

Der griechische Homöopath Georgos Vithoulkas definierte die Gesundheit in einem für mich sehr stimmigen Satz:

„Gesundheit ist die Freiheit zu einer uneingeschränkt kreativen, sich und andere beglückenden Lebensgestaltung.

So ist Gesundheit die Freiheit von falschen Zielsetzungen, insbesondere von Selbstzucht auf der Geistesebene, eine vollständige Orientierung an den wahren Werten. Sie ist Freiheit von übergroßen Leidenschaften auf der emotionalen Ebene, ein Zustand dynamischer Ausgeglichenheit und heiterer Gelassenheit. Sie ist das Freisein von Unwohlsein und Schmerzen auf der körperlichen Ebene, ein Zustand körperlichen Wohlbefindens." (3)

Wenden wir jetzt unsere Aufmerksamkeit dem Gegenpol der Gesundheit − der Krankheit − zu. Wo es ein Gleichgewicht gibt, ist Ungleichgewicht möglich. Wo Harmonie herrscht, ist Disharmonie nicht weit.

Nach menschlichem Empfinden existieren Krankheit und Gesundheit nahe beieinander. Ein Mensch kann sich körperlich gesund und ohne Symptome fühlen − und doch ist er auf geistiger oder emotionaler Ebene schon „krank", weil er unangemessen ängstlich ist oder sich wegen eines noch nicht überwundenen Liebeskummers nicht konzentrieren kann.

Jeder Umwelteinfluß wirkt auf eine der menschlichen Ebenen, der körperlichen oder der geistigen, und löst dort eine Reaktion aus. Vieles läuft unbemerkt und im Unbewußten ab. Wenn wir die Lernaufgabe nicht auf den höheren, geistigen und emotionalen Ebenen verarbeiten können, sinkt das Geschehen immer tiefer, wird immer dichter, bis es zuletzt im körperlichen Bereich ein Symptom oder eine Reaktion hervorruft. Eine „Kränkung" kann z.B. auf der Gefühlsebene verarbeitet werden − oder aber tiefer körperlich sinken und sich als Magenkrampf oder Durchfall äußern.

Alle Reize, wie Umwelteinflüße, Gespräche, gute und schlechte Nachrichten etc. wirken auf die Lebenskraft. Die *Lebenskraft* ist eine feinstoffliche, energetische und dynamische Kraft, die auf alle Lebensvorgänge im geistigen wie im körperlichen wirkt. Sie hängt mit dem Lebensstrom zusammen, den ich später noch beschreiben werde. Nach Paracelsus handelt es sich bei der „Lebenskraft um ein unsichtbares geistiges Ordnungsprinzip, dessen sinnvoll aufbauendes Wirken auf einen intelligenten Ursprung (Gott) zurückgehe. Der Mensch ist mehr als die Summe seiner Teile; er lebt, weil und solange ihn die Lebenskraft durchdringt, die ihn mit dem höchsten Prinzip des Kosmos verbindet und ihn beim Tode wieder verläßt." (4)

Eine Krankheit ist eine Verstimmung der Lebenskraft, eine Disharmonie oder ein Ungleichgewicht. Die Einheit von Körper, Geist und Seele versucht nun mit allen ihren Möglichkeiten diese Disharmonie zu beseitigen. Die verstimmte Lebenskraft versucht zuerst, den Reiz energetisch auszugleichen. Wenn das allein nicht ausreicht, um wieder in Harmonie zu kommen, produziert sie Symptome, damit der Mensch aufmerksam wird! Die Symptomsprache, bzw. die Organ- und Körpersprache, ist eine sehr ehrliche und eindeutige Sprache. Da hinter jedem körperlichen Organ eine psychische Entsprechung steht, zeigt das "wie und wo" des Symptoms unmißverständlich, was im Menschen gerade geschieht, was ihm fehlt oder was er braucht.

Durch die Verstimmung der Lebenskraft (Beginn der Krankheit) verändert sich „das Milieu", das Terrain auf der körperlichen Ebene, so daß Krankheitserreger, je nach Art, einen geeigneten Boden zur Ausbreitung und Vermehrung vorfinden. Bakterien, Viren u.ä. sind demnach immer „nur" die Indikatoren und nie die Initiatoren. Eine Krankheit zeigt an, daß das geeignete Milieu für die Erreger vorhanden war; die Krankheitserreger beginnen nicht den Krankheitsprozeß. Schon Pasteur postulierte: „Le microbe est rien − le terrain est tout." (Die Mikrobe, der Erreger ist nichts, der Boden ist alles.)

Wenn wir das verstanden haben, können wir auch nicht mehr von Ansteckung reden. Denn jeder von uns stellt über das Wirkungsprinzip seiner Lebenskraft den Nährboden oder das Milieu her; die Erreger zeigen oder beweisen es uns lediglich, daß sich *in* uns etwas nicht mehr in Harmonie befand. In Fällen von Epidemien ist dieses Geschehen durch kollektive Schicksale zu erklären.

Der Erregung (evtl. Krankheit) können wir nicht aus dem Weg gehen, aber wir wählen die Ebene, auf der die Auseinandersetzung ausgetragen wird − auf der geistig-seelischen Ebene oder auf der körperlichen Ebene, das heißt im Körper.

Der englische Arzt Dr. Edward Bach, der Begründer der Bach-Blütentherapie, schrieb in seinem Buch: „Heile dich selbst":

„Krankheit ist weder Grausamkeit noch Strafe, sondern einzig und allein ein Korrektiv; ein Werkzeug, dessen sich unsere eigene Seele bedient, um uns auf unsere Fehler hinzuweisen, um uns von größeren Irrtümern zurückzuhalten, um uns daran zu hindern, mehr Schaden anzurichten − und uns auf den Weg der Wahrheit und des Lichtes zurückzubringen, von dem wir hätten nie abkommen sollen.

Jedes Krankheitssymptom – sei es körperlich, seelisch oder geistig, gibt uns eine spezifische Botschaft, die es zu erkennen, zu akzeptieren und für unsere Lebensweise zu nutzen gilt." (5)

Es ist so wesentlich für unser gegenwärtiges und zukünftiges Leben und unsere Gesundheit, Körpersymptome und Schmerzen als Botschaften unseres Körpers zu erkennen. Krankheiten sind *Korrektive der Seele*. Die Krankheit ist ein verkleideter Freund, der uns liebevoll zu etwas hinführt, zu dem wir ohne diesen Druck oder gar Zwang nicht hinsähen.

Was ist Heilung? Wie geschieht Heilung?

Körper,
mit dem Strom des Atems
fließt aus der Quelle der Seele
göttliche Energie dir zu.
Tauch' ein deine Organe
ins Meer der ewigen Harmonie.

Körper,
mit dem Strom der Gedanken
fließt deinen Organen
Liebe zu und Gesundheit.
Diese Energie von göttlichem Licht
durchstrahlt sie,
löst Spannung und Angst.

Körper,
nimm' auf die Kraft der Seele,
ihre Ruhe und ihren Frieden.
Du bist heil durch die in dir
wirkende Kraft Gottes.
Amen.

(6)

Wenn wir uns mit diesen Gedanken von Gesundheit und Krankheit auseinandergesetzt haben, ergibt sich der Weg in die Heilung wie von selbst. Dann ist es offensichtlich, daß Heilung die Änderung eines krankhaften Geschehens in einen gesunden Zustand auf *der geistigen Ebene* ist. Da Krankheit vom Wesen her *nicht* materialistisch ist, kann sie mit materialistischen Methoden nicht ausgeheilt oder gar ausgerottet werden. Denn was wir Krankheit nennen, ist die körperliche Reaktion und das Endprodukt der verstimmten Lebenskraft. Da die Ursache im geistigen, in der Einstellung selbst liegt – und dort begonnen hat – geschieht echte Heilung auf dem geistigen Weg, in der Veränderung der Einstellung zum eigenen Leben. Durch Erkenntnisse, durch Bewußtseinserweiterung, durch spirituelle und mentale Bemühungen erreichen wir wahre, dauerhafte Heilungen. Auf diesem Weg sind uns Geistheilung, Homöopathie, Handauflegen, Edelsteintherapie und vieles mehr wesentliche Hilfen. Speziell auf den Körper gerichtete Bemühungen lindern oft nur, haben aber keinen Einfluß auf die Wurzel, auf die Ursache im Geistigen.

Der erste und wesentliche Schritt im Gesundungsprozeß ist *die Bereitschaft, das Symptom und damit die Krankheit anzuschauen*. Der zweite, genauso wichtige Schritt, das Erkannte *anzunehmen* und nicht abzulehnen.

Es gibt vielerlei Hilfen für den ersten Prozeß des Anschauens. Da ist zunächst *„die Bereitschaft zur Krankheit"*. Wenn sich im Wesen Gemütssymptome oder körperliche Symptome bemerkbar machen, gilt es, bereit zu sein, auf die Ebene hinzuschauen, aufmerksam zu sein, was „denn überhaupt los ist". Es ist nicht hilfreich, z.B. bei Konzentrationsschwäche (Symptom auf der Gemütsebene) zu sagen: Nun ja, ich kann mich zur Zeit nicht konzentrieren, aber das krieg' ich schon wieder hin. Damit überspielt man das Problem nur. Dabei lenkt die Lebenskraft die Aufmerksamkeit immer wieder auf ein bestimmtes Thema, um auf etwas hinzuweisen, weswegen derjenige sich nicht auf das „Gewollte" konzentrieren kann. Bei Gelenkschmerzen (Symptom auf der körperlichen Ebene) hilft es nicht weiter, die Zähne des Schmerzens wegen zusammenzubeißen und so zu tun, als wäre gar nichts. Die Gelenke sind Symbole für unsere Beweglichkeit – auch die geistige Beweglichkeit – und der Betroffene könnte hinschauen, wo er im Körper und wo er im Geistigen „unbeweglich" oder fest geworden ist.

Die Bereitschaft zur Krankheit ist eng verbunden mit der Bereitschaft, geistig zu wachsen. Bereit zu sein, die geistige Einstellung zu sich selbst oder etwas anderem zu verändern. Auf diesem Weg werden wir heiler oder gesünder und üben, zu dem zu stehen, was wir wirklich sind – denn Gesundheit ist eine Herausforderung, *ehrlich* und *„man selbst"* zu sein.

Wenn wir allerdings *zu sehr* bereit zur Krankheit sind, laufen wir Gefahr, in das Extrem abzurutschen. Geistige Wachstumsprozesse müssen *nicht unbedingt* über das Erleben von Krankheit ablaufen. Sie können ebenso über Erkenntnisprozesse auf der feinstofflichen Ebene geschehen.

Ein weiterer wesentlicher Punkt in dem liebevollen Umgang mit uns selbst, ist die *Wertung* der Symptome. Es gibt keine „bösen" Symptome oder Schmerzen. Nichts in uns will uns letztendlich „Böses" – über Symptome wird uns etwas gezeigt, wir dürfen lernen durch sie. Ignorieren wir sie, sind sie gezwungen, immer stärker zu werden, um das zu erreichen, was sie erreichen müssen. Eine Ampel im Straßenverkehr ist auch nicht böse, nur weil sie rot ist. Sie zeigt uns dann an, daß eine andere Richtung Vorfahrt hat. Ebenso eine Warnlampe im Auto, wenn sie rot aufleuchtet, deutet sie auf einen speziellen Defekt hin, den es zu reparieren gilt. Wenn wir das Warnlämpchen entfernen, ist die Ursache nicht behoben, und es kommt zu einem größeren Defekt.

Indem wir unserem Körper mit Liebe und Achtsamkeit begegnen, entspannen wir den kranken Prozeß. Achtsamkeit ist der Türöffner zu unserem Innern und die Liebe die alles-heilende Kraft. Legen Sie Ihr Urteil ab, werten und verurteilen Sie sich nicht wegen Ihrer Krankheit. Werden Sie in Ihren Zwiegesprächen Ihr Freund und liebevoller Berater – werden Sie lieber Ihr verteidigender Rechtsanwalt als Ihr anklagender Staatsanwalt.

Theresa von Avila sagte: „Das Wichtigste ist nicht, was du denkst, sondern liebst. Und was geschieht: der Leib bedankt sich! Wie ein ungezogenes Kind, dem wir endlich die langersehnte Aufmerksamkeit schenken. Es öffnet sich eine Tür zu einer inneren Welt, die immer weiter wird, je tiefer du hineingehst, die letztendlich so weit wie der Kosmos selbst ist."

Um im Gesundungsprozeß weiterzukommen, gibt es drei Fragen, deren Beantwortung eine innere Ehrlichkeit fordern:

1. Woran hindert mich das Symptom?
2. Wozu zwingt mich das Symptom?
3. Was und wie groß ist der Krankheitsgewinn?

Wenn ein Symptom vorhanden ist, gilt es hinzuschauen, (siehe auch „erster Schritt zum Thema Heilung"), z.B. woran hindert der jetzige Zustand — der vom Hexenschuß-Betroffene zeigt durch die schmerzgebeugte Haltung eventuell an, daß ihn die *Last des Lebens*" niederdrückt, oder die schmerzhafte Steifigkeit deutet auf innere Unbeweglichkeit hin. Er ist daran gehindert, seinen Lebensweg *so* weiterzugehen. Er sollte überprüfen, von was er jetzt abgehalten wird. So zwingt ihn der Hexenschuß, sich mit bestimmten Dingen auseinanderzusetzen.

Wenn jemand wegen eines Beinbruchs einen Gipsverband hat, ist er an vielen körperlichen Tätigkeiten und Beweglichkeiten gehindert. *Weglaufen* geht jetzt nicht mehr — aber womöglich hat er nun die Zeit und Ruhe, für innere Impulse offen zu sein; innere Dinge zu bearbeiten, die sich wegen der äußeren Hektik aufgestaut haben. Vielleicht liest er *zufällig* ein gutes Buch, das positiv seine Entwicklung prägt. Fünf bis sechs Wochen Gipsverband können *Zwangserholungsphasen* sein — der Körper zieht die Notbremse in einer streßbeladenen Zeit, in der man die Wende nicht anders geschafft hätte.

In jeder Krankheit steckt ein Krankheitsgewinn! Nichts ist nur schlecht, es ist immer auch für etwas gut. Die Dualität in der Krankheit zeigt sich nicht im entweder-oder (entweder böse — oder gut), sondern im sowohl-als-auch. Eine Krankheit bringt sowohl Schmerzliches, Unangenehmes als auch positiv Heilendes.

Sehr oft liegt der Krankheitsgewinn im nun erlaubten Rückzug aus der Routine, der Arbeitswelt, dem privaten Milieu. Man *darf* jetzt nicht mit anderen zusammen sein − der Ansteckung wegen, endlich *darf* man sich zurückziehen (anders hätte man es sich selbst nicht erlaubt) − endlich allein im Bett, Decke drüber und Ruhe! Der eine oder andere schläft sich gesund, läßt in der Zeit Seele und Unbewußtes im Traume arbeiten. Im bellenden Husten oder im aggressiven Nießen zeigt man während einer Erkältung den Mitmenschen schon, daß sie sich fernhalten sollen.

Ein Krankheitsgewinn kann auch vermehrte Aufmerksamkeit sein. Nun sorgt sich die Umwelt um den Kranken, er wird gefragt: Wie geht es dir, kann ich etwas für dich tun?

Wir Erwachsene neigen dazu, ebenso wie die Kinder, uns durch die Krankheit oder das Unwohlsein die vermehrte Aufmerksamkeit zu holen. Wenn wir krank sind, sitzt womöglich ein verständnisvoller, lieber Mitmensch bei uns, hält die Hand, reibt den Bauch, massiert den Rücken − ist ganz mit seiner Energie bei uns.

Wenn dieses Aufmerksamkeit-holen nur über Krankheit möglich ist, wird Krankheit *benutzt*, um etwas zu erreichen. Es kommt vor, daß derjenige gar nicht mehr gesund werden will − in der Angst, die liebevolle Fürsorge dann zu verlieren.

Unzählige Variationen gibt es bei den Krankheitsgewinnen, von Ruhe, Aufmerksamkeit, Arbeitserleichterungen usw. Denken Sie an die drei Fragen, wenn sich in Ihnen wieder einmal ein Symptom meldet, gehen Sie ehrlich und liebevoll in sich.

Die Doppeldeutigkeit der Sprache hilft uns auch im Erkennungs- und Heilungsprozeß. Ob es häufig wiederholte Redewendungen sind, die uns aufmerksam machen, oder Sätze wie:

− das verschlägt mir den Atem,
− ich bekomme hier keine Luft,
− ich habe die Nase voll,

- das schnürt mir den Hals zu
- ich kann nichts mehr schlucken,
- das schlägt mir auf den Magen,
- das geht mir an die Nieren.

Unbewußt sind wir ehrlicher, als wir es manchmal wollen — indem wir von unserer Krankheit erzählen, geben wir sehr viel Informationen über unser Wesen preis.

Jeder erlebt gemäß seiner Individualität und seiner Lebenskraft dieselbe Krankheit anders. Jeder spricht seine individuelle Organ- und Körpersprache — benutzt eigene Vokabeln. Da die Organe des stofflichen Körpers mit den feinstofflichen „Organen" der Energiekörper eng verknüpft sind, sind auch ihre Bedeutungen eins. Jedem Organ ist ein Symbol für seine psychische Entsprechung auf der geistigen Ebene zugeordnet — so erklärt sich die Doppeldeutigkeit unserer Körpersprache. Wenn ich von meinen Magenstörungen erzähle, erzähle ich ebenso, daß ich psychisch nichts mehr „essen" (aufnehmen) kann. Rede ich über meine Nieren, erzähle ich auch über meine Partnerschaftsprobleme. Werden Sie sich bewußt, was Sie anderen, z.B. im Wartezimmer eines Artzes, über sich erzählen!

Werden wir uns bewußt, *wer* wir sind und *was* wir tun und *wie* wir es tun. Dann sind wir auf dem bestmöglichen Weg der Heilung. Wenn der Kontakt zur inneren Führung oder inneren Stimme besteht, werden wir gewahr, welches unsere Lebensaufgaben sind und wie sie jeder von uns individuell ausführen kann.

Heilung erfahren wir, indem wir uns lieben, mit allen unseren Licht- und Schattenseiten — dann haben wir auch das nötige Verständnis für unseren Nächsten, unseren Mitmenschen, haben Verständnis für Stationen seines Lebensprozesses und verurteilen weder uns selbst noch ihn.

Wir unterstützen Heilungsprozesse:
- durch die Bereitschaft zur Bewußtseinserweiterung,
- die Bereitschaft, die Lebenseinstellung zu hinterfragen und evtl. zu korrigieren,
- die Bereitschaft, mit dem eigenen Körper in Kontakt zu kommen, denn dann ist er mit sich selbst in Kontakt.

Dieses Buch bietet viele Möglichkeiten an, den eigenen Körper auf eine neue Weise zu sehen und intensiven Kontakt mit sich selbst zu bekommen, ein *Gefühl für sich* zu entwickeln. Die physiologischen Abläufe auf der Körperebene vollziehen sich parallel mit den geistig-seelischen — wenn die körperlichen Prozesse verstanden und integriert werden, geschieht dies analog auch mit den psychischen.

Viele unserer Schulungen trainieren den Verstand — und das ist auch wichtig. Aber ebenso wichtig und notwendig ist es, das Gefühl wieder zu trainieren — ihm Raum zu lassen und Gelegenheit zu geben, seine Weisheiten mitzuteilen. Verstand *und* Gefühl im rechten Verhältnis werden uns weiterbringen. Die naturwissenschaftliche Medizin erkennt immer mehr, daß die „großen" Krankheiten (Krebs, AIDS) nicht allein mit der Gerätemedizin und der Chemie zu heilen sind — daß eben der Mensch mehr ist als die Summe seiner Teile.

Um den Körperkontakt, das Gefühl für sich selbst, zu erfahren, biete ich verschiedene Formen von *Heilungsgesprächen* an. Heilungsgespräche bedeuten den intensiven, liebevollen Kontakt mit einem Organ oder einem Organsystem in Form eines Gesprächs, eines Austauschs und eventuell einer Behandlung. In einem Heilungsgespräch gibt man seinem „Innenleben" Raum und Zeit sich darzustellen, erfährt Abläufe und Entstehungsprozesse, bekommt Informationen, was man von nun an selbst dafür tun kann, um heiler, gesünder zu werden.

So trägt jeder Mensch die Verantwortung für sein Heil in sich selbst. Wenn man sich dieser Verantwortung stellt, findet man *in sich*, in seinem Innern, die *Antwort*. Der jedem eigene *innere Arzt* — der beste Arzt, den es gibt, wird motiviert und geht an seine Arbeit.

Es ist eine alte Weisheit, daß *alles zur gleichen Zeit vorhanden ist*, das heißt, das Problem und die Problemlösung sind gleichzeitig da. In der Thematik Gesundheit-Krankheit bedeutet das, sobald sich eine Krankheit bildet, entsteht synchron auch Heilung! Durch die Symptome, durch die Krankheit werden wir auf etwas Bestimmtes hingewiesen, werden ehrlich im Zeigen dessen, was uns in der Bewußtwerdung fehlt. So ist die Krankheit in sich ein heilendes Geschehen.

Erlauben wir uns, uns dessen bewußt zu werden. Vertrauen wir darauf, daß jeder sich selbst der beste Heiler ist und wir uns von keiner Heilmethode abhängig machen müssen. Der innere Arzt in jedem von uns korrigiert in liebevoller Weisheit alles zu seiner Zeit – wir unterstützen ihn, indem wir ihm Raum und Zeit geben.

Zum Abschluß dieses Kapitels kam mir das Friedensevangelium der Essener in den Sinn, in dem Jesus Christus auffordert, täglich zum Vater (geistige Ebene) und zur Mutter (materielle Ebene) zu beten.

Jesus Christus sprach: so betet jeden Tag zu Eurem Himmelsvater:

Unser Vater, der du bist im Himmel,
geheiligt sei dein Name.
Dein Reich komme.
Dein Wille geschehe auf Erden wie im Himmel.
Gib uns heute unser tägliches Brot.
Und vergib uns unsere Schulden,
wie auch wir unseren Schuldnern vergeben.
Und führe uns nicht in Versuchung,
sondern erlösc uns von dem Bösen.
Denn dein ist das Reich, die Kraft und
Herrlichkeit immerdar. Amen.

Und betet auf diese Weise auch zu Eurer Erdenmutter:
Unsere Mutter, die du bist auf Erden,
geheiligt sei dein Name.
Dein Reich komme,
und dein Wille geschehe in uns wie in dir.
Da du jeden Tag deine Engel sendest,
so sende sie auch zu uns.
Vergib uns unsere Sünden,
wie wir alle unsere Sünden gegen dich sühnen.
Und führe uns nicht in die Krankheit,
sondern erlöse uns von allem Übel,
denn dein ist die Erde, der Körper
und die Gesundheit. Amen." (7)

2. KAPITEL

Materie und Feinstofflichkeit

Die Stille
ist das unsichtbare Königreich der Seele.

Der Glaube
ist die ewige Quelle der Weisheit.

Die Liebe
ist der göttliche Funke des Lebens.

(8)

Alles, was hier auf Erden lebt, Mineralien, Pflanzen, Tiere und Menschen, besitzt einen materiellen, grobstofflichen Körper, der in einer bestimmten niederen Frequenz schwingt. Wir sehen diesen Körper, können ihn anfassen, erfühlen, manches sogar schmecken. Für diese Wahrnehmungen setzen wir unsere Sinne ein. Unsere Sinnesorgane Augen, Ohren, Nase, Zunge und Haut vermitteln uns Erfahrungen mit ihnen.

Darüber hinaus weist alles, was lebt, noch einen nicht-materiellen, feinstofflichen Körper auf. Genauer gesagt sind es mehrere feinstoffliche Körper und Energiezentren – ich werde sie im folgenden aber nur so weit beschreiben, wie es wichtig für das Verständnis der Heilung, für die Gesundheit von Körper und Geist ist. Literaturhinweise, die ganz speziell auf die verschiedenen feinstofflichen Körper und ihre Funktionen eingehen, sind im Anhang zu finden.

Die feinstofflichen Körper bilden den *Ätherleib* oder auch *Lichtleib*, der wie eine Brücke die sichtbare und die unsichtbare Welt verbindet. Manche hellsichtige Menschen können den Ätherleib wirklich sehen, beschreiben die Zusammensetzung und die darin vorkommenden Farben. Aber für viele von uns bleiben diese Farben verborgen – wir sehen sie nicht. Und doch kann jeder von uns seine Wahrnehmungen schulen und erweitern, so daß sie den Ätherleib als die *Ausstrahlung des Menchen-* als seine *Aura* – erspüren. Alles, was lebt, wird von einer Aura umgeben – einer feinstofflichen Ausstrahlung. Bezogen auf uns Menschen fühlen wir uns wohl in der Aura eines positiv denkenden, kraftvollen Menschen. Wieder andere haben eine Ausstrahlung, die wir als unangenehm empfinden, aus der wir uns zurückziehen. Die Aura des Menschen wirkt verschieden stark in den Raum – Buddha umgab eine Aura, die sich über mehr als tausend Meter ausdehnte, kranke Menschen strahlen eventuell nur wenige Zentimeter über den irdischen Körper hinaus.

Der Ätherleib besteht aus mehreren feinstofflichen Schichten oder Körpern, die ein feines, sensibles Gegenmuster zu dem grobstofflichen, physischen Körper bilden. Diese Schichten überlagern und durchdringen sich. Sie wirken eng verwoben miteinander, besonders eng verbunden sind sie mit der grauen Hirnsubstanz und dem gesamten Nervensystem. Von innen nach außen folgen immer feinere Energiekörper aufeinander, die von den energetischen Zentren im grobstofflichen Körper, den *Chakren*, mit Energie versorgt werden.

Der Emotional- oder Gefühlskörper ist der erste, dem grobstofflichen Körper direkt anliegend, und bringt die Gefühle zum Ausdruck. Starke Gefühle wie Freude oder gar Begeisterung und Liebe lassen den Emotionalkörper aufleuchten und intensivieren die Energie. Traurige, schwermütige Gefühle verdunklen diesen Teil der Aura.

Der sich nach außen anschließende Mentalkörper bestimmt das Denken, den gedanklichen Ausdruck. Konzentration und klare, lichtvolle Gedanken erhellen diesen Raum der Aura, während „dunkle" Gedanken ihn an der Ausdehnung hindern.

Nach außen hin schließen sich dann die noch feineren astralen und spirituellen Schichten an, die in ihrer Energie immer höher und schwieriger wahrzunehmen sind.

Die Energiezentren – Die Chakren

Ein Chakra kann man sich als drei-dimensionales, pulsierendes Rad vorstellen, das rhythmisch vom Zentrum her nach außen kreist. Dabei versprüht es beständig Energie, wie das Bild einer Quelle, die immerzu überläuft und die entsprechende Schicht in der Aura versorgt. Die Chakren sind *Kraftzentren oder Brennpunkte*, sie nehmen Energie aus dem Kosmos und von der Erde auf und verändern oder transformieren sie in für den Körper und Geist brauchbare Energie. Es sind *energetische Umschaltplätze*, wichtige *Treffpunkte* zwischen Körper und Geist.

Die sieben *Hauptchakren* liegen entlang der Wirbelsäule, zwei *Nebenchakren* befinden sich je in einer inneren Handfläche und in der Mitte der Fußsohlen. Auf ihre Organ-Wirkung und ihre psychische Bedeutung werde ich im nächsten Kapitel eingehen.

Neben den Chakren, den energetischen Zentren, ist unser Körper durchzogen von einem Netz von Energiebahnen. Diese Energiebahnen, auch *Meridiane* genannt, verbinden alles energetisch in unserem Körper und verbinden auch Organsysteme miteinander. Auf ihnen liegen die *Akupunkturpunkte*. Die Akupunkturlehre beschäftigt sich mit dem Energiehaushalt des Körpers. Sie prüft, ob die Akupunkturpunkte und Meridiane mit Energie überladen oder leer sind. Durch die Wahl der Akupunkturnadel (Gold, Silber oder Stahl) und ihre Handhabung werden die Punkte und damit die Organe angeregt oder beruhigt – je nachdem, ob ein Energiestau, eine Fülle oder eine Leere vorliegt.

Der Lebensstrom

Der *Lebensstrom* ist diesen Energiezentren und Bahnen übergeordnet. Er ist feinstofflicher Art und fließt in allem Lebendigen. Ähnlich wie die Seele (Enstehungsebene) auf den Körper (Darstellungsebene) wirkt, beeinflußt der Lebensstrom die Organsysteme und Organe. Der Lebensstrom ist der Seelenschwingung gleich. Schmerzen, Krankheiten, Ängste oder alte Verhaltens- und Gefühlsmuster engen ihn teilweise ein, lenken ihn ab oder sind wie Schatten auf ihm fühl- bzw. sichtbar. Ein stark und ungehindert fließender Lebensstrom wirkt positiv, harmonisierend und heilend auf den Körper und vermag die Eigenschwingung der Organe zu erhöhen. Sind wir in Kontakt mit unserem Lebensstrom, sind wir auch in Kontakt mit unseren Selbstheilungskräften (dem inneren Arzt) und der inneren Führung.

Die Wirkung von Edelsteinen und Kristallen

Das mineralische Reich, Edelsteine und Kristalle, sind lebendige Materie. Sie unterliegen einem anderen, von uns differenzierten Stoffwechsel – aber sie leben! Sie besitzen einen festen, grobstofflichen Körper und weisen eine bestimmte Beschaffenheit und Form auf, die wir sehen und anfassen können. Ihre Ausstrahlung, ihre feinstoffliche Aura, läßt sich erspüren, bzw. wirkt auf unsere feinstofflichen Körper.

Dem liegt zugrunde, daß *alles Schwingung ist* und das *Gesetz der Resonanz* alles regiert. Jeder Stein, jeder Kristall hat sein eigenes, ganz individuelles Wesen und ein ständiges Kraftfeld um sich. Das feinstoffliche Kraftfeld des Steines korrrespondiert mit dem unseren – Wechselwirkungen treten auf. Dort, wo die Schwingung des Edelsteins mit dem des Menschen in Resonanz tritt, wo es einen Widerhall gibt, kann etwas verstärkt oder aber gelöst werden. Das ist eine sehr wesentliche Wirkung: die Ausstrahlung eines Edelsteins wirkt auf die des Menschen und verdichtet bzw. löst eine Schwingung. Das bedeutet eventuell eine Erstverschlimmerung oder Erstverdeutlichung, wie es auch in der Homöopathie bekannt ist. Ein körperlicher Schmerz kann deutlicher werden − für kurze Zeit −, weil die Energie des Steines daran *„arbeitet“*. Dieser Prozeß bekommt noch mehr Energie − und der Lösungsprozeß wird in Gang gesetzt. Womöglich versteht man jetzt, womit der körperliche Konflikt auf der geistig-psychischen Ebene zusammenhängt. Oder man kann sich im Innern endlich entscheiden und die Konsequenz der Entscheidung akzeptieren und integrieren. Haben Sie den Mut, dann weiterzugehen, hinzuschauen, wenn sich etwas verdichtet, weil dann auch die „Lösungsenergie“ vorhanden ist.

Edelsteine können uns *Kraft geben*, indem sie etwas in uns verdichten − einen Schritt zu tun, den wir bisher nicht wagten − so, als hätte noch ein Funken Mut gefehlt.

Edelsteine lehren uns *Geduld und Hingabe*. Sie sind vor langer Zeit in der Tiefe von Mutter Erde und unter der Wirkung der geistigen Kräfte des Schöpfers entstanden, haben für ihr Wachstum und ihre Reife unglaubliche Hitze und Druck ausgehalten, haben Spurenelemente in sich aufgenommen, haben *„ihre Aufgabe angenommen“*. Sie fordern uns auf, Geduld zu haben, aus schwierigen Entwicklungsphasen nicht davonzulaufen, sich mit Hingabe den Lebensaufgaben zu widmen.

Sie stärken unsere *Ehrlichkeit*. Helfen uns zu sehen, ob wir uns vor inneren Reifeprüfungen drücken oder ob wir ihnen standhalten.

Edelsteine und Kristalle *„verschenken“* ihre helfenden und heilsamen Energien auf ganz selbstlose Art und Weise. Ohne zu werten, ohne Vorbehalte verteilen sie ihre Schwingung. Bestimmte Arten von Edelsteinen nehmen sogar bereitwillig negative Schwingungen auf − zum Schutze des Trägers.

Wenn uns geschliffene Edelsteine und Kristalle anziehen, dann werden auch wir uns der *Schleifprozesse des Lebens* bewußt, in denen wir gerade stecken. Geschliffene Steine, dazu zählen nicht nur facettiert geschliffene Schmucksteine, sondern auch solche, die in Kugel-, Ei- oder Pyramidenform erscheinen.

In diesem Zusammenhang verweise ich auf zwei Bücher von Ursula Klinger-Raatz: „Die Geheimnisse edler Steine" und „Engel und Edelsteine" (siehe Literaturliste im Anhang). Von und mit ihr lernte ich sehr viel über das Wesen der Edelsteine und Kristalle, den intuitiven Zugang und das Einfühlen und Verstehen in dieses tiefgreifende Geschehen. Ich bin ihr von Herzen dankbar für ihr Sein und das, was sie mir bzw. ihre Bücher vermittelten.

Edelsteine und Kristalle wirken auf uns durch ihre *Form, Farbe und Beschaffenheit*. Sind sie dicht und nicht durchscheinend, wirken sie eher körperlich − auf unser „*dichtes*" Sein. Die durchscheinenden beeinflussen eher das Gefühlsleben, während die klaren mehr auf das geistige Leben ausstrahlen.

Die Strukturen, die sich in der Beschaffenheit zeigen, sind wie Spiegel für unser Wesen. Womöglich erkennen wir in den gewellten Linien oder der Farbstruktur Wesensanteile von uns selbst, vielleicht ein Gesicht, einen Weg oder welches Bild auch immer sich zeigen mag. Wichtig ist es auch hier wieder, es anzuschauen und es aufzunehmen.

Die *Farben der Edelsteine* korrespondieren mit den Farben der Chakren − auf die ich im nächsten Teil eingehe. Ein aktivierender roter Stein beeinflußt andere Wesensanteile als ein kühlender blauer Stein.

Achten Sie darauf, wie der Stein oder Kristall geformt ist, zu dem sie sich hingezogen fühlen. Mit einem naturbelassenen kommen auch ganz natürliche, unbeeinflußte, ursprüngliche Energien an. Oder ist es ein *Trommelstein*, der ähnlich wie ein Kieselstein abgerundet ist, aber dennoch eine individuelle Form aufweist. Bei der Herstellung von Trommelsteinen werden mehrere Gesteinsbrocken von einer Sorte Edelstein (gleicher Härtegrad) in eine Trommel mit Schleifmittel (evtl. Sand) und Wasser gegeben. Durch die sich bewegende Trommel schleifen sich die Steine nun gegenseitig, wie wir Menschen uns in den verschiedenen Lebensprozessen (wie Familie, Schule, Partnerschaften) ja auch gegenseitig schleifen. Dabei reiben sich Spitzen und Kanten ab und die Steine (und wir), erfahren Veränderungen.

Bei den facettiert geschliffenen Schmucksteinen wird dieser Schleifprozeß noch verstärkt, indem der Edelsteinschleifer das Material in eine bestimmte Form bringen will. Der Edelstein wird herausgefordert, diesen enormen Schleifprozeß auszuhalten – oder er zerbricht daran. Hat er ihn jedoch erfolgreich überstanden, kommt seine Brillanz, sein Feuer oder seine Klarheit erst recht zur Geltung. Auch wir Menschen werden immer wieder zu extremen Schleifprozessen aufgefordert – und strahlen von innen heraus Reife und Schönheit aus, wenn wir sie heil überstanden haben – oder wir zerbrechen daran.

Wenn wir uns von der *Kugelform* angezogen fühlen, ist unser *innerlicher Vollkommenheitsanspruch* erwacht. Die Kugel (Sonne, Mond) zeigt uns eine abgeschlossene Einheit, etwas „*in sich vollkommenes*". Keine Spitzen oder Kanten verletzen mehr. Sie ist rund. Alles, was in der Kugel ist, ist integriert. Die Kugelform weckt oder verstärkt eben diesen Aspekt von uns, einen Prozeß oder uns selbst zu vervollkommnen, „*rund*" zu werden. In mir erwacht stets ein Gefühl der Ehrfurcht für eine schöne Kugel – und ich halte sie gerne mit Achtsamkeit in meinen Handflächen.

Mit der *Eiform* wird eher das *Kreative*, das Schöpferische in uns angesprochen. Wir sind alle dem „*Ei entsprungen*", in dem Ei gereift. In uns entstehen immer wieder Aspekte, die noch reifen, wie in einem Ei. Da wird etwas zum Leben erweckt. Mit einem Ei spiele ich in der Hand, ich drehe es und wende es – so wie ich auch mit einem Problem oder einem Konflikt umgehen kann. Es drehen und wenden, es von der anderen Seite anschauen, nicht starr und stur auf eine Lösung warten.

In der *Pyramide* begegnet uns der Aspekt der *Selbstverwirklichung*. Ein Quadrat (Symbol für die Erde) liegt zugrunde als feste Basis. Darauf stehen vier gleichseitige Dreiecke (Symbol für das Geistige), die bedeuten, nach *oben* zum Geistigen ausgerichtet zu sein – bei festem Stand auf der Erde.

Spricht uns ein Edelstein oder Kristall mit einer *naturbelassenen Spitze* an (Bergkristall, Zitrin, Amethyst u.ä.) , so kommt Licht und Klarheit in eine ganz spezielle Sache, in einen ganz bestimmten Aspekt hinein. Die ungeschliffene, unveränderte Spitze bringt eine *Zielgerichtetheit* mit sich.

Zuordnung der Lebensprinzipien zu den Chakren und den Edelsteinen

Die ganze Majestät der Natur ist in den Edelsteinen auf kleinstem Raum zusammengedrängt und ein einziger genügt, um darin das Meisterwerk der Schöpfung zu erkennen.

Plinius

Die sieben *Hauptchakren* liegen entlang und vor der Wirbelsäule. Man kann sie sich auch als *farbige Lichtkelche* vorstellen. Mit ihren Energien durchstrahlen sie pulsierend die Umgebung. Jedes Chakra ist besonders intensiv von einem Grundfarbton geprägt und steht in Verbindung zu einem Element, zu einem Sinnesorgan, zu bestimmten Organen und Hormondrüsen.

1. Chakra – Wurzel-Chakra oder Basis-Chakra

Das erste Hauptchakra, das Wurzel-Chakra oder Basis-Chakra, liegt in der Genitalregion, im tiefen Becken vor dem Steißbein. Es schwingt in einem kräftigen Rot. Rot ist die Farbe im Farbspektrum, die die tiefste, niedrigste Schwingungsfrequenz besitzt – entsprechend weist das Wurzel-Chakra von allen anderen Chakren die niedrigste, langsamste Schwingungsfrequenz auf. Da jedes Chakra auch einen Ton ausdrückt, finden wir hier den tiefsten Ton C. Das Basis-Chakra öffnet seinen Lichtkelch nach unten zur Erde hin – von dort nimmt es auch die Erdenergie auf. Es verbindet uns mit Mutter Erde, die uns trägt und nährt.

Die Thematik in diesem Chakra ist die *Beziehung zur Erde und zur dichten, materiellen Welt.* Es geht um ursprüngliche *Lebensenergieer-zeugung*, um den *Sitz der Lebenskraft.* Erinnern wir uns daran, daß die Lebenskraft auf *alle* Vorgänge im Körper Einfluß nimmt. Die Lebenskraft steuert vom ersten Chakra aus Blut- und Zellaufbau, unseren existenziellen *Lebenswillen*, unsere *Motivation*. Diese Energie wirkt auf *Fruchtbarkeit* und *Sexualität*, denn im Energieeinfluß dieses Chakras liegen die Keimdrüsen (Eierstöcke und Hoden). Beim Mann liegen die Geschlechtsorgane körperlich gesehen in diesem Bereich, bei der Frau ist das zweite Chakra für die etwas höher im Beckenraum liegenden Eierstöcke ebenfalls energieversorgend. Das Wurzel-Chakra nimmt energetischen Einfluß auf die Beckenorgane, wie Enddarm, Blase, Geschlechtsorgane.

In negativen Sinne, wenn wir von dem „gesunden Mittelweg" abgekommen sind, entstehen hier *Herrschsucht, Dominanz* und das *Suchtverhalten in jeglicher Form.* In dem Wort Sucht steckt *„suchen".* Ist jemand süchtig − ob es nun Alkohol, Tabletten, Arbeit oder Liebe ist − sucht er auf einer falschen Ebene; dort, wo er diese Befriedigung, die er braucht, sicher nicht bekommen wird.

Das Basis-Chakra ist dem Geruchssinn zugeordnet. Zu der Zeit, als Frauen wegen ihrer mit Miedern zugeschnürten Brustkörbe noch öfter in Ohnmacht (= ohne Macht) fielen, hielt man ihnen Riechsalz unter die Nase. Das forderte sie auf, von der „hohen Ebene", auf der sie entschwunden waren, wieder herunterzukommen und mit beiden Füßen auf der Erde zu stehen.

Edelsteinzuordnung:
Edelsteine, die von ihrer Schwingung her besonders starke Resonanz auslösen, sind kräftig rot-farbene Jaspis-Arten, Blutjaspis, Rubin, Granat, Koralle, aber auch der silbrig-glänzende Hämatit und der vielfarbige Achat.

Wenn ich im folgenden Edelsteine beschreibe, so schreibe ich von meinen Erfahrungen – wie ich die Steine wahrnehme, was ich durch sie empfinde, was mich ihre Schwingungen und ihr Wesen lehrte. Erlauben Sie sich, offen zu sein für das, was die Wesen der Edelsteine speziell in Ihnen berühren, was sie Ihnen mitteilen.

Der *Jaspis* kommt in verschiedenen erdigen Farben vor. Ein Stein der Erde, der Materie – er verbindet mit der elementaren Kraft der Erde. Besonders intensiv auf die Beckenorgane des ersten Chakras wirkt der rote Jaspis. Dicht und fest, nicht durchscheinend in seinem Aussehen, schenkt er der Lebenskraft stärkende Energien. Er ist ein wahrer *Geburtshelfer*; hilft, wenn sich etwas auf der Erde manifestieren will – „auf die Erde kommen will". Das kann ein Kind sein, das geboren wird. Das kann ebenso eine Tat sein, die als Intuition, Gedanke im Körper gereift ist – mit dem der Mann oder die Frau „schwanger" ging, wie mit einem „geistigen" Kind.

Der *Blutjaspis* oder Heliotrop ist ein dunkelgrüner Jaspis mit kleinen roten Einschlüssen. Er galt schon bei den Indianern als ein *Heilungsstein*. Er stimuliert die Selbstheilungkräfte. Seine Wirkung ist vorwiegend körperlicher Art – auf die Blase, auf Prostata, Gebärmutter und Enddarm.

Der *Rubin* beinhaltet von seinem Farbspektrum her rot *und* blau. Er verbindet das Basis-Chakra mit den wesentlich höheren blauen Energien des sechsten Chakras (Kopf-Chakra). Er *verbindet auf harmonische Weise Leib und Seele, körperliche und geistige Liebe.*

Der *Granat*, als Schmuckstein wohl bekannt, ist ein wahrer Helfer für jede Form von *Neubeginn* und *Aufbau*. Mit frischem Mut an die Aufgabe zu gehen, ob diese Aufgabe nun heißt: Ehe, neuer Beruf, „Zuwachs – ein Kind zu bekommen" oder ein neuer Zustand *in* uns, ein neues Verhaltensmuster. Er stärkt die Lebenskraft nach einer Veränderung, gibt *Mut* und *Tatkraft*.

Die *rote Koralle* – aus dem Meer kommend – fordert zur *inneren Reinigung* in diesem Chakra auf. Ihr ist das *Fließen* sehr vertraut, und so wirkt sie auf die Lebenskraft, damit sie fließe und wir uns vom „Krankmachenden" reinigen.

Der silbrig-metallisch glänzende *Hämatit* oder Blutstein ist in seinem Innern dunkelrot. Wenn beim Schleifen Wasser über ihn läuft, sieht es so aus, als würde er bluten – daher der Name. Seine Wirkung ist *Regeneration* und *Revitalisation*. Er stärkt nach überstandenen Krankheiten in der Erholungsphase, unterstützt die Homöostase, so daß der Körper sein inneres, ihm eigenes Gleichgewicht wiederfindet. Er wirkt aufbauend auf unser Blut = unseren Lebenssaft.

Der *Achat* wird meist als Trommelstein angeboten oder als Achatscheibe. Er weist vielsagende Muster und Strukturen in zarten Linien und verschiedenen Farben auf, vorwiegend in grau-roten Tönungen. Sein Wirkprinzip ist *Geborgenheit*. Sich umhüllt und geborgen zu fühlen – im Mutterleib in der Schwangerschaft, auf der Erde, in der Familie, *in sich selbst*! Für Schwangere sind gerade die Achatscheiben wertvoll, da sie dem heranwachsenden Leben Geborgenheit schenken *und* der werdenden Mutter.

Im *Pyritachat* kommt die Qualität des kosmischen Wissens (durch die Pyriteinschlüsse, Pyrit = Metall, Wissen aus dem Kosmos) in die Geborgenheit der Erde (in den Achat). Neue Ideen und Wissen, das bisher außerhalb von uns lag, wird nun *in* uns hineingenommen, in *Geborgenheit integriert*.

2. Chakra – Sakral-Chakra

Das zweite Energiezentrum, Sakral- oder Kreuzbeinzentrum genannt, liegt im Unterbauch, oberhalb der Schamhaargrenze. Wenn Sie die Handfläche so auf den Bauch legen, das die Daumenkante unterhalb des Nabels liegt, haben Sie das zweite Chakra unter der Handfläche, es öffnet sich nach vorne.

Die bestimmende Farbe ist das kräftige, feurige Orange. Orange ist eine sehr vitalisierende, aufmunternde Farbe. Im zweiten Chakra treffen wir das Thema *Vitalität, Lebendigkeit*. Das bestimmende Element ist das Wasser. Das zugrundeliegende Thema ist der *Lebensfluß* in all seinen Auswirkungen. Diese fließende, vorwärtstreibende Kraft wirkt nicht nur dort körperlich auf den Darm, sondern in allem Wässrigem, wie in den Schleimhäuten (Schleim existiert nur durch das Vorhandensein von Wasser!). Betroffen sind besonders die Darmschleimhäute und die Schleimhäute in den Geschlechtsorganen (z.B. die Gebärmutterschleimhaut), ohne die *Fruchtbarkeit* nicht denkbar wäre. Das wässerige Element fordert uns zur *Ausscheidung* von Überflüssigem und Verbrauchtem auf. Immer und immer wieder, denn Leben ist *Veränderung, Wechsel, Erneuerung*.

Von Chakra zu Chakra werden die Energien immer feiner, die Schwingungsfrequenz immer höher. Während im ersten Chakra die Energie noch sehr ursprünglich war, wirkt die Energie des zweiten Chakras schon differenzierender auf die Gefühle – im Sinne einer *Verfeinerung der Gefühle*. Von hier aus wird der *Gemeinschaftssinn* und das aufrichtige Bestreben geprägt, das Leben nach außen hin auszudehnen und sinnvoll zu gestalten. Die Grundlagen also für Wachstum und Erweiterung. Im negativen Sinn liegen im zweiten Chakra *Konkurrenzverhalten und Selbsttäuschung*.

Sinneszuordnung ist der Geschmackssinn. Ohne das wässerige Element wäre Speichel und das Schmecken im Mund- und Nasenrachenraum nicht denkbar.

Die Nebennieren werden den Hormondrüsen zugeordnet. In der Nebennierenrinde werden die sogenannten „Streßhormone" wie das Adrenalin gebildet. Sie feuern uns an, bringen uns zum Handeln, zur Aktion, zum Thema *Vitalität und Aktivität*.

Edelsteinzuordnung:
Der orangefarbene Karneol, der Feueropal, orangefarbene Korallen und der Sonnenstein.

Das Wort *Karneol* beinhaltet: carne = Fleisch, carneol = der Fleischfarbene. Er kommt in verschiedenen orangen Tönen vor, ist von dichter bis durchscheinender Beschaffenheit. Manche erinnern von der Struktur her an Achate, mit denen sie auch eng verwandt sind.

Der Karneol bringt uns mit seiner Schwingung in den *Lebensfluß*, stärkt in uns das ursprüngliche Gefühl, mit dem Leben fließen zu dürfen. Er wirkt auf alle Organe, die an Ausscheidungsprozessen beteiligt sind, auf alles wässerige in uns. Ebenso auf die *Durchblutung*. Er harmonisiert das Fließen des Blutes, ob es nun Bluthochdruck oder Blutniederdruck ist — beides sind extreme Erscheinungen eines Themas (Polarität), eines fließt zu stark, das andere zu wenig. Alles, was im Körper — oder auf der psychischen Ebene — *staut*, erfährt einen bewegenden Impuls. Orange zählt (wie rot und gelb) zu den „warmen" Farben. So bringt der Karneol *Wärme* und *Vitalität* in den Körper — aber auch in die Gedanken und Gefühle.

Der *Feueropal* wirkt noch intensiver als der Karneol — für manches Gemüt *zu* stark. Er bringt *Begeisterung* mit sich. Er *feuert an*, im wahrsten Sinne des Wortes. Schnell, spritzig, übersprudelnd, vielseitig — eine feurige und mitreißende Begeisterung. Langsam denkende Menschen fühlen sich selten zu ihm hingezogen, feurige Temperamente dagegen um so mehr. Der Opal an sich verstärkt das, was vorhanden ist — aber Vorsicht bei Krankheit oder zu viel „Schwerem" und traurigen Gedanken, denn auch das verstärkt er.

Für die *orangefarbene Koralle* gilt analoges wie für die rote. Auch sie bringt in Fluß, bringt die reinigende *Kraft des Meeres* mit sich. Schwemmt vieles an die Oberfläche, wobei immer auch bisher Verborgenes oder alte verdrängte Aspekte mit ankommen können.

Der *Sonnenstein* besteht aus orangefarbenen, glitzernden Gebilden, umgeben von grau-weißem Muttergestein. Er wirkt auf das Gemüt mit viel Geduld — so wie die Sonnenstrahlen geduldig aber sicher *Erwärmung und Öffnung* bringen. Der Sonnenstein weckt das tief im Geborgenen Liegende (wie im Muttergestein) und lockt hervor.

3. Chakra – Sonnenzentrum

Für das dritte Energiezentrum gibt es vielerlei Namen: Sonnengeflecht, Solar-Plexus, „Innere Sonne" (im autogenen Training). Es liegt im Bauchraum oberhalb des Nabels. Wenn Sie Ihre Hand mit der Kleinfingerkante an den Nabel legen, haben Sie unter Ihrer Handfläche das dritte Chakra. Es öffnet sich nach vorne.

Verbunden ist es mit dem Element *Feuer*. Wie einer Sonne gleich, sendet es in alle Richtungen Wärme, das innere Feuer. Die Farbe entspricht auch der der Sonne, nämlich goldgelb. Goldene Sonne, Wärme, Feuer – das ist verbunden mit *Ausdehnung und Temperaturregelung*. Feuer will sich ausdehnen, erwärmt alles in seinem Ausdehnungsbereich.

Die Organe, die in diesem energetischen Bereich liegen, sind die Verdauungsorgane: Magen, Leber und Bauchspeicheldrüse. Hier finden die *Stoffwechselprozesse* statt, die die Wärme für den Körper bilden. Die Leber ist unser *innerer Ofen*. Derjenige, der harmonisch im dritten Chakra reagiert, wird den „Stoff", die Nahrung, sinnvoll wechseln und rechten Nutzen aus ihr ziehen. Wer hingegen nie genug Energie aus seiner Nahrung zieht, ganz gleich wie viel er ißt, verfügt meist über zu wenig Energie im Sonnenzentrum.

Das dritte Chakra ist Sitz der *Selbstheilungskräfte* und eng verwoben mit unserer *Stimmung*. *Vertrauen, Selbstwertgefühl, Individualität, Entfaltung der Persönlichkeit, gefühlsmäßige Wahrnehmung, Ausstrahlung und Mut* gehören in diesen Bereich. Hier liegt die Brücke zum Emotionalkörper – zum feinstofflichen Gefühlskörper. Körperliche und gefühlsmäßige Verletzungen sind in dieser Region sehr schmerzhaft – ein Schlag in die Magengrube, dem Sitz eines großen Nervengeflechts, ist schlimm. Viele Menschen sind sehr *empfindlich* an ihrem Nabel. Erinnern wir uns auch der Funktion der Nabelschnur – sie war die körperlich wie psychisch ernährende Verbindung zur Mutter, so mancher geistige „*Abnabelungsprozeß*" dauert viel länger als das medizinische Durchschneiden der Nabelschnur nach der Geburt.

Seelische Verletzungen sind Verletzungen unserer Gefühle. Wenn wir glauben, daß wir uns durch „*eng-machen*" schützen könnten, entsteht Angst (angus = Enge). Im Solar-Plexus liegt auch das Thema *Angst*. Der negative Sinn des Zentrums ist *Angst in allen Variationen, Ignoranz und Selbsttäuschung, Faulheit und Feigheit* als *Angst vor Veränderung*. Das sogenannte „*chronische Sorgenbündel*" hat hier seinen Ursprung, wenn ich mir um jeden und alles Sorgen und Angst mache.

Von den Sinnesorganen her nimmt das dritte Chakra Bezug zum Sehen, obwohl die Fähigkeit zu sehen – zu erkennen – auch im sechsten Chakra (Stirn-Chakra) eine Bedeutung hat. Hierzu ein Hinweis: in der Gesichtsreflexzonentherapie liegt die Leberzone zwischen den Augenbrauen. Leber (= drittes Chakra) und die Thematik Einsicht (= sechstes Chakra) sind eng miteinander verknüpft – siehe Organbeschreibung Leber. Gäbe es das Feuer nicht, gäbe es kein Licht. Dann könnten wir nicht sehen, nicht hinsehen.

Den Bezug zu den Hormondrüsen stellt die Insulin und Glukagon produzierende Bauchspeicheldrüse her.

Edelsteinzuordnung:

Der goldgelbe bis blaßgelbe Zitrin, der Edeltopas, der Rutilquarz, der Bernstein, das lebendige, veränderlich schimmernde Tigerauge und der gelbe Fluorit.

Der *Zitrin* wurde nach der zitronengelben Farbe benannt. In der Natur entsteht er aus Amethyst, der durch Hitze (z.B. aus dem Erdinnern) gebrannt wird. Der natürliche Zitrin ist blaßgelb. Wenn äußerlich (künstlich) mit Hitze über vierhundert bis fünfhundert Grad Celsius „nachgeholfen" wird, wird er dunkelgelb bis rotbraun. Er ist meistens durchscheinend, mit wunderschönen Einschlüssen oder Ebenen.

Der Zitrin ist *der öffnende Edelstein*. Wie die Sonne ihre wärmenden, erweiternden Strahlen ohne Wertung auf alles gleich aussendet, so wirkt auch der Zitrin.

Er ermöglicht ein „*sich-öffnen*" im Sonnenzentrum, „*weiter*" werdend, der einengenden Angst entgegenwirkend. Er unterstützt die Aktivität in der Verdauung, im Stoffwechselgeschehen und ist ein wahrer Helfer bei Diabetes mellitus (Zuckerkrankheit, siehe Bauchspeicheldrüse), denn er fördert das Annehmen von Energien und Zärtlichkeiten.

Der goldene *Edeltopas* wird als Schmuckstein oft facettiert geschliffen; durch das ähnliche Aussehen der geschliffenen Steine sind Verwechslungsmöglichkeiten mit dem Zitrin gegeben. Ich habe ihn als kraftvollen Helfer in naturbelassener Form als Topassäule schätzen gelernt, denn so erinnert er mich an ein „Stück Sonnenstrahl". Er bringt goldenes, göttliches Licht aus der Urquelle in das Gefühlszentrum und *lichtet* Schwermut oder gar Depressionen. Ein Heiler für Angstzustände verschiedenster Arten.

Der *Rutilquarz* ist von der „Grundmasse" her ein Bergkristall, der goldgelbe Fäden = Titanoxyd in sich hineingenommen hat − und dadurch so schön geworden ist. Auch er ist ein *Heilungs- oder Harmoniestein*. Er lehrt uns das *Annehmen und Integrieren* eines Zustandes oder Aspektes, was uns in die *Vereinigung* führt. So wirkt er besonders zielgerichtet im dritten Chakra, kann aber für jeden akuten Krankheits- und Lebensprozeß angewendet werden.

Der *Bernstein* ist gar kein „Stein", sondern versteinertes Kieferharz. Er faßt sich warm und leicht an und lockt uns durch seine Einschlüsse (Insekten, Bläschen, Spannungsrisse) genauer hinzuschauen. Seine goldene Farbe, seine warme Ausstrahlung weckt *Vertrauen*. Er stärkt unser *Selbstwertgefühl* und öffnet uns für die Erfolge im alltäglichen Leben.

Früher gab man kleinen, zahnenden Kindern große Stücke Bernstein, damit sie darauf „herumkauen" konnten − so wie heute Plastikbeißringe benutzt werden. Man wußte aus der Erfahrung, daß Bernstein „bei Zahnschmerzen" hilft, also auch beim Zahnen. Von der psychischen Entsprechung her hilft Bernstein beim „*sich durchbeißen*". Ob das nun körperlich sein muß (Thema: Zähne) oder psychisch (Thema: sich trauen, sich zu wehren, Selbstwert, Erfolg).

Das *Tigerauge*, ein bekannter Schmuckstein, ist bräunlich gelb. Seine Fasern schimmern im Licht und zeigen uns immer wieder ein anderes Bild. Dieser sehr lebendige Stein weckt unser Bedürfnis nach *Erkenntnis*, das *Erkennen, Sehen* der Prozesse, die mit Gefühlen und Angst einhergehen. Das rote Tigerauge unterstützt Erkenntnisprozesse im Unterbauch, das gelbe Tigerauge im Oberbauch, das blaue Tigerauge (auch Falkenauge genannt) im Kopfbereich.

Der *Fluorit* – in gelb, violett und blaugrün vorkommend – ist ein durchscheinender Edelstein, der ganz charakteristische Ebenen aufweist. Je nach seiner Farbe unterstützt er das entsprechende Zentrum. Seine helfende Schwingung *hebt das Bewußtsein*, die Aufmerksamkeit, auf eine *höhere* Ebene. Sehen wir unsere eigene, womöglich verzwickte, schwierige Situation von einer höheren Ebene wie ein Beobachter, fällt es uns leichter, die Lösungen und die Auswege zu sehen. Es sind starke *lösende Energien*, die der Fluorit ausstrahlt. Er erscheint mir oft wie ein helfendes „Ventil".

4. Chakra – Herz-Chakra

Das Herz-Chakra oder Herzzentrum liegt in der Mitte und unter dem Brustbein, vor der Wirbelsäule und öffnet sich ebenfalls nach vorne.

Hier herrscht das Luftelement, eine leichte, feinere Energie. Die Farbe *grün* wirkt regenerierend auf das physische Herz, die Farbe *rosa* mehr auf das psychische Herz. Das Herz ist so viel mehr als ein „Pumpmotor" für den Blutkreislauf – es ist das *Zentrum der Gefühle*.

Im dritten Chakra wurden auch schon Gefühle angesprochen, hier ist die Empfindung der *Liebe* gemeint. *Die Liebe für sich selbst, für andere und alles, was lebt.* Hier ist der Ort der *Verarbeitung von Emotionen.* So vieles heben wir auf die Herz-Ebene – auf die Liebes-Ebene –, um es zu heilen. Im Herzen wird verarbeitet, was uns Herzschmerzen machte oder macht, was uns „Herzeleid" bereitet. Es ist der Ort in uns, wo *Friede, Mitgefühl, Vergebung, seelische Reinigung* geschieht. *Le-*

bensfreude, Freundlichkeit, Leichtigkeit, Beweglichkeit nehmen hier ihren Ursprung. Hier liegt der Grundstein für die *spirituelle Entfaltung* und für die *selbstlose Liebe*.

Im negativen Sinn sitzen im Herz *Besitzergreifung* (auch von Gefühlen), *Gier* nach Geld und Macht, *Manipulation*.

Als Sinneszuordnung gilt der Tastsinn, das Fühlen. Dieser Sinn bezieht sich einmal auf sich selbst, aber auch auf das *Du*, auf das Gegenüber, auf den Nächsten und die Umwelt. Das Thema *Beziehung* drückt sich hier aus.

Die zugeordnete Drüse ist die Thymusdrüse, die in jungen Jahren unsere „Wachstumsdrüse" ist und zeitlebens wichtige Funktionen im Immunsystem bewältigt.

Edelsteinzuordnung:

Bei den grünen Edelsteinen zählen Malachit, Chrysokoll, Jade, Aventurin, Moosachat, Olivin, Chrysopras, Turmalin und Smaragd zum Herzzentrum. Rosafarbene Edelsteine sind hier Rhodonit, Rhodochrosit, Rosenquarz und Kunzit.

Der *Malachit* ist ein dichter, in hell- und dunkelgrünen Linien strukturierter Edelstein. Er ist ein Stein des liebevollen *Verständnisses*. Er läßt uns unsere Licht- *und* Schattenseiten erkennen („die hellen und dunklen Linien in uns"). Er fordert uns auf, folgenden Bibelspruch zu leben: „Liebe deinen Nächsten wie dich selbst." So erweckt und vertieft er *Mitgefühl* und *Nächstenliebe*. Wenn ich meine Schwächen akzeptieren und lieben kann, kann ich es auch bei meinen Mitmenschen.

Der *Chrysokoll* ist ein blaugrüner Stein, der manchmal mit schwarzen Strukturen durchzogen ist. Durch seine vielseitigen Muster kann er sehr „über uns" erzählen. Er unterstützt uns darin, liebevoll zu unseren eigenen *Bedürfnissen* zu finden und dazu zu stehen. In der Verbindung zum „Grün der Natur" läßt er uns erkennen, wo und wie *Regeneration* möglich ist.

Die *Jade* kommt in den verschiedensten Grüntönen vor, kann sogar weiß bis schwärzlich sein. Mit ihm kommt die Schwingung von *Verehrung und Erneuerung* an. In unserem Leben bedarf es immer wieder dieser Kräfte von Erneuerung, *Frieden und Harmonie,* die Jade ausstrahlt. Er entspannt und beruhigt Situationen, auch Krankheitsprozesse, gleicht aus und heilt.

Der *Aventurin* ist ein hell- bis dunkelgrüner, dichter Edelstein, der im Licht schimmernde Blättchen zeigt. Er strahlt eine starke Kraft für das physische Herz aus, das sich nach einem Geschehen (Krankheit, Herzeleid, Schwäche) wieder erholt. Eine *impulsgebende, mutmachende* Energie verteilt sich durch ihn.

Der *Moosachat* ist von durchscheinender Grundmasse, von dunkelgrünen Strukturen (wie Algen und Moos aussehend) durchzogen. Durch seine Schwingung erleichtert oder ermöglicht er den *Kontakt zu hohen Wesen,* die über das pflanzliche Reich wachen, zu den *Devas der Pflanzen.* Indem wir uns die Zyklen der Natur und der Pflanzen anschauen, schöpfen auch wir Kraft aus den natürlichen Zyklen. Unser liebevolles Verständnis für das Pflanzenreich wird durch den Moosachat intensiviert. Der *Baumachat* wirkt ähnlich, bei ihm sind zwischen den grünen Strukturen weiße, dichtere Gesteinsmassen verteilt.

Der *Olivin* (weitere Namen sind *Peridot, Chrysolith*) ist ein olivgrüner, durchscheinender bis klarer Edelstein, der oft facettiert geschliffen als Schmuckstein zu sehen ist. Durch den gelben Anteil (die Verbindung von grün und gelb = oliv) kommt eine vertrauensvolle, wärmende Komponente zu dem liebevollen Grün. Er bringt *Leichtigkeit und Lebensfreude* mit sich, *Frohsinn* − und die Aufforderung, in allem Ernst der Fröhlichkeit Raum zu lassen.

Der *Chrysopras* ist von hell-lichtgrüner, milchiger Beschaffenheit. Er führt uns liebevoll an den *Sinn von Werden und Vergehen.* Durch den grünen Anteil erinnert er an die kraftvollen, sinnvollen Zyklen der Natur und lädt uns ein, dem *„Blühen, Wachsen, Reifen und Vergehen"* zu folgen – um irgendwann wieder neu zu erblühen, mit Leichtigkeit und genießender Freude zu leben.

Der *Turmalin*, ein sehr wertvoller Edelstein, kommt durchscheinend bis klar in grün, rosa und blauen Tönungen vor. Er hilft uns immer und immer wieder *Auswege zu finden*, Konflikte, Lebenssituationen von allen Seiten her zu beleuchten, um mehr als eine Lösung zu entdecken – manchmal sehen wir nicht einmal *eine*. Was auch auf uns zukommt, es hat seine Berechtigung; wir selbst haben es durch unsere Schwingung angezogen. Wenn wir uns nicht verschließen, sondern *offen* bleiben für die helfenden Kräfte, die immer um uns sind, erlösen wir jede schwierige Lebenssituation. Dieses Vertrauen stärkt der Turmalin, er befreit uns aus der Verzweiflung und zeigt uns den Weg in das Licht und die Einheit. Wenn wir nur hinschauen!

Der grüne Turmalin zeigt uns Auswege aus Herzeleid, Lebenssituationen, die mit Liebesgefühlen verbunden sind. Rosa Turmaline wirken in Lebenssituationen helfend, in denen es um *Selbstlosigkeit*, um das „Dienen" geht. In der *Wassermelonen-Turmalinscheibe* umgibt ein Kranz von zartem Grün einen rosa Kern. Hier wird die selbstlose, sich verschenkende Liebe noch umhüllt, noch gestützt, reift noch bis zum „Ausbruch". Blaue Turmaline wirken auf hohe geistige Prinzipien.

Der *Smaragd*, ebenfalls ein sehr wertvoller Edelstein, der meist als facettiert geschliffener Stein in Schmuckstücken verarbeitet wird. Er ist von klarer, grüner Brillanz – strahlt seine *All-Liebe, All-Verbundenheit* in den Kosmos. Über das „Kleine" erhaben zu sein, den Sinn des Lebens verstanden zu haben, sich in *Frieden, Harmonie* und im liebenden *Verständnis zu allem* zu empfinden – das ist die Schwingung des Smaragds. Das erweckt, berührt und intensiviert er in uns.

Der *Rhodonit* bringt wie alle rosafarbenen Steine etwas in Bewegung, ins Rollen. Wobei der Rhodonit der dichteste von dieser Gruppe ist. Schwarze und kräftig-rosafarbene Strukturen begegnen sich einander. Der schwarze Anteil symbolisiert das Irdische, die Erde und der rosa Anteil die selbstlose Liebe. Der Rhodonit vermittelt die Fähigkeit, *seine selbstlosen Gedanken und Intuitionen in die Tat, ins Materielle umzusetzen,* sie auf Erden auch ganz im Alltag zu leben.

So hilft er Menschen, die mit der geistigen Welt sehr verbunden sind, guten Kontakt zur Erde halten – trotz der geistigen Verbindung „nach oben" mit zwei Füßen fest auf der Erde zu stehen.

Im *Rhodochrosit* sind weiße und rosa Strukturen ineinander verwoben. Er unterstützt die *Verbindung zur geistigen Welt*, hält die Verbindungskanäle nach oben offen, so daß Liebe und universelle Lebensenergie nachfließen, wenn sie verschenkt werden.

Der *Rosenquarz* kann sehr dicht oder auch durchscheinend bis klar sein; dann sind oft feine, zarte Ebenen und Einschlüsse zu sehen. Hier wird die *Sanftheit* in uns berührt, und uns wird deutlich, daß *Zartheit* und Sanftheit eine unendliche Macht ausüben. Er wirkt auf die *geistig-spirituelle Entwicklung*, initiiert sie, läßt sie reifen. Eine Rosenknospe weiß in ihrem Innern, daß sie eines Tages in all ihrer Schönheit erblühen wird – sie braucht nur noch etwas Zeit. Das ist es, was die Schwingung des Rosenquarzes in uns vollbringt. Mit liebevoller Geduld und ganz sanft „treibt" er uns voran.

Im *Kunzit* ist neben dem rosafarbenen Spektrum auch das violette vorhanden, das heißt, es besteht ein Bezug vom Herz- zum siebten oder Kronen-Chakra. Eine *hohe spirituelle Energie* berührt uns und läßt uns die Verbundenheit mit geistigen Lichtwesen fühlen, die durch uns wirken können. Sie sind darauf angewiesen, daß wir Menschen uns als Kanal zur „Verfügung" stellen. Durch das faserige Längenwachstum erinnert er uns an die *Geradlinigkeit* im Denken und Fühlen.

5. Chakra – Kehl-Chakra

Das Kehl- oder Hals-Chakra liegt in Höhe der Schilddrüse, am unteren Teil der Kehle. Es öffnet sich nach vorne *und* nach hinten.

Seine farbliche Entsprechung ist das helle, lichte Blau. Vom Körper her gesehen ist der Hals die „engste Stelle" des Menschen – und hier wird uns mit dem Hellblau eine *Weite* geschenkt. Es erinnert an den weiten, blauen Himmel, an das lichte, blaue Meer.

Von Chakra zu Chakra wurden die Energien immer feiner, die Schwingungsfrequenz immer höher. Im Kehl-Chakra gibt es nun keinen direkten Bezug mehr zu einem Element, sondern hier haben wir es mit dem feinstofflichen Äther zu tun, der die Grundlage für alle Elemente ist. Aus dem Äther heraus entfalten sich Erde, Wasser, Feuer und Luft. Das Kehl-Chakra ist somit ein übergeordnetes Energiezentrum, es verbindet Kopf und Körperstamm, *Verstand und Gefühl*. Es ist eine *Brücke* in die geistige Welt, denn die beiden noch folgenden Chakren schwingen noch höher in ihren Energien.

Die Thematik im fünften Chakra ist die Brücke zum Geistigen und zu den Tiefen der Seele. Es wirkt energetisch auf die *Stimme*, auf die *Sprache* und *Kommunikation*, auf den *Selbstausdruck*. Auch das *Verantwortungsgefühl* findet hier seine Entsprechung. Wer kennt nicht das Problem vom verspannten Nacken- und Schulterbereich. Wenn wir uns zuviel „Last" aufladen, das Schwere nicht mehr tragen können, die Verantwortung zu stark auf uns lastet. Das Kehl-Chakra öffnet sich auch nach hinten, es ist das „*karmische Bearbeitungschakra*".

Im negativen Sinn regieren im Kehl-Chakra *Selbstgefälligkeit, Überheblichkeit und dogmatische Ansichten*.

Rein körperlich wirkt das Kehl-Chakra auf das „Schlucken-können", auf die Schilddrüse und die Nebenschilddrüsen (Hormondrüsenbezug).

Der Bezug zu den Sinnesorganen bildet das Hören. Die Ohren und die Fähigkeit des Hörens liegen energetisch im Bereich des fünften Chakras.

Edelsteinzuordnung:

Der Chalzedon, der Türkis, der Aquamarin, der hellblaue Edeltopas, der metallisch aussehende Pyrit, der blaue und der weiße Opal, der Mondstein und die Perle.

Der *Chalzedon* ist ein wenig durchscheinender, weiß-hellblau strukturierter Edelstein. Er wirkt am „stofflichsten" auf die Schilddrüse im Sinne von Regulation des Stoffwechseltempos. Auf die Kommunikation wirkt er förderlich, weil er der Stimme Ausdruck und Kraft verleiht – der Chalzedon gilt als der „Rednerstein". Außerdem schenkt er Ruhe und Ausgeglichenheit für angespannte Nerven.

Der dichte, opake *Türkis* ist ein sehr weicher Stein. Je kräftiger sein Blau ist, um so mehr ist er durch Feuer gehärtet, damit er als Schmuckstein verwendet werden kann. Er war bei den Indianern und auch bei den Juden ein bedeutsamer Stein – also bei Menschen, die über ein ausgeprägtes Zusammengehörigkeitsgefühl, einen Gruppensinn, verfügten. Der Türkis ist ein *Schutzstein*. Er schützt vor negativen Energien, auch vor Fluch. Wenn der Träger intensiv mit seinem Türkis verbunden ist, kann der Stein die negativen Energien absorbieren, wobei er oft seine Farbe verändert.

Der *Aquamarin* ist ein zartblauer, meist klarer Edelstein. Seine Wirkung ist weniger körperlich ausgerichtet, sondern mehr geistiger Art. Aqua = das Wasser, mare = das Meer. Das Meer ist symbolisch ein Bild der Seele, der Tiefe der Seele. Er läßt uns die Weite und Heilkraft des Meeres spüren. Er ist ein *Seelentröster*, ein Balsam für geprüfte und suchende Seelen, denn er bringt *Harmonie, Frieden und Stille* mit sich.

Der hellblaue *Edeltopas* sieht dem Aquamarin oft zum Verwechseln ähnlich. Auch er wirkt sehr stark auf der geistigen Ebene, denn er hilft uns, verfestigte *Gefühls-, Verhaltens- und Denkmuster* zu verändern. So bringt er *Lösungsenergie und Erleichterung* mit sich.

Der *Pyrit* ist ein metallisch glänzender, dichter Edelstein, der als „Metall aus dem Kosmos" bezeichnet wird und damit *Wissen aus dem All* mitbringt. Seine kraftvolle Schwingung hilft beim Lösen von Problemen – besonders intensiv dann, wenn der Erkenntnisprozeß abgeschlossen ist und nun die *Kraft zur Handlung*, zum Umsetzen gebraucht wird. Eine Pyrit-Sonne kann auch für kurze Zeit (cirka zehn bis fünfzehn Minuten) auf den Solar-Plexus gelegt werden, um dort die kraftvolle Energie aufzutanken. Die kleinen Pyrit-Würfel sind besonders dazu geeignet, die *Konzentration* zu unterstützen und sind eine Hilfe, sich nicht in der Vielseitigkeit zu verlieren.

Der *Opal* mit seinem schimmernden Farbspektrum in sich (opali-sierendes Schimmern), wird oft als weißer oder blauer Opal oder in Opal-Dubletten in Schmuckstücken verarbeitet. Seine Wirkung besteht im *verstärken dessen, was an Schwingung vorhanden ist.* Wenn Krankheit, Angst oder negative Gedanken wie Neid, Haß, Stolz vorhanden sind, werden sie durch den Opal verstärkt – positives analog.

Der *Mondstein* ist ein milchig, weiß-bläulicher Edelstein. Er bringt uns mit dem *Weiblichen an sich* in Kontakt, er wirkt auf die weiblichen Eigenschaften wie *Intuition, Hingabe, das „Weiche" und Empfindsame.* So unterstützt er Frauen im Ausleben ihrer *Weiblichkeit* und bei Männern macht er die weiblichen Anteile bewußt.

Die *Perle* (die unebene Süßwasserperle und die kostbare, edle Salz-wasserperle) schimmern vollendet weiß, gelblich oder auch ins schwarz-graue gehend. Sie hat zwei wichtige Bedeutungen: von der Muschel aus gesehen, in der sie wächst, ist sie ein Fremdkörper und wird mit all ihrem kalkhaltigen Material, das der Muschel zur Verfügung steht, umhüllt. So ist es ein Prozeß der *inneren Reinigung.* Von dem Fremdkörper aus gesehen, ist es ein Leben in Geborgenheit und Schutz; mit den edelsten Farben wird man eingehüllt, getragen. Ein Zustand der *Harmonie und des Friedens.* Zu Perlen sagt man auch „Tränen des Glücks" – nach dem Prozeß der inneren Reinigung, in dem altes, verdrängtes und was womöglich tränenreich war, aufge-schwemmt wurde, folgt der Zustand des Glücks, der Harmonie und des Friedens. Perlen unterstützen innere Reinigung (in der Gefühls- und Gedankenwelt) und Ausscheidungsprozesse.

6. Chakra – Stirn-Chakra

Das Stirn-Chakra befindet sich zwischen den Augenbrauen (Augen-brauen-Chakra) in der Mitte der Stirn und öffnet sich nach vorne. Ein weiterer Name für dieses Zentrum ist das *Dritte Auge.* Es schwingt in der kräftig blauen bis dunkelblauen Farbe.

Energetisch versorgt dieses Energiezentrum das Gehirn und den gesamten Kopfbereich. Es ist hier eine sehr hohe Schwingung vorhanden, die sich auf die geistig-seelischen Ebenen auswirkt.

Das Stirnchakra ist *Zentrum und Auswertungsort aller Wahrnehmungen, ein Kontroll- und Austauschzentrum für Geist und Körper, Orientierung und innerem Gleichgewicht.* Von hier geht die *Zielrichtung der Gedanken* und die *Gedankenkontrolle* aus, sind wir uns der *Macht der Gedanken* bewußt. Es ist Sitz der *Intuition, der Inspiration und des inneren Sehens und Verstehens.* Im negativen Sinne liegen hier *Unbeugsamkeit, Härte, Verurteilung und Unsicherheit* vor.

Die Hirnanhangsdrüse (Hypophyse) ist dem sechsten Chakra zugeordnet. Sie wirkt stimulierend oder bremsend auf alle körperlichen Hormondrüsen und ihr kommt eine übergeordnete, regulative Kontrollfunktion zu.

Edelsteinzuordnung:

Der Sodalith, der Lapislazuli, der Azurit und der Saphir.

Der Sodalith ist ein dichter, dunkelblauer Edelstein von weiß bis orangefarbenen Adern durchzogen. Er wirkt körperlich auf den *Verstand*, auf das *Denken*, stimuliert unser *Selbstvertrauen*, den *Glauben* und fördert die *Intuition*. Er ist der Stein der *Treue zu sich selbst*, er ermuntert uns, unseren eigenen Lebensprinzipien treu zu sein, die Verwirklichung unserer eigenen Ideale und Ziele durchzusetzen. Die Farbe blau gehört zu den kühlenden Farben. So hilft der Sodalith uns auch mit seiner kraftvollen Schwingung bei einem „überhitzten" Prozeß wieder in Harmonie zu kommen. Eine akute Entzündung z.B. gehört auch zu den heißen Prozessen, ist eine Energieüberfülle und bedarf der „Kühlung".

Der *Lapislazuli* ist ein mittel- bis dunkelblauer Stein mit Pyrit-Einschlüssen. Manche Lapis sehen wie nächtliche Sternenhimmel aus und verlocken, in die Weite und den Kosmos zu spüren. Er war ein wichtiger Edelstein in der Zeit der ägyptischen Kultur, in der die Pharaonen in telepathischer Verbindung zu höheren, geistigen Welten standen (wieder der Hinweis, daß der Pyrit ein „Metall aus dem Kosmos" ist). Der Lapislazuli ist ein *heiliger Stein und ein Meditationsstein*. Er verbindet uns mit dem, was wir anbeten, was uns „heilig" ist. Er berührt unser *Vertrauen in die göttliche Führung und unsere Glaubenskraft*.

Der *Azurit* ist ein sehr weicher Stein, zum Schleifen zunächst ungeeignet. So begegnet er uns oft in naturbelassener Form, in Gesteinsbrocken in zum Teil bizarren Ecken und Formen. Er weist meistens verschiedene Blautöne auf, manche Gesteinsbrocken sind auch mit Malachit durchzogen. Die Schwingung des Azurits wirkt auf das *geistige Denken, er öffnet uns geistige Tore*. So unterstützt er das Verständnis von göttlicher Führung und höheren, geistigen Welten. Er wirkt *bewußtseins-erweiternd*.

Der klare und edle *Saphir* wird in mittel- bis dunkelblauen Variationen für Schmuckstücke verwendet. Er schenkt *Glauben und tiefes Vertrauen*, unterstützt *geistige Reinigung und Erneuerung*. Mit einer gewissen Strenge fordert er uns auf, auf dem Weg ins Licht zu bleiben, nicht mehr davon abzukommen und sich der höheren Macht anzuvertrauen, die größer ist als unser Selbst.

7. Chakra – Kronen-Chakra

Das Kronenchakra befindet sich außerhalb des Körpers, über dem Scheitel und öffnet sich nach oben.

Die Farbschwingung ist lavendelfarben, violett oder weiß. Organisch übt es eine Wirkung auf die Zirbeldrüse (Epiphyse) aus, die als Meisterdrüse die höchste, übergeordnetste Funktion hat (siehe Hormonsystem). Sie ist Sitz der höchsten Energieschwingung im Menschen.

Die Klänge der einzelnen Chakren wurden immer höher, bis zu dem höchsten, klaren Klang im Kronen-Chakra. Im Symbol der Blütenblätter hat das erste Chakra nur wenige (vierblättriger Lotos), während das siebte Chakra auch als 1000-blättrige Lotosblume bezeichnet wird. In der Kunst wird die Schwingung des Kronenchakras oft als Heiligenschein dargestellt.

Die psychische Entsprechung in dem höchsten Energiezentrum ist die *Vollendung*, die *höchste Erkenntnis durch innere Schau*. Von hier aus erfolgt die *Steuerung* aller geistigen, hormonellen und übersinnlichen Prozesse, *Bewußtseinserweiterung, die Verbindung zum Höheren Selbst, zur inneren Führung, zur allumfassenden Liebe*. Es weckt die Erkenntnis, daß ich als Mensch Teil eines Ganzen bin, zwar eine Individualität habe, aber doch *„eins bin mit allem"*. Es verbindet mich mit dem, was ich als Mensch „nicht" bin!

Edelsteinzuordnung:

Der Amethyst, die violetten Fluorite (siehe Fluoritbeschreibung drittes Chakra), der Suggelit, die klaren Edelsteine wie Bergkristall und Diamant.

Der *Amethyst* kommt in den verschiedensten violetten Farbtönungen vor, er kann dicht, durchscheinend oder klar sein. Er verbindet mit der geistigen Welt, erleichtert den *Kontakt zur inneren Führung, zum Höheren Selbst*. Er wirkt auf Intuition und Inspiration, verstärkt *Güte und Weisheit*. Auch zählt er zu den großen *Heilsteinen*, denn er *transformiert* Prozesse. Auf der geistigen Ebene wirkt er sehr reinigend.

Der *Suggelit* ist ein selten vorkommender, dichter, mit verschiedenen violettfarbenen Strukturen durchsetzter Stein, der erst vor kurzer Zeit in Afrika gefunden wurde. Er hat etwas mit *„Suggestion"* zu tun, das heißt, mit der Kraft der Vorstellung, die Geistes- und Gemütshaltung zu beeinflussen. So macht er uns die *Kraft und Macht von Gedanken und Worten* bewußt.

Der *Bergkristall* kommt unterschiedlich dicht mit vielen Einschlüssen und Ebenen vor − oder auch ganz klar. Er wächst natürlicherweise in größeren Kristallgruppen. Verwendung finden die gewachsenen Kristallspitzen, aber auch Trommelsteine und facettiert geschliffene Kristalle.

In dem Wort *Kristall* kommt die ganze Wirkung des Kristalls entgegen: *„Christus-im-All"*. Der Kristall verbindet uns mit der Christus-Liebe, mit dem Christus-Bewußtsein *in* uns. Er führt uns zum *Licht, zur göttlichen Einheit*. So ist er *der Lichtbringer,* der in seiner Klarheit das ganze Farb- und Wirkspektrum enthält. Er klärt, reinigt, kräftigt. Als „neutrales" Licht wirkt er nicht nur spezifisch in das siebte Chakra, sondern er kann auch für alle anderen Chakren angewendet werden.

Der *Diamant* sieht im Rohzustand (ungeschliffener Zustand) recht unscheinbar aus. Ist er facettiert geschliffen, kommt sein Feuer, seine Brillanz erst richtig zur Geltung. Das heißt, daß der geschliffene Diamant auch *in* uns Menschen *„Schleifprozesse"* wachruft, sie initiiert. So ist er eine starke Herausforderung, an den Schleifprozessen des Lebens nicht zu zerbrechen, sondern ihnen standzuhalten. Er ist als der „härteste" Stein ein Spiegel für *unsere Härte im Denken, Fühlen und Handeln* − und führt uns über die Erkenntnis oder über das Erleben in die Demut und Bescheidenheit.

Die Nebenchakren

Neben den sieben Hauptchakren entlang der Wirbelsäule gibt es noch die *Hand- und Fußchakren* als die sogenannten Nebenchakren.

Die Handchakren liegen in der Mitte des inneren Handtellers und geben Energien in unser *Handeln und Tun*. Die linke Hand ist die weibliche, empfangende Hand, die rechte Hand die männliche, gebende. Der Bergkristall (siehe Beschreibung siebtes Chakra) besitzt besonders ansprechende Energien für die beiden Handchakren.

In der Mitte der Fußsohle befindet sich je ein Fußsohlenchakra. Mit ihnen nehmen wir die Erdenergie, die Schwingung von Mutter

Erde auf und leiten sie über Energiebahnen über die Beine zum Körperstamm und in das erste oder Basis-Chakra. Mit unseren Füßen stehen wir auf der Erde, zeigen damit auch unsere *Verwurzelung*, unsere *Standhaftigkeit*. Wir gehen mit ihnen unseren Lebensweg, Schritt für Schritt, und zeigen, ob wir zu starr und unbeweglich oder zu wenig standhaft sind und uns jeder „Sturm" gleich „umwirft".

Edelsteinzuordnung:

Der Turmalinquarz und der Schneeflockenobsidian.

Der *Turmalinquarz* ist ein Bergkristall, der schwarze Turmalinnadeln in sich integriert hat, er ist also klar bis milchig-weiß, in Verbindung mit wenig schwarz.

Der *Schneeflockenobsidian* ist ein dichter schwarzer Stein, der weiße Flecken zeigt, also schwarz mit wenig weiß. So finden wir bei diesen Edelsteinen deutliche Polaritäten. Beide wirken auf unser „Verwurzeltsein", geben uns *Festigkeit und Standhaftigkeit*, wenn die „Stürme des Lebens" zu stark an unserem Lebensbaum rütteln.

Sie helfen uns, uns unserer Füße bewußt zu werden, schenken kalten Füßen Wärme, weil sie harmonisierend auf uns wirken. Womöglich wird dem einen oder anderen Menschen bewußt, daß er gar nicht *in* seine Wurzeln möchte, das Erdige, Feste an sich ablehnt.

Die Anwendung von Edelsteinen und Kristallen

Es gibt sehr viele Möglichkeiten, Edelsteine anzuwenden und sich ihrer Schwingung zu öffnen.

Legt man einen Edelstein oder Kristall (oder mehrere in einer bestimmten Anordnung) in den Raum, z.B. auf ein schönes Seidentuch, dann strahlt er seine Schwingung in diesen Bereich aus.

Kristalle oder eine Kristallgruppe verändern die Raumschwingung deutlich positiv. Die Raumschwingung wird gereinigt, gestärkt, der

Kristall verströmt Harmonie. So kann er auf einem hellen Platz auf dem Arbeitstisch, Schreibtisch, an der Fensterbank oder sonst an einem sichtbaren Platz wirken. Ist er in einer Schublade oder in einer Schachtel verpackt, kann er sich nicht verströmen. Ebenso sinnvoll ist es, einen Kristall an oder unter den Bettplatz zu legen, damit er das Ausruhen des Körpers und die nächtliche Reise der Seele bewacht.

Mit einer Kristallspitze oder auch Kugel sind heilende, helfende Massagen an den Reflexzonen sinnvoll. Trommelsteine, entsprechend der Chakrenzuordnung, können *am* Körper getragen werden. Die Steine der Chakren eins bis drei, die roten, orangen und gelben Edelsteine, bieten sich an, in Hosen- oder Rocktasche mitgetragen zu werden. Praktischerweise in einem kleinen Stoffbeutelchen, damit sie beim Ausziehen der Kleidung nicht versehentlich zu Boden fallen.

Die Steine zu den Chakren vier bis fünf können in Meditationen auf das Chakra aufgelegt werden, bzw. liegen am oder im Bett. Ein Amethyst mag sinnvoll am Kopfende des Bettes plaziert sein, ein Sodalith auf dem Nachttisch. Es sollte individuell entschieden werden, ob es ausreicht, sich den Stein mehrmals am Tag anzuschauen, sich mit ihm zu beschäftigen, ihn zu erspüren, ihn bei sich zu tragen – oder ob er auf einem kleinen „Altar" liegt, am Meditationsplatz, auf dem Schreibtisch etc.

Als ein Schmuckstück wirkt er über die Aura auf die Chakren. Beim Kauf von Edelsteinen, die eingefaßt sind, sollten Sie darauf achten, daß die Fassung nach hinten zu Ihrem Körper offen ist, damit die Schwingung der Edelsteine sich leicht mit Ihrer verbinden kann. Schmucksteine in Ringen an den Händen getragen, beeinflussen sehr das Handeln. Ohrringe haben Einfluß auf den Kopfbereich und das Hals-Chakra. Mit der Länge einer Halskette bestimmen Sie, in welcher Höhe sich die intensivste Wirkung des Edelsteins entfaltet.

Bei akutem, krankhaften Geschehen ist es ratsam, den Edelstein direkt auf das Organ aufzulegen – oder ihn beim Ruhen in Händen zu halten.

In *Meditationen* öffnen wir uns ganz bewußt den Schwingungen der heilenden Helfer, erlauben uns, daß ihre Energie sich mit der unsrigen verbindet. Wir öffnen unsere „inneren Pforten" und lassen sie bewußt in uns hinein. Lassen uns führen, wohin die Energien alleine strömen oder lenken sie bewußt an einen bestimmten Ort. Dazu werden im Kapitel 3 bei den Heilungsgesprächen mit Organen viele Möglichkeiten angeführt.

Die Erste-Hilfe-Steine

In meiner Arbeit mit den Edelsteinen und Kristallen durfte ich bestimmte Steine kennen und spüren lernen, die ich in diesem Zusammenhang als „Erste-Hilfe-Steine" bezeichne.

Dazu gehören vor allem der *Bergkristall*, wenn es darum geht, in dem unterstützenden *Licht etwas zu erkennen*. Wenn wir durch Körpersymptome auf damit verbundene psychische Konflikte hingewiesen werden, hilft uns der Bergkristall, in seinem Licht zu erkennen, *was* eigentlich in uns passiert.

Der *Rutilquarz* bedeutet in diesem Zusammenhang: das *im Licht Erkennen und Annehmen der Situation*. In einem Prozeß (Krankheit = Entwicklung) ist es wichtig, das Erkannte anzunehmen, zu akzeptieren – dann ergibt sich die Lösung (= Erlösung), der neue Umgang damit, oft von alleine.

Der *Karneol* bringt uns mit seiner Schwingung wieder *in Fluß*, in den Lebensfluß. Wenn ich etwas (z.B. ein Verhaltensmuster, das zum Schmerz führte) erkannt habe, bereit bin, es zu integrieren, hilft der Karneol, aus der Stagnation zu kommen, die Energie wieder fliessen zu lassen. Ein sehr wichtiger Stein – jetzt in der Zeit der Wandlungen.

Der *Zitrin* ist ein Erste-Hilfe-Stein, wenn es um *Entkrampfung* geht. Der Zitrin zeigt uns in der goldgelben Schwingung den Weg des Entkrampfens, des Loslassens und des „Sich-öffnens". Mit dem einströmenden Licht und der Liebe finden wir wieder unsere Mitte, gewinnen wir wieder Vertrauen und können die Angst loslassen.

Der *Amethyst* mit seiner *Kraft der Reinigung und Transformation* ist sehr oft im Anschluß an eine akute Krankheit oder im Verlauf eines chronischen Prozesses von unschätzbarem Wert.

Nach der Anwendung der Erste-Hilfe-Steine oder Edelsteine für den *Akutfall*, ist es wichtig, den Hintergrund, die Ursache, zu erkennen. Danach kann, je nach Problematik, je nach Thema, einer der anderen edlen Steine folgen.

Die Reinigung der Edelsteine und Kristalle

Um Edelsteine und Kristalle von Staub oder Händeabdrücken zu reinigen, kann man die meisten Edelsteine unter fließendem kalten Wasser waschen und anschließend mit einem Baumwolltuch abtrocknen. Pyrit sollte man nicht dem Wasser aussetzen, da er sehr schnell rostet.

Edelsteine und Kristalle, die auf Organe aufgelegt bzw. zur Meditation verwendet werden, sind in der Einstimmung vor dem Auflegen oder vor der Meditation geistig oder mental zu reinigen. Vertrauen Sie auf die Kraft der Gedanken und Vorstellungen. Stellen Sie sich zum Beispiel nach der Einstimmung (bewußtes Lenken der Aufmerksamkeit weg vom Alltagsgeschehen auf das Motiv der Meditation oder ähnliches) vor, daß Sie den ausgewählten Edelstein in eine sehr reine Quelle oder in einen Wasserfall hineinhalten, die alles Graue und Verschleierte abwaschen; danach lassen Sie ihn in Ihren Händen in der Sonne trocknen und aufladen. Das ist wieder eine Möglichkeit von sehr vielen. Oder reinigen Sie den Stein in dem Licht Ihrer Hände, um das Sie vorher gebeten haben.

In der ersten Meditationsanleitung zur „Reise in die Zelle" werde ich diese Art und Weise detailliert beschreiben.

Die Wirkung der Farben

Es ist unbestreitbar, daß Farben auf uns Menschen, auf unser Denken, Fühlen und Handeln, Einfluß ausüben. Wir lassen uns von den Farben selbst individuell ansprechen. Der eine liebt rot, der andere pink — ein anderer erholt sich im Grün der Natur, mag aber kein Grün in seiner Kleidung. Wir ziehen uns farbig an, unsere Räume gestalten wir mit Farben und so weiter. Viele Beispiele könnten folgen. Es bestehen mittlerweile die verschiedensten *Farbtherapie-Möglichkeiten*. Mit und durch Farbe wird bestrahlt, durch Folien geschaut, um so den Augen nur ein bestimmtes Farbspektrum anzubieten, mit Farbessenzen wird eingerieben, pulverisiert eingenommen und so weiter.

Die Anwendung der farbigen Edelsteine ist *eine* Art, Farben anzuwenden. Welche Farbe, welcher Stein *gebraucht* wird, richtet sich nach dem zugrundeliegenden Thema, nach der Ursache.

Auf meinem Lebensweg traf ich auf die *Aura-Soma-Farbessenzen*, zusammengestellt von der Engländerin Vicky Wall (siehe Literaturliste im Anhang). Die heute 72-jährige Pharmazeutin, die vor vielen Jahren blind wurde und seitdem die farbigen Auren sieht, wurde unter geistiger Führung angeleitet, aus der geistigen Quelle heraus diese Farbessenzen herzustellen. Das kann man sich so vorstellen, daß das feinstoffliche, geistige Prinzip der Farbe durch meditative Konzentration immer mehr verdichtet wird, bis es letztendlich *verkörpert* und in der Materie sichtbar ist.

Vicky Walls Zuordnung der Farben zu Chakren und Lebensprinzipien stimmen mit denen überein, die ich durch Edelsteine und Kristalle in Unterstützung geistig-spiritueller Lehrer erfahren und kennengelernt habe. Ihre Aura-Soma-Essenzen wirken über die feinstoffliche Aura in den grobstofflichen Körper hinein. Ihre farbigen Chakra-Essenzen (Pomander) erlebe ich als sehr intensivierend und vertiefend im Umgang mit Edelsteinen. Sie sagt: Die Farben öffnen die

Türen und Pforten nach innen, so daß die tiefe, dahinter stehende Weisheit eintreten kann.

Vicky Wall stellte unter geistiger Führung her:
— *die Chakra-Pomander:*
zu jedem Chakra eine Farbenergie plus die Essenz aus alten, z.T. heiligen Kräutern (nachdem die Farbe die „Chakra-Tür" geöffnet hat, können diese Essenzen in der Aura und im Körper heilen);

— *die Meister- Quintessenzen:*
sanfte Farben öffnen die inneren Türen und vermitteln dann über die geöffneten Türen den Kontakt zu aufgestiegenen, erleuchteten Meistern;

— *die „Balance-Bottles":*
eine farbige, ölige Substanz, darüber eine oft andersfarbige, wässerige Substanz in einer Glasflasche. Sie wirken auf die Einheit von Körper, Geist und Seele und harmonisieren auf wundersame Art und Weise. Sie *balancieren aus.* Mehr darüber in Vicky Walls Buch.

In Meditationen mit Edelsteinen und Kristallen verwende ich gerne die Chakren-Pomander, die den Kontakt und die Wahrnehmungen mit den Edelsteinen intensivieren und vertiefen. Die Meditationen mit einer Anwendung einer Meister-Essenz und Edelsteinen sind etwas Einmaliges und ganz Besonderes.

3. KAPITEL

Zellbewußtsein

Die Zelle als kleinster Lebensbaustein

Wenn du dich umgestaltest,
so ist auch die Materie gezwungen,
sich umzugestalten.

(9)

Bisher haben wir uns mit der Thematik Gesundheit und Krankheit auseinandergesetzt, wissen mehr über die Energiezentren in uns und über die Zuordnung und Bedeutung der Edelsteine und Kristalle. Von nun an beschäftigen wir uns mit Teilen unseres Körpers — zunächst mit der Zelle, dann mit Organen und erlauben den feinstofflichen Energien der Edelsteine, unsere Helfer zu sein. So werden wir mit Hilfe eines Bergkristalls eine Reise der Aufmerksamkeit durch eine unserer Körperzellen machen oder mit einem der gelben Edelsteine ein Heilungsgespräch für eines der Verdauungsorgane.

Ich werde beschreiben, wie ein Organ in uns physiologisch arbeitet und welche psychische Entsprechung dahinter beziehungsweise darüber steht. Anschließend zeige ich Möglichkeiten auf, wie ein Heilungsgespräch oder eine Behandlung durchgeführt werden kann.

Die Beschreibung der physiologischen Vorgänge in der Zelle analog zum Körper und zur Umwelt:

Makrokosmos	—	Mikrokosmos,
wie im Großen	—	so im Kleinen,
wie innen	—	so außen,
wie oben	—	so unten,

das sind die kosmischen Gesetze, die sich in allem wiederfinden.

Alles, was wir draußen im Universum, auf unsrer Erde, in unserer Umwelt wahrnehmen und erleben, ist ein *Spiegel* dessen, was wir *in* uns haben und sind. Deshalb beginne ich bei der *Körperzelle*, als dem *kleinsten Baustein* in uns, der die sogenannten Lebenseigenschaften aufweist. Die Zelle ist ein lebendiger Organismus, sie lebt *bewußt*. Die Eigenschaften wie Stoffwechsel und Wachstum, Empfindlichkeit und Bewegung sowie Fortpflanzung zeichnen das Leben aus.

Wir werden einfach die Funktionen der Zelle anschauen und sie auf die Menschen und die Umwelt übertragen.

Bezogen auf die Zelle wissen wir vom *Stoffwechsel* und dem *Wachstum*, daß ein Teil der aufgenommenen Stoffe von der Zelle zum Aufbau ihrer eigenen Substanz benutzt wird. Den größten Teil der Nährstoffe verbrennt sie mit Hilfe von Sauerstoff, um Wärme und freie Energie zu bekommen; die unbrauchbaren Schlackenstoffe werden ausgeschieden.

Auf unseren Körper bezogen, brauchen wir den größten Teil unserer Nahrung in jüngeren Jahren zum Aufbau und Wachstum, später zur Erhaltung und „Reifung" unseres Körpers, wobei bei Reifung mehr die Reifung von Geist und Seele gemeint ist. Mit der noch freien Energie „leben" wir, arbeiten wir, widmen uns unseren individuellen Lebensaufgaben.

Die Zelle nimmt Eindrücke der Umwelt wahr, sie ist *empfindlich* und *reagiert* auf Reize. Sie gibt eine Reizantwort. In unserem Körper bedeutet jeder Umwelteinfluß für unseren Organismus einen bestimmten Reiz (Stimulus), der je nach der Empfindlichkeit eine Reizschwelle überschreitet und beantwortet wird.

Die Lebenseigenschaft der *Fortpflanzung* ist bei Zelle und Mensch unterschiedlich (ungeschlechtliche und geschlechtliche Vermehrung). Leben hat nicht nur das Ziel, die eigene Gestalt zu entfalten, sondern auch *seine* Art zu vermehren und neue Entfaltungsmöglichkeiten für diese Gestalt zu schaffen. Die Zelle vermag sich zu teilen, und sofort bilden sich zwei selbständige, gleichwertige Tochterzellen.

In uns Menschen bedeutet Fortpflanzung das Verschmelzen von einem männlichen Samen mit einer weiblichen Eizelle. Durch Stoffwechsel und Wachstum wächst das neue Leben heran, bis es den Mutterleib verläßt und danach „selbständig" wird.

Es folgt nun eine weitere kleine Exkursion in die Biologie, in den Aufbau der Zelle, damit wir vom Bewußtsein her verstehen, was in der Meditation, in der „Reise in die Zelle" auf uns zukommen kann. Dabei ist der Zusammenhang wichtig – was in der Zelle geschieht, geschieht auch im Körper, geschieht auch in der Umwelt!

Eine Zelle besteht aus der Zellwand, dem Zellkern und dem Zellinnenraum (das, was sich zwischen Zellwand und Zellkern befindet). In diesem Zellinnenraum stoßen wir auf das Zytoplasma, den eigentlichen Lebenssaft. Hier spielt sich mit den chemischen Elementen Kohlenstoff, Stickstoff, Sauerstoff und Wasserstoff „das Leben" ab. Drei Viertel sind Wasser, das restliche Viertel besteht aus Eiweißen, Fetten, Kohlehydraten sowie aus Salzen. In dieser Flüssigkeit befinden sich die *Zellorganellen*, das sind kleine Gebilde innerhalb der Zelle, die spezielle, differenzierte Aufgaben erfüllen – die wir analog zu unseren Organen im Körper sehen können.

Beginnen wir außen mit der Zellwand oder Zellmembran. Sie ist nicht nur eine starre Grenze zwischen innen und außen, sondern sie arbeitet aktiv, indem sie wichtige Rohstoffe erkennt und *in* die Zelle hineinschleust und die Fertigprodukte wie arteigene Eiweiße, Enzyme, Hormone usw. nach außen abgibt. Sie hat Öffnungen, wie Türen oder Pforten, die eben für eine Funktion geöffnet und wieder verschlossen werden. Bezogen auf unseren Körper stellen unsere Grenzen, unsere Häute und Schleimhäute nicht nur passive, starre Grenzen nach außen dar, sondern die Poren in unserer Haut lassen aktiv etwas hinein oder hinaus. Aufgaben sind unter anderem Temperaturregelung, Abgabe von Schweißen und nicht lungen- oder nierengängigen Produkten.

In unserer Umwelt, im „Außen", gibt es auch „Grenzen" und Mauern, aber wesentlich sind die Öffnungen. Ob es nun Landesgrenzen sind oder Hauswände (Türen, Fenster). Allein starre Wände ohne weitere Aktivitäten sind sinnlos.

In jeder Zelle gibt es ein wunderbar durchdachtes *Transportsystem*, ein gut funktionierendes Verkehrsnetz (=endoplasmatisches Reticulum ER), damit innerhalb der Zelle alles an den rechten Ort kommt, wo es gebraucht wird. Das ist ein verzweigtes System von Gängen, Spalten und gelegentlich größeren Hohlräumen.

In unserem Körper wird dieses Transportnetz repräsentiert durch unseren Kreislauf mit den arteriellen und venösen Gefäßen und dem Lymphsystem. Durch unsere Gefäße ist in unserem Organismus alles mit allem verbunden. Hier zirkuliert die Flüssigkeit, unser Lebenssaft, und vieles wird von bestimmten Gebilden im „Huckepack-Verfahren" von einem Ort zum anderen befördert.

In der Umwelt kennen wir auch ein Transport- und Verkehrsnetz – sogar zu Lande, zu Wasser und in der Luft. Zufrieden sind wir, wenn es „auf den Wegen gut läuft", aber wir wissen auch von den Engpässen und Staus.

In der Zellflüssigkeit befinden sich nun entlang der Hauptverkehrsstraßen (ER) kleine Gebilde oder Stätten, Orte (=Ribosomen), *in denen das Eiweiß produziert* wird. In unserem Körper gibt es auch die Organe, wie die Leber oder die Lymphknoten entlang der Lymphbahnen, in denen aus mehreren Bausteinen ein neues Produkt, in diesem Falle unser artspezifisches, körpereigenes Eiweiß, gebildet wird. In der äußeren Welt kennen wir auch die Produktionsstätten, in denen Material angefahren wird und neue, größere Produkte abtransportiert werden.

Zwischendurch werden wir in der Zelle immer wieder größere Gebilde und Behälter (Golgi-Apparate) antreffen, *in denen Flüssigkeiten, Sekrete gebildet und aufbewahrt* werden, bis man sie benötigt. Sie enthalten konzentrierte Lösungen, die für die Umgebung in dieser hohen Konzentration schädlich wären.

Die Gallenblase, die Harnblase, einige Drüsen – das sind zum Teil

Hohlorgane in unserem Körper, die solange etwas aufbewahren, bis es gebraucht beziehungsweise losgelassen werden kann.

In der äußeren Welt sind uns so mancherlei große Lagerstätten von Flüssigkeiten und Ölen (zum Beispiel Tanks) vertraut.

Die bekanntesten Zellorganellen sind die Mitochondrien, das sind die *energetischen Zentren*. In ihnen sind die Atmungsenzyme enthalten, die im Zitronensäurezyklus Schlüsselfunktionen einnehmen. Hier wird unsere bis auf kleine Bausteine zerstückelte Nahrung mit dem Sauerstoff verbrannt und Energie und Wärme gewonnen. ATP wird gebildet und gespeichert, ATP (= Adenosin-tri-phosphat) ist *der* Energielieferant für Stofftransport, chemische Synthesen, Muskelkontraktionen und Nervenreize. Je größer die Aktivität einer Zelle ist, um so zahlreicher sind die Mitochondrien.

In unserem Körper ist es die Leber, welche ein „Heizwerk", Ofen oder auch Kraftwerk in uns darstellt. Sie ist unser „körperlicher Energiespender".

In der Umwelt sind Haushalte, Krankenhäuser, die gesamte Technik abhängig von Energie bzw. den Energieproduzenten, von Kraftwerken.

In der Zelle ist meistens in der Mitte der *Zellkern* zu finden. Er besteht aus den Genen und diese aus den Kernsäuren, den Nukleinsäuren (RNS, DNS). Die Gene sind Sitz der gesamten *Information*, die für die Zellfunktion wichtig ist. Der Kern ist das *Steuerzentrum* für die Stoffwechselvorgänge der ganzen Zelle.

Das Steuerzentrum für die gesamten Stoffwechselvorgänge in unserem Körper ist das Gehirn. Über das Nervensystem und die Regelkreismechanismen des Hormonsystems bekommt unser Gehirn ständig die „Ist-Information" aus den Organen und Körperregionen zugestellt. In unserem Gehirn, einem Computer mit unvorstellbarer Kapazität, wird der Ist-Wert überprüft, mit dem Soll-Wert verglichen und eventuell eine Korrektur-Information ausgesandt.

Im Außen wäre diese Kontroll- und Steuerzentrale den Ämtern, Behörden, Ausschüssen und Regierungen vergleichbar.

Wenn man vom Zellkern aus noch weiter hinein in das Detail geht, gelangt man zu den Molekülen und Atomen; Moleküle sind der Zusammenschluß mehrerer Atome unter bestimmten Bedingungen. Lange glaubte man, die Atome als die kleinste Einheit erkannt zu haben. Schon längst weiß man, daß man selbst die Atome in den ruhenden Atomkern und die sich bewegenden Elektronen auf der Atomhülle aufteilen kann. In diesem Zusammenhang ist mir wichtig, auf den *Zusammenhalt* zwischen Atomkern und den Elektronen hinzuweisen – auf diese Kraft, diese Schwingung, die alles zusammenhält! Wieder ist das Wesentliche *nichtmateriell*, denn diese Kraft, die energetisch alles verbindet, zusammenhält, ist schöpferischer, göttlicher Natur. Sie ist der Seelenschwingung gleich.

Ein weiser Spruch heißt: „Gott ist dir näher als du denkst, er ist dir näher als dein Atem." Ja, er ist uns näher – er ist in jedem Atom, jeder Zelle, in jedem kleinsten Teilchen von uns!

Wenn man sich nun das Leben in der Zelle vergegenwärtigt hat, erkennt man, wie wichtig ein harmonisches Zusammenspiel, eine gut koordinierte Planung ist. Das eine bedingt das andere, eines ist abhängig vom anderen. Je spezialisierter und differenzierter eine Zellorganelle ist, umso abhängiger ist sie von Bedingungen, zum Beispiel Zu- und Abtransport. Im Falle, daß eine Zellorganelle oder ein Organ ausfällt, kann dessen Aufgabe oft nur bedingt ersetzt werden – aber nie so gut, wie es ursprünglich erdacht war. Der Schöpfer hat in liebevoller Weisheit den Plan und die Funktion erschaffen. Nichts, aber auch gar nichts, ist umsonst oder unnötig.

Man stelle sich einmal vor, was passiert, wenn hier im Zellgeschehen – wie im Außen – vereinfacht ausgedrückt, die Arbeit niedergelegt und gestreikt würde, um zum Beispiel mehr Aufmerksamkeit oder mehr Belohnung, mehr Ruhepausen zu bekommen. Für unseren Körper bedeuten solche Aufforderungen mehr Liebe, Beachtung und Aufmerksamkeit, ein rechtes Maß für alles (Arbeitszeit – Ruhezeit, Maß für Nahrungsmengen usw.)

Es gibt unter uns Menschen sehr wohl eine Krankheit, die das Geschehen ausdrückt. In der Folge ist es das Tumorgeschehen. Übertragen ins Psychische bedeutet Tumorwachstum nichts anderes, als das Zellen aus ihrem „Zellverband" ausgetreten, mit den vorgegebenen Bedingungen nicht länger einverstanden sind und sich nun selbständig machen. Sie reagieren und wachsen nun wie sie wollen, expandieren ins Maßlose, übertreten ihre Grenzen. Einige Vertreter von ihnen schwärmen aus, um auch in anderen Organen Unruhe zu stiften und für Solidarität zu plädieren. Oder sie gründen Tochtergesellschaften − Metastasen. Dies alles, ohne Rücksicht auf die Gesamtheit, das Wesen − ohne dabei auf den „Wirt" zu achten, den sie dabei vernichten. Dieses Tumorgeschehen tritt immer dann auf, wenn über längere Zeit die Forderungen der Zellen oder der Organe (und der damit verbundenen geistigen Entsprechung) nicht beachtet beziehungsweise zu lange unterdrückt wurden.

Das Tumorgeschehen unter uns Menschen nimmt zu. Deshalb halte ich es für so wichtig, einen Kontakt und ein Gefühl für den eigenen Körper zu bekommen, die Zustände und Grenzen zu erkennen und die Forderungen der Organe zu akzeptieren − mit unseren Organen Heilgespräche zu führen.

Anleitung zur ersten Meditation

Die erste Einstimmung zur geführten Meditation beschreibe ich ausführlich, um eine von vielen Möglichkeiten aufzuzeigen.

Wenn wir für die Meditation einen Edelstein oder Kristall verwenden, ist es sinnvoll, ihn vor Beginn der Einstimmung auszuwählen. Eine Möglichkeit hierzu ist es, daß Sie sich vor Ihren eigenen Edelsteinen oder vor einem Angebot an Steinen und Kristallen einfinden, dann die Augen schließen und sich in Ihrem Inneren darüber klar werden, was Sie nun möchten; oder Sie beziehen sich auf das Thema der Meditation. Stellen Sie sich innerlich ganz und gar darauf ein. Bitten Sie dann Ihre innere Führung, Sie zu einem der Edelsteine oder

Kristalle hinzuführen, der eben in der folgenden Meditation ein „Helfer" für Sie ist oder durch den Sie jetzt eine Botschaft, eine Information erhalten. Oder lassen Sie sich von einem der Edelsteine anziehen. Wenn Sie dann innerlich die Verbindung zu dem „Helfer" spüren, öffnen Sie die Augen und nehmen Sie den Stein auf, der sich als erster für Sie zeigt oder der Sie „ruft". Schauen Sie ihn genau an, machen Sie sich vertraut mit seiner Farbe, seiner Form und seiner Beschaffenheit.

Wählen Sie für die „Reise ins Innere einer Zelle" einen *Bergkristall*, als Trommelstein, in geschliffener Form oder als naturbelassene Spitze. Einen Bergkristall deshalb, weil er besonders gut geeignet ist, um *hinzuschauen*. Er ist ein liebevoller, lichtvoller Begleiter, wenn wir in unser Inneres schauen.

Sorgen Sie dafür, daß Sie nun für circa eine halbe Stunde oder mehr nicht gestört werden (Telefon, Klingel, Störungen durch Personen). Achten Sie auf Ihre Lage oder Ihren Sitz, Sie sollten bequem eine Zeit lang liegen oder sitzen können und durch Ihre Haltung nicht abgelenkt werden.

Eine leise, weich-tragende Musik oder sanfte Meditationsmusik unterstützt Ihre Entspannung und begleitet Sie, wenn Sie sich nun von dem Alltagsgeschehen abwenden und Ihre Aufmerksamkeit auf etwas ganz anderes lenken.

In der Meditationsanleitung werde ich Sie auf der persönlichen Ebene mit *DU* ansprechen. Ihre innere Stimme und Ihre Organe kennen in der Anrede kein *Sie* − das kennen nur wir Menschen mit unseren Gesellschaftsgesetzen.

Eine Reise ins Innere einer Zelle

<u>Edelsteinempfehlung:</u>
Bergkristall (zu Beginn in der Hand halten)

– Individuelle Einstimmung –
Liege oder sitze ganz entspannt, so, wie es jetzt gerade für dich gut und richtig ist. Wende dich nun mit deiner Aufmerksamkeit nach innen. Schließe deine Augen.

Erlaube dir, dich ganz hier in diesem Raum, ganz in deinem Körper einzufinden. Sei mit allen deinen Wesensanteilen jetzt in deinem Körper hier. Spüre deinem Atem nach, wie er ein und aus geht.

Wenn jetzt noch Gedanken kommen, die dich beschäftigen, dann atme sie einfach aus – lasse sie beim Ausatmen einfach los. Oder stelle sie dir als Luftballons vor, die davonfliegen, die du jetzt nicht festhältst.

Sei nun bereit, dein Herz zu öffnen für des Schöpfers universelle Lebensenergie. Sie strömt in dich ein, füllt dein Herz und dann deinen ganzen Körper. Das Licht in deinem Herzen sprudelt wie eine innere Quelle über und über von dieser Kraft, die nun deinen ganzen Brustraum, dann deinen ganzen Körper ausfüllt. Du bist erfüllt von Licht und Liebe, dein ganzes Wesen strahlt in diesem Licht.

Eine Lichthülle ist um dich, in der du dich geborgen und wohl fühlst.

Nimm nun Kontakt auf zu deiner inneren Führung. Bitte deine innere Führung und dein Höheres Selbst, dir nahe zu sein und dich zu leiten – und sei bereit, dich führen zu lassen.

– Reinigen und Aufladen des Bergkristalls –
Wende dich nun in deinem Licht deinem Bergkristall zu, den du in der Hand hältst. Du wirst ihn jetzt reinigen und aufladen. Stelle dir dazu vor deinem geistigen Auge einen Wasserfall oder eine reine, klare Quelle vor. Halte den Stein nun in das Wasser und schaue ge-

nau hin. Halte ihn solange ins fließende Wasser, bis alles Graue und Verschleierte von ihm abgewaschen ist. Wenn er rein und klar in deiner Hand liegt, halte ihn in der geöffneten Hand in die strahlende Sonne. So wird er getrocknet und aufgeladen.

Schaue mit deinen inneren Augen hin, wie dein Kristall in deiner Hand strahlt, wie sich sein Licht, seine Liebe, Kraft und Klarheit nach allen Seiten ausdehnt. Begrüße dieses Licht. Wenn du es erlaubst, verbindet es sich mit deinem Licht. Das Licht des Bergkristalls und das Deine verschmelzen miteinander, werden eins!

Erlaube nun einem Teil deines Bewußtseins, deiner Aufmerksamkeit auf eine Reise in dein Inneres zu gehen.

Erlaube dir, daß sich deine Aufmerksamkeit im göttlichen, liebevollen Licht an einer Zelle deines Körpers einfindet. Das kann eine Zelle in der Haut sein, oder irgendwo in einer Schleimhaut, eine Zelle im Herzen, eine Leberzelle oder eine Zelle in einem deiner Bauchorgane.

Vertraue deiner inneren Führung, wo sie dich hinführt, welche Zelle du dir jetzt anschauen darfst. Wenn du magst, halte den Bergkristall in deiner Hand auf diese Körperstelle, wo deine Zelle eingebettet ist und begrüße deine Zelle.

Du befindest dich jetzt vor dieser Zelle, also im Raum zwischen zwei Zellen (=Zwischenzellraum) und nimmst wahr, wie diese Zelle als Ganzes auf dich wirkt, wie sie eine Lebenseinheit darstellt. Je mehr du hinschaust, um so mehr bemerkst du, daß sich ein geschäftiges Treiben in diesem Zwischenzellraum abspielt. Es bewegt sich vieles um dich herum. Immer wieder kommen neue „Materialien" an, die vor der Zelle abgeliefert werden, und anderes wird von der Zelle wegtransportiert.

Du gehst in deinem Licht dichter an die Zellwand heran und bittest höflichst um Einlaß. Diese Zellwand ist eine recht massive Abgrenzung zum Zwischenzellraum, aber beim näheren Hinschauen nimmst du hunderte von Toren und Schleusen war, die alle gut von Helfern bewacht sind. Hier wird genau kontrolliert, was ein und aus

*geht und nichts entgeht dieser Kontrolle. Du wirst herzlich gebeten,
einzutreten. Voll Freude wirst du in deinem Licht begrüßt und durch
ein Tor in der Zellwand hereingelassen. Nun bist du im Zellinnenraum und nimmst ein weit ausgedehntes Verkehrs- und Transportnetz war (endoplasmatisches Reticulum ER). Alles fließt um dich
herum. Viele Transportgefährte sind beladen. Es sieht so aus, als würden sie im „Huckepack"-Verfahren etwas von einem Ort zum anderen befördern. Ein reges Treiben. Erlaube dir in deinem Licht und mit
deiner ganzen Liebe und Aufmerksamkeit eine Weile mitzufließen.
Sei wachsam, was du siehst, hörst oder spürst.*

*Du strömst vorbei an vielen Gängen, größeren und kleineren.
Manchmal öffnen sich vor dir Spalten und Höhlen. Überall, wo du
auch vorbeifließt, wird dein Licht und deine Liebe bemerkt, eine wohl-
wollende, schöne Stimmung breitet sich aus.*

*Diese Wege in der Zelle erreichen jeden noch so fern gelegenen Win-
kel der Zelle. Auf diesen Wegen triffst du immer und immer wieder auf
kleine Gebilde, in denen eifrigst Eiweiße gebildet werden (Riboso-
men). Es sind kleine Orte oder Stätten, in denen die Materialien (Ami-
nosäuren), die vorher hierher transportiert und abgeladen wurden,
nun zu größeren Produkten (=Eiweißen) synthetisiert werden. Das,
was fertig ist, wird zum Abholen bereitgestellt, um ganz selbstverständlich von Transportgefährten auf dem Weg mitgenommen zu
werden und um zu einem anderen Ort der Weiterverarbeitung zu gelangen.*

*Dein Licht erhellt diese eiweißbildenden Orte – Anerkennung und
Dankbarkeit wachsen in dir.*

*Auf dem Weg triffst du auf noch größere Gebilde (Golgi-Apparate).
Hier werden Sekrete gebildet, zum Beispiel Hormone, und in größeren Räumen gelagert, bis sie irgendwo in kleinen Mengen gebraucht
werden. Sie sind oft hochkonzentriert und wären zu stark, um in der
Transportflüssigkeit mitzufließen. Auch hier bist du in deinem Licht
herzlich willkommen, das sich dort ausbreitet wie die Sonne mit ihren
warmen Strahlen über einer Landschaft.*

Du fließt weiter. In deiner Zelle kommst du an noch größere Produktionsstätten. Es sind die energetischen Zentren (Mitochondrien). In ihnen werden die kleinsten Bausteine aus deiner Nahrung mit Hilfe von Sauerstoff verbrannt und die für dich wichtige Wärme und Energie gewonnen. Die Energiepakete (ATP) sind deine Kraftquellen in der Zelle. Und auch hier wird dein Licht, deine Liebe freudig empfangen. Du erkennst alle diese Leistungen an und läßt Dankbarkeit ausströmen.

Nun kommst du beim Weiterfließen an den Zellkern, der so ziemlich genau in der Mitte liegt. Je mehr sich dein Licht nähert, um so poröser wird die zunächst dicht scheinende Kugel. Es ist dir möglich, einen Einblick in diese Steuerungszentrale zu bekommen. Du erkennst ein Gerüst aus unzählig vielen geschlängelten und in sich verdrehten Seilen und Strängen. Und diese Stränge bestehen wiederum aus farbigen Pünktchen, die in den verschiedensten Kombinationen vorkommen. Hier ist alle Information gespeichert, was wo und wie gesteuert werden soll. Wir befinden uns im Steuerzentrum für alle Stoffwechselvorgänge der ganzen Zelle. Ein Computer mit unermeßlicher Kapazität, das Planungs- und Koordinationsbüro. Von hier aus werden viele kleine Botschafter ausgesandt (Messenger-RNS) mit einem Stück kopierter Information, die sie an den jeweiligen Ausführungsort überbringen. Staunen und Dankbarkeit sind in dir. Dankbarkeit für die von Gott geführte Weisheit.

Erlaube dir nun, noch weiter in die Tiefe zu schauen, richte deine Aufmerksamkeit noch mehr in das Detail und fühle dich dort in die Moleküle und Atome ein — die kleinsten Bestandteile deiner Zelle und deines Zellkerns. Du schaust dir ein Atom genauer an. Nimmst den Atomkern wahr, der in der Mitte ein ruhender Pol ist und außen die Elektronenhülle, die nur eine Bahn ist, auf der die Elektronen in unvorstellbarer Geschwindigkeit kreisen. Und du spürst immer mehr von dieser Kraft, die beides zusammenhält, von dieser Kraft, die Kern und Hülle verbindet. Es ist dies die Kraft, die deiner Seelenschwingung ähnlich ist, die ein Teil der göttlichen Kraft in dir darstellt und die in allem Geschaffenen ist! Du weißt nun, daß diese Kraft in deinem tiefsten Inneren und überall in dir ist. Du spürst diese feinstoffliche, energetische Kraft, die dich zusammenhält und alles weiß. Empfinde Dankbarkeit und deine Liebe, und verströme auch hier dein Licht.

Nun beginnst du den Rückweg. Noch einmal erleuchtet dein Licht und deine Liebe die Atome und Moleküle und den Zellkern. Und im Vorbeifließen nimmst du noch einmal die vielen verschiedenen Zellorganellen wahr, verabschiedest dich mit warmen, liebevollen Lichtstrahlen.

An der Zellwand angekommen, helfen dir die Wächter an den Zelltoren hinaus und bekunden ihre Freude, daß du sie besucht hast und heißen dich jederzeit willkommen. Du nimmst die Zelle noch einmal als Ganzheit wahr. Dein Licht und deine Aufmerksamkeit ruhen auf der ganzen Zelle, und du erkennst, daß sie als dein Lebensbaustein mehr ist als die Summe ihrer einzelnen Bestandteile.

Erlaube deiner Aufmerksamkeit, dem Teil deines Bewußtseins, sich nun wieder in deinem ganzen Körper einzufinden. Das Licht des Bergkristalls begleitet dich dabei.

Du fühlst deinen ganzen Körper – und jede Zelle in dir – erfüllt von Licht und Liebe. Dankbarkeit und Freude durchströmen dich.

Jede einzelne Zelle, jedes Gewebe, jedes Organ bekommt davon soviel es braucht.

(einige Minuten Zeit lassen)

Erinnere dich deines Bergkristalls, dort, wo er sich befindet, in deiner Hand oder irgendwo auf einer Körperstelle. Reinige ihn in der dir gewohnten Weise (im Wasserfall oder an der reinen Quelle – oder im Licht deiner Hände).

Danke dem himmlischen Vater, der Schöpferkraft, der Quelle von aller Liebe und des Lichtes für alles, was in dir und um dich ist. Danke deiner inneren Führung, deinem Höheren Selbst. Danke dem Wesen deines Kristalls.

Atme bewußt tief ein und aus, bewege dich sanft in deinem Körper, recke und strecke dich – und komme in deinem Tempo wieder ganz bewußt in das Außen zurück und öffne die Augen. Du bist hellwach, leicht und klar und weißt von allem, was du in deiner Zelle wahrgenommen hast.

– Ende der Meditation –

Das Organbewußtsein

Wir brauchen nicht so fortzuleben,
wie wir gestern gelebt haben.
Machen wir uns von dieser Anschauung los
und tausend Möglichkeiten laden uns
zu neuem Leben ein.

Christian Morgenstern

Wenn wir das Geschehen, das Leben in der Zelle, verstanden haben, uns das Zellbewußtsein vertraut ist, dann haben wir im Prinzip unseren ganzen Körper verstanden. Wie im Kleinen − so im Großen.

Die Zelle ist *ein* Lebensbaustein in uns. In unserem Körper sind Zellen zu größeren Einheiten zusammengeschlossen, denen eine übergeordnete Funktion zukommt. Einen solchen Zusammenschluß nennt man *Gewebe*. Ein Gewebe ist ein Verband gleichartig gebauter Zellen, das heißt auch, daß diese Zellen spezialisiert sind, eine ganz spezielle Aufgabe ausführen können. Es gibt vier verschiedene Gewebearten, die jeweils eine Funktionsart ausüben.

Das *Epithelgewebe* hat die Funktion der Auskleidung der inneren und äußeren Oberfläche (Schutzfunktion), der Sekretion (die Stoffabgabe im Drüsengewebe) und der Stoffaufnahme (in der Darmschleimhaut zum Beispiel).

Das *Stützgewebe* hat Stütz- und Stoffwechselfunktionen, so wie das Binde- und Fettgewebe oder das Knorpel- und Knochengewebe.

Das *Muskelgewebe* erlaubt uns Bewegung durch Zusammenziehen. Das *Nervengewebe* bildet und leitet die Nervenreize.

Ein *Organ* ist ein Zusammenschluß mehrerer Gewebe. Das Herz z.B. besteht aus einem hohen Anteil an Muskelgewebe, einem Anteil Nervengewebe und zum Auskleiden des Hohlorgans Epithelgewebe.

Bei den Gefäßen im Kreislauf herrscht das Epithelgewebe vor, Muskelgewebe tritt weniger häufig auf.

Ein Organ existiert aber nie alleine in uns, sondern es erfüllt seine speziellen Aufgaben im Zusammenhang mit anderen, und so ergeben sich die *Organsysteme*. In einem Organsystem gibt es immer *ein* Organ von besonderer Wichtigkeit; zum Beispiel im Kreislaufsystem ist das Herz das wichtigste Organ, darauf folgen die Gefäße, das Blut und so weiter. Im Verdauungssystem ist es die Leber, im Atmungsorgan die Lungen. Nachdem ich im folgenden die einzelnen Organsysteme beschreibe, gehe ich im Anschluß noch einmal gesondert auf die Rangfolge der Organsysteme ein und gebe ein Beispiel, wie Sie mit Ihrer Aufmerksamkeit und Ihrem inneren Heiler eine Reise durch alle miteinander verbundenen Organsysteme unternehmen können.

Das Atmungssystem

Im Atemholen sind zweierlei Gnaden:
die Luft einsaugen, sich ihrer entladen.
Jenes bedrängt — dieses erfrischt.
So wunderbar ist das Leben gemischt.
Nun dank' dem Gott, wenn er dich preßt
und dank' ihm, wenn er dich wieder entläßt.

Goethe

Im Atmungssystem haben wir es mit dem leichten, luftigen Element zu tun (in der Verdauung herrscht das Erdelement vor, im Ausscheidungssystem das wässerige Element). Mit den Atmungsorganen atmen wir die uns umgebende, sauerstoffhaltige Luft ein und atmen die kohlendioxidhaltige Ausatemluft aus.

Zum Atmungsorgansystem gehören die Lungen, die Bronchien, die Luftröhre, der Kehlkopf und die Nase.

Jeder Mensch hat zwei Lungen in seinem Brustkorb, die jeweils in einzelne Lappen unterteilt sind. Die Lungen sind ein sehr weiches Gewebe, das durch die Rippen und die umgebende Muskulatur gut geschützt ist. Stellen Sie sich nun eine Ihrer Lungen einmal als eine Baumkrone vor. Das Bild des Baumes ist ideal zur vereinfachten Vorstellung des Atmungsorgans. Die Baumkrone, die Lunge, breitet sich im Brustraum aus, in dem dafür vorgesehenen Raum. Den grünen Blättern des Baumes entsprechen die unzähligen Luftbläschen, die Alveolen, in denen der eigentliche Gasaustausch (der Austausch von Sauerstoff und Kohlendioxid) stattfindet. In dem Blatt ist es so, daß der von der Pflanze gebildete Sauerstoff abgegeben wird und Kohlendioxid zur weiteren Verarbeitung aufgenommen wird. In dem Lungenbläschen wird das im Körper entstandene Kohlendioxid abgegeben und neuer Sauerstoff aufgenommen.

Die vielen kleinen Ästchen und Verzweigungen der Baumkrone entsprechen körperlich den vielen verzweigten Bronchien. Es sind die Verbindungs- und Versorgungswege, wo alles notwendige transportiert wird. Die Zweige und Äste eines Baumes werden immer dikker, mächtiger, bis sie in den Baumstamm münden. Ebenso werden aus den kleinsten Bronchiolen im Querschnitt immer größere Bronchien, die dann am Bronchialstamm, an der Luftröhre, enden. Die Luftröhre entspricht unserem Baumstamm.

Die Wurzeln eines Baumes enden in der Erde, dort nehmen sie die Nährstoffe und Wasser auf. Die „Wurzeln" unseres Atmungsbaumes stellen Kehlkopf, Mund und Nase dar. Durch sie nehmen wir den Sauerstoff und alles, was wir noch atmen, auf. Damit meine ich nicht nur Staubpartikel und Abgase, chemische Stoffe, sondern auch die *Lebensenergie*, das *Prana* findet seinen Weg in uns über die Nase. Einatmen heißt *Inspiration*. Hierin ist das Wort Spirit (= Geist) enthalten. Wir atmen auch „den Geist" ein.

Das Bild des Baumes ist gerade umgekehrt in uns vorhanden, so wie viele Entsprechungen und Spiegelbilder aus der Natur „umgekehrt" oder spiegelbildlich zu sehen sind.

Für unseren Körper, für unser Menschsein ist der *erste* Atemzug in unserem Leben gleich nach der Geburt von besonderer Bedeutung. Zuvor waren wir in einem geschützten, geborgenen Raum in der Mutter und nahmen uns über den mütterlichen Kreislauf alles, was wir brauchten. Jetzt holen wir das erste Mal Luft ein, die kleinen Lungenbläschen entfalten sich, tauschen das erste Mal aus und geben ab. Ab jetzt haben wir teil am „Außen" und sind von nun an diesem Rhythmus (Einatmen – Ausatmen) unterworfen – wir *müssen* atmen. Dieser Austausch ist zwingend, denn *Rhythmus ist die Grundlage alles Lebendigen* Mit der Atmung nehmen wir Kontakt nach außen auf. Unsere Lungen sind große *Kontaktorgane*. In einem Raum mit mehreren Menschen atmen wir alle die gleiche Luft. Wir sind über das luftige Element miteinander verbunden. Deswegen kann es uns auch mal „die Luft nehmen" oder wir „kriegen keine Luft mehr", wenn wir uns in unserer Entfaltung, in unserem Austausch gehemmt fühlen.

Oder es ist so, daß *wir* uns abgrenzen wollen, die Luft der anderen, uns umgebenden Menschen gar nicht in uns hineinnehmen wollen. Das ist ein wichtiger Punkt für Asthmatiker. Sie wollen oft diese Luft der anderen nicht einatmen, grenzen sich ab. Wollen auch nicht die Luft hergeben, die sie gerade in den Lungen haben, sind nicht bereit zu *geben*. Diese psychischen Themen laufen zumeist unbewußt ab. Nicht jeder Asthmatiker hat das gleiche zugrundeliegende Thema. Zahlreiche Variationen sind möglich. Deshalb verweise ich auf die drei Fragen, die im Beginn des Buches beschrieben sind und auf die Krankheitshintergründe hinweisen.

Jeder, der ein Symptom an den Atmungsorganen aufweist, sollte sich fragen:

- Was verschlägt mir den Atem?
- Wo und wie kann ich mich entfalten?
- Bin ich in meiner Entwicklung gehemmt und wodurch?
- Wovor grenze ich mich ab?
- Was will ich nicht in mich hineinlassen?
- Was wehre ich ab? Wogegen wehre ich mich?
- Wie steht es überhaupt mit meiner Wertung?
- Mag ich die Luft der anderen atmen?
- Wo will ich nur nehmen und bin nicht bereit zu geben?
- Wie steht es mit meiner Kontaktfähigkeit?
- Suche ich Kontakt oder meide ich ihn?

Alle diese Themen gehören in den Bereich der Atmung. Sie symbolisiert:

Nehmen	und	Geben
Kontakt	und	Abwehr
Freiheit	und	Beengung
Spannung	und	Entspannung
Lebensfreude	und	Traurigkeit.

Die Redewendungen, die sich auf die Atmung beziehen:
- das nimmt mir die Luft weg!
- hier krieg' ich keine Luft!
- es verschlägt mir den Atem!
- atemberaubende Spannung
- erstickende Atmosphäre
- atemlose Stille
- seiner Wut Luft machen!
- jemandem etwas husten.

Eine typische „Krankheit" in diesem Bereich ist der *Husten*. Im Husten versuchen wir mit Kraft — manchmal mit sehr viel Anstrengung und Schmerz — etwas herauszubringen, nach Außen abzugeben. Das kann ein kleiner, verschluckter Fremdkörper sein, der sich gerade auf den Weg nach unten macht und den wir dort nicht erlauben können. Oder aber die Luftwege, die Bronchien, sind gereizt oder gar entzündet. Die Bronchialschleimhaut schwillt an, der Atmungsquerschnitt wird weniger, Schleimpfropfen reizen zum Husten. Es „rasselt" gar und man versucht, abzuhusten, sich wieder Luft zu machen.

Die Krankheitserreger kommen über den Nasen-Rachen-Raum in die Luftwege und die Lungen. Beachten wir die Wichtigkeit der Nasenatmung — vom Säuglingsalter an. Die Nasenschleimhaut erwärmt, reinigt und feuchtet die Luft an. Über die Nasenatmung bilden sich beim Säugling die luftgefüllten Nasennebenhöhlen aus.

Eine Bronchitis ist eine Entzündung dieser Luftwege. Eine Lungenentzündung geht noch tiefer, bis in die Lungenbläschen, dann ist der „ganze Baum" krank.

Die Lebenskraft ist ständig bemüht, uns zu helfen, uns aufzuzeigen, wo wir gerade einen Lebensprozeß austragen, zum Beispiel beim Husten, daß unsere Entfaltung gestört ist. Beim Asthma, daß wir mit dem Nehmen und Geben oder mit dem Thema der Abwehr beschäftigt sind. Bei der Angina pectoris, der verkrampften Brustenge, ist das Thema Angst (= Enge) zu hinterfragen.

Bei chronischen Prozessen, wie zum Beispiel der chronischen Bronchitis, zeigt uns der Körper an, daß die Lebenskraft es nicht mehr alleine schafft, zu gesunden. Sie *erinnert* immer wieder an die noch nicht verstandene, nicht gelebte Problematik und braucht Unterstützung.

Unser Leben im Außen beginnt mit dem ersten Atemzug und endet mit dem *letzten* Atemzug, dem Aushauchen des Lebens. Danach ist der Kontakt zur Außenwelt abgeschlossen, der Körper ist tot — die Seele aber, die nicht an Atmung gebunden ist, entschwindet. Ist frei für die *andere* Welt, das Lichtreich — frei für ein neues Leben.

Die Atmung wird in unserem Gehirn, unserer Kontroll- und Steuerungszentrale, geregelt. Hier gibt es Rezeptoren, die ständig die Gaszusammensetzung im Blut überprüfen und den Impuls an die Hauptatemmuskulatur (= das Zwerchfell) zum Atmen zu geben. Das Zwerchfell, das Brustraum vom Bauchraum trennt, und die Zwischenrippenmuskulatur erweitern und vergrößern den Brustkorb, so daß die Luft einströmen kann, bzw. verkleinern ihn und die Luft wird hinausgepreßt.

Heilende Anwendungen für die Atmungsorgane

Das Allheilmittel für alle krankhaften Geschehen in unserem Körper ist die Liebe. Liebevolles Hinschauen, ohne zu werten und zu verurteilen. Liebevolles Verständnis und Akzeptanz für den Zustand, wie er *jetzt* ist. In Liebe offen zu sein für das, was der Körper nun braucht, um wieder in das Gleichgewicht, in die Harmonie zu kommen.

Edelsteine für das Atmungsorgan

Da das Atmungssystem vom Herz-Chakra beeinflußt wird, haben die grünen und rosafarbenen Edelsteine extrem starke Resonanz.
Der *Malachit* bringt liebevoll die Schattenseiten ans Licht, schenkt Kraft und Mut.

Der *Chrysokoll* verbindet mit dem Rhythmus und der Kraft der Natur, er regeneriert.

Der *Jade* beruhigt, entkrampft, schenkt Kraft zur Erneuerung.

Der *Chrysopras* hilft, das Nehmen und Geben, das Werden und Vergehen zu verstehen, bringt Leichtigkeit.

Der grüne *Fluorit* hebt auf die Ebene eines liebevollen Beobachters und erlöst.

Der *Rosenquarz* strömt liebevolle Sanftheit aus, stärkt das Abgeben-Lernen in der Gewißheit, wieder zu erhalten.

Der *Zitrin* entkrampft bei Asthma und Angina pectoris, öffnet für die heilenden Kräfte.

Der *Rutilquarz* hilft bei allen akuten Atmungsinfektionen, er ist ein Harmonie- und Heilungsstein.

Der *Bergkristall* unterstützt die geistige Führung, verströmt liebende Kraft, Reinigung und Stärke.

Farbzuordnung

Für die Atmung hilft der grüne Farbstrahl in allen Variationen. *Grün gibt Raum* zum Entfalten, zum Tief-Luft-holen. Grün erinnert an die Natur und ihre regenerierende, heilende Kraft – das Bild der grünen Baumkrone.

Heilungsgespräch

Dieses besonders ausführlich beschriebene Heilungsgespräch ist *ein* Impuls, wie es ablaufen kann. Verändern Sie es nach Ihrem Empfinden, lassen Sie sich führen. Vertrauen Sie darauf, daß Ihre Empfindungen und Eingebungen „richtig" sind und folgen Sie dem, was sich *in* Ihnen zeigt an Bildern, oder was Sie hören durch Ihre innere Stimme.

Im letzten Kapitel sind zur Übersicht noch einmal die verschiedenen Möglichkeiten für Heilungsgespräche und Heilungsmeditationen zusammengestellt.

Meditationen mit den Atmungsorganen
Wählen Sie sich eine ruhig, tragende Musik, die im Hintergrund während Ihrer Meditation läuft.

Harmonisierung der Atmungsorgane mit einem Edelstein
oder Kristall
  – Auswählen eines Edelsteins oder Kristalls
  – individuelle Einstimmung

Gewünschte Lage oder Haltung einnehmen, die Aufmerksamkeit nach innen wenden. Kontakt zur inneren Führung, zum Höheren Selbst herstellen. Universelle, göttliche Lebensenergie in das dafür geöffnete Herz fließen lassen. Von dort aus in den ganzen Körper und in die Aura verteilen, sich in der Lichthülle geborgen fühlen. Vergegenwärtigen des Lebensstromes.

Reinigen und Aufladen des Edelsteins oder Kristalls in reinem, klaren Wasser einer Quelle oder eines Wasserfalls oder im Licht der Hände, um das gebeten wurde.

Daran anschließend nun die erste Möglichkeit eines Heilungsgesprächs:
  – Eigentlicher Beginn: –
Lege oder halte jetzt den Stein auf deine Lungen oder Bronchien, dorthin, wo du jetzt geführt wirst. Sollte der Stein wegrollen oder nicht liegenbleiben, wo du ihn hinlegen willst, laß ihn dort liegen, wo er hinrollt.
Deine Arme liegen neben deinem Körper (wenn du in der Rückenlage liegst). Du atmest ruhig und entspannt. Erlaube dir nun, dich den Energien deines Steines zu öffnen. Erlaube dir, anzunehmen, was dir der Stein schenkt. Spüre die heilsamen, harmonisierenden Strahlen dort, wo er liegt, spüre, wie sie deinen Körper an der Oberfläche berühren und, wenn du es erlaubst, auch in dich hineinstrahlen,

dich ganz sanft streicheln und massieren. Achte darauf, was in dir ge-
schieht. Nimm dankbar an, was du an Gefühlen oder an Bildern
wahrnimmst oder was du hörst.

(einige Minuten Zeit lassen)

Gehe nun mit deiner Aufmerksamkeit ganz bewußt zu deinem Or-
gan (Lungen oder Bronchien) hin. Begrüße es mit deiner ganzen
Liebe, spüre dich in dein Organ hinein, dort, wo der Stein bei dir auf-
liegt. Schaue es an mit deinem geistigen Auge. Schaue genau hin, wie
es hier aussieht, ob du verletzte Stellen oder Narben oder Verengun-
gen wahrnimmst, ob das Gewebe gut durchblutet ist und so weiter.

Bitte dein Organ darum, daß es eine Form annimmt oder dir als
ein Wesen (in menschlicher Gestalt, Engelsgestalt oder ähnlichem) er-
scheint, mit dem du in Kontakt treten kannst, mit dem du reden
kannst; und bitte es um ein „Heilungsgespräch". Höre deinem Organ
zu, was es dir zu erzählen hat. Frage es, wie es wieder heil oder heiler
werden kann – was du dafür tun könntest, damit es heilt. Achte auf
deine Gefühle, auf Bilder, oder höre zu, was dir gesagt wird.

Fühle dich ganz und gar ein, sei mit deiner ganzen Aufmerksam-
keit, deiner ganzen Liebe und deinem Verständnis dabei, nimm die-
ses Heilungsgespräch mit deinem Organ sehr ernst. Du bekommst
wichtige Informationen, was dein Organ verletzt hat oder was ihm
im Alltag nicht gut tut.

(einige Minuten Zeit lassen)

Komme nun langsam mit dem Heilungsgespräch zu Ende. Danke
dem Kontaktwesen deines Organs für sein Erscheinen und lasse das
Organ wieder in seine ursprüngliche und physiologische Form zu-
rückkehren. Danke ihm für seine Offenheit und seine Informationen,
und hülle es ein in besonders warmes, weiches, liebevolles Licht.

Erblicke auch deinen ganzen Körper nun noch einmal ganz in
Licht gehüllt.

Nimm deinen Stein auf deinem Organ wahr, danke dem Wesen

deines Steines und stelle dir vor, wie seine heilsamen, harmonisieren-
den Strahlen in den Kern zurückkehren – und dort konzentriert ver-
weilen.

Reinige den Stein in der dir gewohnten Weise.

Danke Gott-Vater und Mutter-Erde für alles, wie es in dir und um
dich ist.

In Dankbarkeit, in Licht und Liebe kehre in deinem, für dich ange-
messenen Tempo in die Außenwelt zurück. Du fühlst dich erfrischt
und voller Energie. Bewege dich sanft, recke und strecke dich, atme
tief ein und aus – und öffne wieder die Augen.

Veränderungsmöglichkeit des Heilungsgesprächs
Bitte das Wesen deines Organs, aus seiner Sicht heraus die „Geschichte
des Organs" zu erzählen und höre nur zu.

Reinigungsmeditation für die Atmungsorgane
Erlaube dir, den „Engel der Reinigung" aus der geistigen Welt zu dir
zu bitten. Sei liebevoller Beobachter des Reinigungsrituals, das das
hohe Lichtwesen in deinen Atmungsorganen ausführt.

Bitte den „Engel der Heilung" zu dir und beobachte, was er in dir
berührt oder welche Botschaft er mit sich bringt. Was ergibt sich dar-
aus für dich in Zukunft?

Wenn wir in solchen Meditationen höhere Lichtwesen und Engel
rufen, ist das „Danken" ebenso wichtig!

Behandlung der Atmungsorgane mit den feinstofflichen Händen
Erschaue in deiner Vorstellung deine feinstofflichen, geistigen Hände
und streiche ganz sanft und liebevoll über deine Atmungsorgane
oder einen Teil davon. Halte sie ganz achtsam und voller Fürsorge in
deinen Händen und beachte, was sich daraus ergibt.

Phantasiereise

Erlaube dir im Anschluß oder anstatt des Heilungsgesprächs eine „Phantasiereise". Zum Beispiel finde dich auf einer schönen Wiese ein, ruhe dich aus und suche dir dann auf deiner Wiese einen Platz aus, wo du ein Bäumchen pflanzst. Tue alles, was erforderlich ist, damit dort ein Baum wachsen kann. Achte beim Ausgraben des Loches auf genügend Raum für seine Wurzeln, und so weiter. Dann pflanze ihn – und schenke ihm, was er für sein Reifen und Wachsen braucht. Trage Sorge für deinen Baum – für deinen „Lebensbaum".

Wenn du alles für ihn getan hast, verlasse bewußt deine individuelle Wiese und finde dich wieder mit allen deinen Wesensanteilen ganz in deinem Körper ein.

– Ende der Meditation –

Zum Abschluß der Aufzählungen „Heilbehandlungen für die Atmungsorgane" weise ich auf die *Atemtherapie* hin. Die Wichtigkeit des richtigen Atmens ist seit alters her bekannt. Die Lehre des Atmens umfaßt die verschiedenen Atemtechniken, ihre Hintergründe und Auswirkungen. Sie werden von geschulten Atemtherapeuten weitergegeben.

Bewußtes Atmen können wir sehr leicht und ohne großen Aufwand üben; denn wir atmen ja ständig. Indem wir unsere Aufmerksamkeit, unser „Bewußt-sein" auf das Atmen lenken, erlauben wir uns, *tiefer* zu atmen, entfalten wir unseren Raum, nehmen wir bewußt Lebensenergie auf. Bewußt tiefer atmen können wir, wenn wir gerade eine Kaffee-Pause im Büro machen, an einer roten Ampel im Straßenverkehr warten oder in einer Schlange vor einer Kasse stehen.

Als besonders intensiv erweisen sich Atemübungen an einem Baum. Lehnen Sie sich einmal an einen Baumstamm (eventuell an eine Rotbuche) mit dem Rücken an und atmen Sie bewußt ein und aus. Achten Sie auf Ihre Atemzüge und das Kraftfeld des Baumes.

Infektionen – Erkältungen

Ausdauer ist eine Tochter der Kraft,
Hartnäckigkeit eine Tochter der Schwäche.
Marie von Ebner-Eschenbach

Infektionen und Erkältungen nehmen im Nasen-Rachenraum häufig ihren Anfang. Vom ihm führen Verbindungswege zu den Augen über den Tränen-Nasen-Gang, zu den Ohren über die Ohrtrompete, zu allen Nasennebenhöhlen wie Stirnhöhlen, Kieferhöhlen, Keilbeinhöhle. Er ist die Verbindung über Kehlkopf zur Luftröhre und ist der Eingang zur Speiseröhre. Mund und Nase sind die Pforten für so vieles.

Erinnern wir uns daran, daß für die aufgenommenen Erreger zur Vermehrung und Ausbreitung der „Boden" durch die verstimmte Lebenskraft bereitet wurde. Die Infektion oder die Entzündung ist der *stofflich gewordene Konflikt*, der auf der feinstofflichen Ebene nicht mehr gelöst werden konnte. Das Wort *Entzündung* sagt es offensichtlich: da war ein schwelender Konflikt und ein Funke (=Erreger) hat jetzt das Pulverfaß zum Explodieren gebracht. Entzündungen sind Reinigungsprozesse! Hitze, Schwellung und Rötung zeigen den inneren Kampf an. Sekrete, eventuell auch Eiter, bedeuten, daß der Hauptkampf überstanden ist und die große Reinigung beginnt. Solche Absonderungen dürfen daher nie unterdrückt werden, sondern sollen gefördert werden.

Infektionen treten zwar häufig im Bereich der Atmungsorgane auf, aber nicht nur. Ein schwelender Konflikt kann sich an allen Organen zeigen, in der Magenschleimhautentzündung oder der Blasenentzündung. Zu beachten ist immer das zugrundeliegende, psychische Prinzip des Organs.

Heilende Anwendungen bei Infektionen
Wir „entschärfen" den akuten Entzündungsprozeß, den Spannungs-

zustand, wenn wir mit dem Körper liebe- und verständnisvoll umgehen, auf seine „Wünsche" und Forderungen eingehen. Es ist sinnvoll, die Symptome nicht zu „bekämpfen", sondern sie zu akzeptieren.

Besonders hilfreiche Edelsteine sind Bergkristall, Rutilquarz als „Erste-Hilfe-Steine". Wenn es um „heiße" Entzündungen geht (Hitze, Rötung, Schwellung, Schmerz) sind blaue, kühlende Steine, wie der Sodalith, lindernd.

Erkältungen

Auch unsere Seele kann sich „erkälten". Kälte, auch Gefühlskälte, bewirkt, daß wir uns verschließen. Leider verschließen wir uns dann auch oft den helfenden Kräften. Unser Bedürfnis nach Wärme zeigt gleichzeitig unser Bedürfnis nach Zuneigung, Herzenswärme, Liebe an. Öffnende Edelsteine wie Rutilquarz und Zitrin sind uns da wahre Helfer.

Sind wir so richtig erkältet, mit Schnupfen (− die Nase voll haben!) und Husten(wem oder was husten wir etwas?) oder gar Niesen (=aggressive Waffe), ist für viele der Rückzug, das Alleinsein eine Hilfe. Im Bett alleine oder auch im Heilschlaf ordnet sich innerlich so manches.

Allergie – Anergie – Pilzbefall (Mykose)

Das Wesen aller Dinge
geht nur durch ihre wechselseitige Beleuchtung
immer klarer hervor.

Adalbert Stifter

Allergien werden immer häufiger. In ihr zeigt sich eine aggressive Überreaktion auf einen als feindlich erkannten Stoff. Dabei stellen die Allergene symbolische *Ersatzfeinde* dar. Deshalb auch: „Papiertigersyndrom". Dieser Ersatzfeind wird vom Allergiker auf das Stärkste bekämpft – eventuell sogar im Kampf um Leben und Tod. Angst und Aggression, sehr oft nicht-eingestandene-Aggression, sind hier eng miteinander verknüpft. Es fehlt meist an der Einsicht und der Bereitschaft, zu erkennen, daß nicht das Allergen (zum Beispiel Katzenhaare, Nüsse, Pollen, und so weiter) schlecht ist, sondern die Einstellung des Allergikers zum Allergen nicht stimmt. Mit allen möglichen Mitteln wird die Allergie „bekämpft", der Histaminspiegel mit Tabletten niedergedrückt. Damit wird die Reaktion und das „Zeigen-wollen" des Körpers mißachtet.

Irgendwann gibt der Körper kraftlos auf, zeigt keine Reaktion mehr und kommt so in den Zustand der *Anergie*. Dieser Mensch hat keine Symptome, gilt als nicht „krank" – aber er ist auch nicht gesund. Er fühlt sich schlapp, lustlos und müde.

Dieser Zustand ist der ideale Nährboden für Pilzsporen. Pilze sind in der Natur dazu da, totes Material zu zersetzen. Im lebenden Organismus zersetzen sie alte, längst überholte Lebensprinzipien, veraltete Wünsche und Vorstellungen, die man schon längst hätte abgeben oder ausscheiden sollen. Es ist ein Zeichen unserer Zeit, daß so viele Menschen an Pilzinfektionen leiden. Sie schauen nicht *in* sich hinein, sondern orientieren sich zuviel im Außen.

Pilzinfektionen (Mykosen) zeigen sich nicht nur auf der Haut oder den Füßen, sondern können genauso die Lungen, den Magen-Darmtrakt oder die Nerven befallen.

Bei der Edelsteinzuordnung ist das betroffene Organ zu beachten. Nachdem ein Bergkristall das Erkennen des zugrundeliegenden Prinzips erleichtert hat, wähle man den Stein dem Konflikt entsprechend.

In Heilungsgesprächen ist es bei Pilzinfektionen besonders von Bedeutung, dem Organ *zuzuhören*, um die veralteten Muster zu erkennen.

Das Herz – und Kreislaufsystem

Das Herz

Jeder hat ein Lied

Ich habe ein Lied und du ein anderes.
Jeder hat ein Lied,
um die Leere der Herzen zu füllen.
In der Schatzkammer Seele
liegt ein Psalm verborgen.
Den singt man nicht laut!

Du und ich
wir müssen ihn inwendig
zum Klingen bringen,
eine Saite spannen vom Herzen zum Verstand.

So singen wir die Welt
leise zum Himmel empor.
(10)

Unser Herz liegt im Brustraum, etwas mehr zur linken (weiblichen) Seite hin verschoben als in der Mitte. Das physische Herz ist ein sehr starker Muskel, von dessen Kraft die Energieversorgung *aller* Gewebe abhängt. Es ist soviel mehr als eine technisch sehr differenziert funktionierende Pumpe oder Motor, wie das Herz manchmal bezeichnet wird.

Wir finden im Herzen immer wieder Polaritäten. Zunächst im Aufbau: die beiden muskulösen Hauptkammern, die für den aktiven Blutausstoß in die Körperschlagader verantwortlich sind, bilden den männlichen Pol. Die dünnwandigen und anpassungsfähigen Vorhöfe zur passiven Blutaufnahme sind das weibliche Pendant. Unser Herz ist einem strengen Rhythmus unterworfen, den wir auch im Außen (Natur, Jahreszeiten, Tag- und Nachtrhythmus) immer wieder finden. In dieser Herzaktion läßt sich wieder männlicher und weiblicher Anteil unterscheiden: die männliche Phase (Arbeitsphase) mit dem ruckartigen Zusammenziehen der Muskulatur, die weibliche Phase des Aufnehmens des Blutes und dem Ausruhen dabei.

Unser Herz kann nur deshalb Tag und Nacht arbeiten, weil es sich genau so lange ausruht (=Blutaufnahmephase) wie es arbeitet (=Blutaustreibungsphase). Dieser Rhythmus des Herzens, dieser Gleichtakt, der sich auch im doppelten Herzschlag widerspiegelt, ist auch der *Rhythmus* und der *innere Takt* des Menschen.

Herzrhythmusstörungen, Herzstolpern, Herzrasen und unregelmäßiger Herzschlag zeigen uns an, daß wir den inneren Rhythmus verlassen haben, den inneren Takt verloren haben. Ein Herzkranker mit solcher Problematik ist „aus dem Takt gekommen".

Noch etwas Wesentliches läßt sich aus der Herzaktion erkennen. Das Herz gibt bei jedem Schlag die gesamte Menge Blut in den Kreislauf. Alles, was es bekommt, gibt es ab. Wir Menschen behalten allzuoft, halten fest, lassen nicht los. Haben oft den Hintergedanken, ob wir denn auch wieder genug bekommen würden. Das Herz schenkt *alles* in vollem Vertrauen, wieder aufs Neue erfüllt zu werden.

Redewendungen, die das Herz betreffen:
- kaltherzig, warmherzig, halbherzig, herzlos,
- treuherzig, unbarmherzig,
- das Herz springt vor Freude,
- das Herz rutscht vor Angst in die Hose,
- das Herz bleibt vor Schreck stehen,
- das Herz am rechten Fleck haben,

- mit ganzem Herzen bei der Sache sein,
- sein Herz verschenken,
- er nimmt es sich zu Herzen,
- es liegt mir am Herzen.

Aus diesen Redewendungen geht hervor, daß das Herz das *Zentrum der Liebe* ist. Alles, was herzkrank macht, finden wir auf der emotionalen Ebene. „Liebe deinen Nächsten wie dich selbst", dieser Bibelspruch sei uns „ins Herz geschrieben". Das Herz ist *der* Sitz der Gefühle, der Weisheit, während der Kopf Sitz des Verstandes, des Wissens ist. Im Herzen sitzt die Weisheit des Lebens und der Liebe.

Das gebrochene Herz erzählt vom Herzeleid. Wie oft bricht unser Herz, werden wir Herzeleid spüren, um daran geistig zu wachsen.

Das Herz bricht lieber, zum Beispiel im Herzinfarkt, als daß es sich von Tumorzellen überwuchern lassen würde. Es ist das einzige Organ (Organ der Liebe), das kein Carcinom (= Krebs) bekommt. Krebs gilt als das Prinzip der nicht-gelebten-Liebe.

Angina pectoris ist der Begriff für Engherzigkeit. Wer ein enges Herz hat, sollte hinterfragen, wie stark seine Ich-Kräfte und seine Machtansprüche sind. In der naturwissenschaftlichen Medizin werden diesen Herz-Kranken Nitroglycerin-Kapseln verschrieben – das ist Sprengstoff für das Herz, um es zu weiten. Der Weg der Heilung wäre das Öffnen aus sich heraus. Ein „offenes Herz" haben.

Das Herz ist der Ort der *Vergebung*, des *Verzeihens*. So manches Herz wurde hart, weil es nicht verzeihen konnte. Sind wir tief im Inneren mit der Kraft und der Macht der Liebe verbunden, erlösen wir sehr viel Leidvolles, zerschmelzen es im Licht der Liebe.

Ein liebevolles Herz ist auch ein freudvolles Herz. Lebensfreude und Heiterkeit heben mit Leichtigkeit über so manche Hürde im Leben.

Erwarten Sie nicht, daß die Liebe, die Sie einem bestimmten Menschen geschenkt haben, von dem gleichen Menschen auch wieder zurückkommt. Sie kommt zurück, aber womöglich von jemandem ganz anderen.

Fragen, die Sie sich stellen können, wenn Ihr Herz „streikt":
- Wie steht es mit meinen Gefühlen? Gebe ich ihnen Raum? Kann ich sie äußern?
- Höre ich auf mein Herz?
- Spüre ich meinen inneren Rhythmus und gehe ich auf ihn ein?
- Empfinde ich Freude am Leben?
- Kann ich mir selbst vergeben?

Heilende Anwendungen für das Herz

Edelsteine für das Herzzentrum
Der *Smaragd* ist der Stein der *All-Liebe*, des Allverständnisses.
Der *Malachit* ist der Stein der Nächstenliebe, unterstützt das Verzeihen für sich selbst und andere, erinnert an den liebevollen Umgang mit allem Lebendigen und an die Selbstannahme.
Der *Chrysokoll* und der *Aventurin* fördern die Regeneration.
Der *Turmalin* (grün und rosa) zeigt den „Ausweg" an.
Die rosafarbenen Steine, wie der *Rosenquarz, Rhodonit,* der *Rhodochrosit* fördern die selbstlose Liebe und die Spiritualität.
Der *Zitrin* löst Krämpfe, Engezustände im Herzbereich.

Farbzuordnung
Für dieses Organ sind grüne Farben sehr regenerierende Farben, während die rosa Farben zur Aktivität und zum Verschenken der selbstlosen Liebe auffordern.

Heilungsgespräche
- Auswahl eines Edelsteins oder Kristalls
- Individuelle Einstimmung
  (Kontakt zur inneren Führung, Visualisation einer Licht-Hülle zum Schutz und für Geborgenheit)
- Reinigen und Aufladen des ausgewählten Edelsteins

Harmonisierung durch den Edelstein
Halte oder lege nun den Edelstein oder Kristall auf dein Herz und er-
laube dir anzunehmen, was dir der Stein zu schenken vermag. Schau
mit deinem geistigen Auge hin, wie sich die Strahlen, die Energie dei-
nes Steines mit deiner Aura verbindet, und wenn du dazu bereit bist,
dann öffne die Türen und Pforten nach innen zu deinem Herzen
hin. Sei achtsam, was in deinem Herzen durch die Energie deines Stei-
nes berührt wird. Sei ein liebevoller Beobachter.

(einige Minuten Zeit lassen)

Heilungsgespräch
Begrüße dein Herz in voller Liebe für dich und bitte es, eine Gestalt
anzunehmen, die mit dir in Kontakt treten kann. Höre gut zu, was
dir aus deinem Herzen berichtet wird, wie das Wesen deines Herzens
dein jetziges Leben sieht. Nimm dankbar an, was du erfährst und was
du ab jetzt verändern kannst. Danke dem Wesen deines Herzens und
entlasse das Wesen deines Herzens wieder in seine ursprüngliche, or-
ganische Form.

(einige Minuten Zeit lassen)

Kontakt zum höheren Selbst und Empfangen einer Herzens-Botschaft
Sende von deinem Herzen einen liebevollen Lichtstrahl über dein Be-
wußtsein hinaus zu deinem Höheren Selbst, das die Verbindung zu
deiner Seele ist. Sei bereit für den Kontakt mit deiner allerhöchsten,
seelischen Führung. Bitte nun um eine Botschaft, ein Wort oder einen
Satz — oder ein Symbol oder Farbe —, die dein Herz heilt und stärkt.
Lasse sie in dich einströmen, so daß zunächst jede Zelle deines Her-
zens davon weiß. Später lasse deinen ganzen Körper daran teilha-
ben. Danke deinem Höheren Selbst.

Heilung durch die Liebe deines Herzens
Betrachte dein Herz als eine Quelle von Licht und Liebe, die unend-
lich ist. Sie ist unerschöpflich durch die göttliche Flamme in dir. Sie

läuft über, und über und Licht und Liebe fließen in deinen Brustraum, den Bauchraum, in deinen ganzen Körper und in deine Aura. Jede Zelle, jedes Organ bekommt davon, soviel es braucht.

Wenn du eine schmerzende oder kranke Stelle in deinem Körper fühlst, dann lenke nun ganz besonders dorthin den Licht- und Liebestrom aus deinem Herzen.

(einige Minuten Zeit lassen)

Danke der göttlichen Quelle, der universellen Lebensenergie, die dein Herz immer und immer wieder füllt.

Bilder der Seele

Erschaue nun dein Herz als ein „Haus". Sieh es dir von außen und innen genau an. Reinige es, als hättest du einen gründlichen Hausputz vor. Spüre nach, wovon du dich trennen kannst oder was du noch behalten möchtest.

Richte nun ein Fest in deinem Hause aus. Spüre nach, wie du es gestalten willst und wen du einladen möchtest.

(einige Minuten Zeit lassen)

Danke deiner inneren Führung und der göttlichen Quelle aller Liebe und allen Lichtes.

Behandlung mit deinen feinstofflichen Händen

Erblicke dein Herz, wie es geschützt in deinem Körper eingebettet ruht. Werde dir in deiner Vorstellung deiner liebevollen Hände bewußt und streiche sanft über dein Herz; oder nimm es mit deiner ganzen Achtsamkeit und liebevollen Fürsorge in deine Hände. Halte es, als hättest du dein Wertvollstes in Händen. Eventuell empfindest du den Impuls, es sanft zu massieren.

(einige Minuten Zeit lassen)

Lasse deine Hände nun das Herz an seinen ursprünglichen Platz zurücklegen. Streiche sanft zum Abschluß darüber. Danke deiner inneren Führung und der göttlichen Quelle aller Liebe und allen Lichtes.

Engelsmeditation
Bitte den Engel der Heilung zu dir und sei ein Beobachter. Schaue zu, was er in dir berührt. Danke ihm für sein Kommen und seinen Dienst in dir.
- *Bitte den Engel der Reinigung zu dir.*
- *Rufe den Engel der Vergebung an und achte darauf, welche Bilder, welche Geschehnisse in dir auftauchen, damit du anderen und dir verzeihst.*

(einige Minuten Zeit lassen)

Erschaue am Ende der Meditation oder des Heilungsgesprächs deinen Körper in seiner Ganzheit in Licht und Liebe eingehüllt. Sprich innerlich Dank aus an alle geistigen Kräfte und an Mutter Erde, die dich trägt und nährt.
– Ende der Meditation –

Diese Auflistung von Meditationen oder Heilungsgesprächen sind als Impulse gedacht. Entscheiden Sie sich für eine oder zwei Ausführungen, lesen Sie sich die Anweisungen durch und führen Sie sie nach Ihren individuellen Änderungen durch. Haften Sie nicht an meinen Worten. Sie selbst sind Ihr bester Heiler. Vielleicht erhalten Sie durch dieses Buch neue Impulse, neue Anregungen.

Weitere „heilende Anwendungen" für das Herz:
Werden Sie sich Ihrer Arbeits- und Ausruhphasen bewußt. In welchem Verhältnis stehen sie zueinander? Überprüfen Sie gegebenenfalls, was und wie Sie daran etwas verändern können.
Durchleuchten Sie Konflikte und Probleme immer wieder mit Licht und Liebe – und haben Sie Geduld. Auch bei Menschen. Erlau-

ben Sie sich, Menschen, mit denen Sie es „schwer" haben, einen Lichtstrahl von Herz zu Herz zu schicken. Wie ein Herzensgruß.

Der Blutkreislauf

Loslassen —
fließendes Wasser in ein Gefäß geschöpft
erstirbt.
Ebenso wird das Leben schal,
willst du es festhalten.
Laß' es los,
spring hinein,
laß' dich treiben
im Fluß des Lebens.
(11)

Unser Körper ist von Kopf bis Fuß durchzogen von einem Gefäßnetz, bestehend aus Arterien, das sind vom Herz wegführende Gefäße und Venen, das sind dem Herz zuführende Gefäße. So wie der Herzrhythmus unseren inneren Rhythmus spiegelt, so ist der Blutdruck ein Symbol für den *Lebensfluß*. Das rote Blut ist unser Lebenssaft. In einem Tropfen Blut ist die gesamte Information über das ganze Wesen des Menschen enthalten. Deshalb ist eine ganzheitliche Diagnose aufgrund der Untersuchung von *einem* Tropfen Blut möglich.

Wenn nun ein Tropfen Blut unser Wesen symbolisiert, dann sind die Gefäßwände unsere Widerstände und Grenzen, unsere Herausforderungen. Der niedrige Blutdruck steht in diesem Sinne für das Vermeiden von Konflikten, für das Verhalten, Widerständen auszuweichen, seine Grenzen nicht erfahren zu wollen. Dem Menschen, der zu niedrigen Bludruck hat, rät man, sich viel in frischer Luft zu bewegen, aktiv zu sein und Sport auszuüben, damit er an seine Grenzen, seine Leistungsfähigkeit herankommt. Es fehlt ihm an Mut, Ausdauer und gewissermaßen an Standhaftigkeit.

Das andere Extrem ist der zu hohe Blutdruck. Hier werden die Gefäße sehr gefordert, das Blut wird mit jedem Herzschlag in den Kreislauf gepeitscht. Wenn wir kurz vor einer Tat stehen, ist unser Blutdruck ganz physiologisch höher als sonst. Während des Tuns sinkt er wieder auf den normalen Pegel ab. Beim Bluthochdruck fehlt dieser zweite Teil — der Mensch erlöst seine körperliche Spannung nicht, weil die Handlung ausbleibt. Ständig hält er sich in Konfliktnähe auf, steht kurz *vor* der Aktivität, tut es dann aber doch nicht. Die gehemmte Aggression, diese „Art der Selbstbeherrschung", führt zum krankmachenden Dauerdruck. Der Druck wird nicht losgelassen, weil man sich letztendlich doch nicht traut zu handeln, den Konflikt zu lösen. Im täglichen Leben sind das oft Menschen, die vor Tatendrang sprühen, aber das tief verborgene, wahre Thema meiden sie.

Eine weitere Störung im Gefäßsystem sind die Gefäßablagerungen, die Arteriosklerose. Körperlich gesehen sind es zu viel Eiweiße und Fette, die sich an den Gefäßwänden absetzen und den Querschnitt verengen. Psychisch sind es veraltete Verhaltensmuster, Sturheit und Widerstand. Das führt dazu, daß wir unflexibel und starr werden. Es zwingt uns dazu, daß die Aufmerksamkeit wieder nach innen gerichtet wird, wir uns der Unflexibilität bewußt werden — und fasten. Im Fasten erlauben wir uns, daß wir uns mit alten, abgelagerten Aspekten noch einmal auseinandersetzen, sie auf ihre Gültigkeit überprüfen und neu entscheiden, ob wir sie behalten wollen oder uns auf „Neues" oder Verändertes einlassen können. Fasten bedeutet — neben anderen Aspekten — den „inneren Mülleimer auszuleeren".

Edelsteine für den Blutkreislauf

Der *Karneol* harmonisiert das Fließgleichgewicht, bringt uns wieder in den „rechten" Lebensfluß. Er hilft bei zu hohem Blutdruck und bei zu niederem.

Der *Calcit* (grüner, honigfarbener oder weißer) unterstützt das Bewußtwerden alter Verhaltensmuster, läßt deren Wichtigkeit oder „veraltet-sein" klarer werden. Er wirkt positiv auf das Fließen der Lebenskraft.

Der *blaue Edeltopas* wirkt mehr auf der feinstofflichen Ebene, aber ebenfalls im Sinne von Überprüfung und eventuell Lösung bestehender Gefühls- und Denkmuster.

Farbzuordnung
Die rote Farbe aktiviert uns, bringt uns in Schwung oder lädt uns mit Energien auf.

Heilungsgespräche
– Auswahl eines Edelsteines oder Kristalls
– Individuelle Einstimmung zur Meditation
  (Kontakt zur inneren Führung, Visualisation der Licht-Hülle zum Schutz und für Geborgenheit)
– Reinigen und Aufladen des Steines

Hamonisierung mit der Energie deines Edelsteines
Erlaube nun, daß das Licht, die liebende Energie deines Steines sich mit deiner Energie verbindet, so daß ihr „eins" werdet. Konzentriere dich auf deinen Blutkreislauf in dir, auf das durch deinen ganzen Körper ziehende Gefäßnetz. Achte auf das Fließende in dir und folge mit deiner Aufmerksamkeit, in deinem liebevollen Licht diesem Fließen. Erlaube dir, mitzufließen in deinem Blut, sei ein achtsamer Beobachter, wenn du durch deine Gefäße fließt – immer und immer wieder. Sei achtsam, wohin dich deine innere Führung leitet, was du dir jetzt anschauen darfst, welchen Anteil du jetzt in dir erkennst. Wo nimmst du Enge in dir wahr, wo Widerstände?
Wenn du an eine Engstelle oder ein bestimmtes Verhaltensmuster geführt wirst, dann lasse deine Aufmerksamkeit, deine Liebe dort aus-

strömen und nimm es ganz in dein Bewußtsein auf. Ohne es zu ver-
teidigen oder rechtfertigen zu wollen. Achte darauf, was sich allein
durch deine Aufmerksamkeit und dein Annehmen verändert.

(einige Minuten Zeit lassen)

Wenn du magst, kannst du über ein Gespräch mit dem Wesen dei-
ner Blutgefäße noch tiefer in Kontakt mit diesem Aspekt kommen.

Zum Abschluß danke dem Wesen deiner Gefäße, danke dem Wesen
deines dich begleitenden Edelsteins, danke deiner inneren Führung,
danke der Urquelle von Licht und Liebe für alles, wie es jetzt in dir
und um dich ist.

Reinigungsmeditation mit einem Karneol

Erlaube dir nun, dich den aktiven und reinigenden Kräften des Kar-
neols zu öffnen. Stelle dir vor deinem geistigen Auge vor, wie viele
kleinste „Putzer-Wesen" aus dem Karneol ausströmen und über
deine Aura in deinen Körper gelangen. In freudigem Eifer und Taten-
drang beginnen sie, deine Gefäßwände zu reinigen. Viele kleine
Schrubber sind in dir an der Arbeit, machen „Hausputz" in dir. Sei du
in Licht und Liebe ein Beobachter des ganzen Geschehens.

(einige Minuten Zeit lassen)

Wenn die kleinen Putzer-Wesen ihre Arbeit vollendet haben, kehren
sie — mit deinem Dank — wieder in den Karneol zurück.

Diese Reinigung vollzog sich auf der körperlichen Ebene. Wenn du
offen dafür bist, dann bitte um eine zweite Reinigung für deine fein-
stofflichen Körper. Visualisiere dir eine zweite Kolonne von Reini-
gungs-Wesen, die auf höherer, feinstofflicher Ebene in dir eine Reini-
gung durchführen. Sei wieder ein liebevoller Beobachter, welche Ge-
fühls- und Gedankenmuster nun einer Erneuerung bedürfen.

(einige Minuten Zeit lassen)

Wenn auch die zweite Reinigung vollendet ist, lasse auch sie wieder
in den Karneol zurückkehren und danke!

Erblicke am Ende der Meditation deinen Körper als Ganzheit in der Geborgenheit und dem Schutz des Lichtes. Lasse deine Aufmerksamkeit wieder mit deinem ganzen Wesen verschmelzen.

– Ende der Meditation –

Natürlich können auch bei anderen Organsystemen aufgeführte Heilbehandlungen auf das Blutkreislaufsystem übertragen werden.

Wenn Gefäßveränderungen vorliegen, sind die gesunde, auf individuelle Bedürfnisse zusammengestellte Ernährung und das in Zeitabständen vollzogene Fasten wahre Helfer. Aber nicht nur bei Gefäßkrankheiten! Hier verweise ich auf die Bücher von Dr. med Rüdiger Dahlke: „Bewußt fasten" oder von Dr. med Hellmut Lützner: „Wie neugeboren durch Fasten" (siehe Literaturliste).

Das Verdauungssystem

Nicht das, was wir erleben,
sondern wie wir empfinden,
was wir erleben,
macht unser Schicksal aus.
Marie von Ebner-Eschenbach

Vom Mund zum Magen zum Darm

Während wir es bei der Atmung mit dem Luftelement zu tun haben, bei Herz und Kreislauf mit dem Wasserelement, kommt nun das Erdelement hinzu. Die Verdauung beziehungsweise die Vorbereitung zur Verdauung beginnt schon beim Denken an wohl zubereitete Speisen oder beim Anblick und dem Geruch von Nahrungsmitteln. Unsere Sinnesorgane, wie Augen und Nase, melden als unsere "Frühmeldesysteme" unserem Gehirn, daß es bald etwas zu verdauen gibt. Das Gehirn gibt einen Impuls an die Speicheldrüsen des Mundes und an die Verdauungsdrüsen im Bauchraum. Die Redewendung „da läuft einem das Wasser im Mund zusammen" meint genau diesen Impuls.

Schon im Appetit steckt symbolischer Wert. Beachten wir, auf was wir Lust, Appetit oder gar Verlangen haben, denn auch die Nahrung, das, was wir zu uns nehmen und was wir uns *einverleiben*, sagt etwas über unseren Gemütszustand aus. *Hunger haben* heißt auch *haben wollen.*

Schmeckt uns Rohkost, sind wir auch psychisch bereit, uns mit *rauher* Kost, mit ursprünglichen, unveränderten Gegebenheiten auseinanderzusetzen. Verlangen wir extrem nach Süßigkeiten, sollten wir auf unser Bedürfnis nach Liebe und Zärtlichkeit achten. Wer Süßes ganz ablehnt, lehnt womöglich auch Zärtlichkeit und Liebe ab, kann sie nicht wirklich in sich hineinlassen.

Breiige, weichgekochte Speisen sind Schonkost für Menschen, die es nicht so *hart*, so direkt vertragen. Das Verlangen nach gewürzten, scharfen Speisen läßt uns erkennen, daß derjenige offen für fremde, neue Eindrücke ist. Üben Sie sich darin, auf Ihre wechselnden Verlangen und auf Ihren Appetit zu achten und schauen Sie sich an, in welcher Lebenssituation Sie dann gerade sind. Es erweitert Ihre Bewußtwerdung über sich selbst.

Auch *wie* wir essen, besitzt eine Aussagekraft. Wir können das Essen genießen, es gierig verschlingen oder es als Ersatzbefriedigung in uns hineinnehmen.

Mit dem *in-den-Mund-nehmen* beginnt der nächste Schritt. Mit den Zähnen erfassen wir den Nahrungsbrocken, zermalmen und zerkauen ihn. Hoffentlich. Zählen Sie einmal, *wie* oft Sie einen Bissen Brot kauen. Fünf- bis sechsmal, oder gar dreißigmal? Kauen ist für die weitere Verdauung enorm wichtig. In Ernährungstherapien und bestimmten Diäten *lernt* man wieder das Kauen und übt einen Bissen circa sechzigmal zu kauen. Was den Zähnen eine Freude, ist dem Magen eine Arbeit, ist dem Darm eine Last! In diesem Satz von alten Fasten-Ärzten steckt viel Weisheit.

Kauen ist ein wichtiger Zerkleinerungsprozeß, damit die Verdauungsenzyme an einer größeren Oberfläche angreifen können. Wer nicht kauen kann, nicht zubeißen kann, hat auch psychisch ein Thema mit Aggressivität, mit dem Beißen und dem *bissig-sein*. Zähne sind ein Symbol für die Vitalität, für das sich-wehren-können. Wer schlechte Zähne hat, traut sich nicht, sich ehrlich zu wehren, ist nach Außen nicht bissig, sondern eher versteckt und unbewußt.

Wenn es am kranken Zahnfleisch liegt, ist das Thema Urvertrauen zu hinterfragen. Urvertrauen und Selbstsicherheit sind die Basis für Vitalität und das Vertrauen, sich selbst zu verteidigen.

Mit dem *Schlucken* nehmen wir das Zerkleinerte nun endgültig in uns hinein, integrieren es. Wir schlucken aber nicht nur die zerkleinerten Lebensmittel, sondern auch schlechte Nachrichten und Gefühle wie Ärger, Groll, Wut und so weiter. So manch einer schluckt auch psychisch sehr schnell, damit es *weg* ist und kein Konflikt im Außen ausgetragen werden muß. Aber dann muß er es *in sich* verarbeiten, denn es geht nichts, aber auch gar nichts im Leben verloren! Es ist ein physikalisches Gesetz, daß nichts verlorengeht, sondern nur seine Form verändert.

Wieder andere benötigen zum Schluckakt Flüssigkeit, sie trinken, damit *es besser rutscht*. Was auf diese Art und Weise geschluckt wird, bekommt dem Magen sicher nicht – und sollte besser gleich wieder ausgespuckt werden. Achten Sie bitte immer wieder auf die Doppeldeutigkeit der Sprache, Redewendungen, die Sie oft gebrauchen, sollten Sie aufschreiben und sich damit beschäftigen. Solche Vorgehensweisen entlasten den Körper enorm, weil Sie bereit sind, etwas anzuschauen. Sie erkennen dabei dahinterstehende Gefühle und Verhaltensmuster und können gegebenenfalls etwas verändern.

Typische Redewendungen für das Schlucken in der Halsregion sind unter anderen:
- den Hals nicht voll genug bekommen,
- ein Geizhals oder Geizkragen sein,
- sich etwas aufhalsen,
- halsstarrig oder hartnäckig sein,
- das hängt mir zum Hals heraus,
- das bleibt mir im Halse stecken,
- das kann ich nicht schlucken.

Wenn zum *Hinunterspülen* Alkohol benutzt wird, kommt noch dazu, daß die Sinne und die Wahrnehmung *benebelt* werden. Kennen Sie einen Alkoholiker, der nicht Probleme hinunterschlucken will?

Haben Sie Halsschmerzen oder ein Kloßgefühl, beachten Sie ihre derzeitige Lebenssituation. Was können oder wollen Sie nicht mehr schlucken? Was sitzt Ihnen wie ein Kloß im Hals, worüber würden Sie gern einmal reden?

So manches, was wir geschluckt haben, liegt uns dann schwer im Magen oder verursacht Übelkeit. Übelkeit ist eine Form der *Ablehnung*. Kommt es gar zum Erbrechen, haben wir uns innerlich entschieden, das Geschluckte nicht zu akzeptieren. Der Magen ist noch mit dem beschäftigt, was drin ist – und duldet noch nichts Neues.

Im Magen finden wir das Organ, welches das Geschluckte aufnimmt, aufbereitet und in kleinen Portionen an den Dünndarm weitergibt. Er liegt in der Mitte des Bauchraumes, leicht zur linken Seite verschoben wie das Herz.

Im Magen erkennen wir deutlich einen weiblichen und einen männlichen Anteil. In der Funktion der Aufnahme, was geschluckt wurde, erleben wir das Weibliche, Aufnehmende, Empfangende. In der Produktion der aggressiven, ätzenden Magensäure (= Salzsäure) zeigt sich der männliche Part.

Die Magensäure hilft beim Zersetzen des Geschluckten und wirkt antibakteriell. Wenn ich *sauer* bin, bildet mein Magen zuviel Magensäure, die die eigene Magenwand verdauen kann. Normalerweise schützt die Magenschleimhaut vor diesem Angriff, aber wenn zuviel Magensäure zu lange wirkt, kann die Schleimhaut ihre schützende Funktion nicht mehr ausüben. Magengeschwüre sind ein Abbild für Selbstzerfleischung. Sie sind ein Zeichen dafür, daß Wut, gestaute Energien und Ärger *im* Körper toben – aber nicht in der Außenwelt. Aggression und Ärger werden nicht eingestanden, „die *darf* man nicht haben". Oder man mißachtet seine Grenzen und seine Aufnahmefähigkeit, nimmt zuviel im Übermaß auf. Traut sich nicht, *nein* zu sagen und seine wahren Gefühle zu äußern.

Für Magenempfindliche und Magenkranke ist es eine große Hilfe, wenn sie lernen, ihre Gefühle ehrlich wahrzunehmen und sie zu äußern. Womöglich „richtiges streiten" zu erlernen, dann müssen sie nicht so viel schlucken und *im* Körper sauer sein.

Dem Empfinden „sich nicht wehren zu dürfen, schlucken zu müssen", liegt oft ein Mangel an Selbstvertrauen und Geborgenheitsgefühl zugrunde. Deshalb sind unterstützende Edelsteine für Magenprobleme solche, die das Selbstwertgefühl stärken, die den Betroffenen unterstützen, seine „eigene Mitte" spüren zu können, die Liebe zu sich selbst zu fördern. (Siehe heilende Anwendungen).

Dem Magenausgang folgt der Zwölffingerdarm. Hier münden die Ausführungsgänge von Leber/Galle und Bauchspeicheldrüse hinein, die ihre Verdauungssäfte dazugeben. Die den Zwölffingerdarm auskleidende Schleimhaut muß einer hohen Konzentration dieser aufspaltenden Enzyme standhalten. Deswegen kommen Geschwüre hier häufiger vor als im Magen.

Im sich anschließenden Dünndarm findet die eigentliche Verdauung statt, nämlich die Aufspaltung der Nahrung in die Einzelbestandteile und die Aufnahme in das Blut. Stellen Sie sich vor, Ihr mehrere Meter langer Dünndarm sei ein Fließband, auf dem der mit verschiedensten Verdauungsenzymen durchsetzte Speisebrei weiterbefördert wird. Die Dünndarmzellen in den Darmzotten haben jetzt die Aufgabe, die Kohlenhydratteilchen, Vitamine, Spurenelemente und Eiweiße und so weiter vom Band wegzunehmen und durch die Dünndarmwand in das Blut des Pfortadersystems zu schleusen. Wenn diese Dünndarmzellen nun sehr kritisch im Hineinnehmen sind und an allem, was ihnen angeboten wird, etwas auszusetzen haben – dann lassen sie den dünnen Brei auf dem Band liegen und es kommt zum *Durchfall*. Die Nahrungsbestandteile werden nicht aufgenommen, nicht verdaut, sondern werden durch-fallen-gelassen. Der Durchfall im Dünndarm kann neben einem Übermaß an Kritik und Analyse auch durch Angst begründet sein. Nach dem Motto: Oh je, was nehme ich da in mich hinein, das lasse ich lieber.

Die Redewendungen:
– die Hose voll haben,
– „Schiß" haben,
    deuten auf die Angstproblematik hin. Mit dem Durchfall verliert

man allerdings auch sehr viel Flüssigkeit, die wiederum ein Symbol für die Flexibilität ist.

Im sich anschließenden Dickdarm wird den noch unverdaulichen Resten Wasser entzogen, um es wieder in den Körperkreislauf zu bringen. In vierundzwanzig Stunden werden circa acht Liter Wasser rückresorbiert. Durch die Verdauungssäfte wurde der Nahrungsbrei dünnflüssig, dem auszuscheidenden Kot wird nun wieder das Wasser entzogen. Wenn wir diese Aufgabe übertreiben, kommt es zur Verstopfung, dann wird der Darminhalt zu trocken und kann von der Darmmuskulatur nicht weitertransportiert werden. Verstopfung ist ein „nicht-hergeben-wollen", ein zu starkes Festhalten an Materiellem oder auch Geiz.

Fasten, anschließende Kostumstellung und allgemein gesunde Ernährung sind wesentliche Unterstützungen, um die Darmtätigkeit zu aktivieren.

Der Dickdarm ist auch der Ort der Gärung. Hier in der Dickdarmschleimhaut leben Darmkeime in freundschaftlicher und physiologischer Gesellschaft mit uns. Sie produzieren sogar Vitamine dort. Aber hier brodelt und gärt es auch. Er ist mit dem Ort der Unterwelt und des Unbewußten, Dunklen verbunden. Verstopfung kann auch aus der Angst heraus entstehen, daß unbewußte Inhalte ans Tageslicht kommen, das verdrängte Inhalte zum Vorschein treten. Dabei ist der Stuhlgang eine körperliche Aufforderung, etwas nicht-mehr-Brauchbares *loszulassen* etwas hinter-sich-zu-lassen.

Dort, wo der Dünndarm in den Dickdarm mündet, bildet sich der Blinddarm, an dem der eigentliche Wurmfortsatz hängt. Ihn bezeichnen wir im alltäglichen Sprachgebrauch als Blinddarm. Der Wurmfortsatz hat Abwehrfunktion; das, was die Mandeln (Tonsillen) im Nasen-Rachen-Raum sind, ist er für den Darm.

Heilende Anwendungen für den
Mund-Magen-Darm-Trakt

Edelsteine für den Mund-Magen-Darm-Trakt

Der *Bernstein* ist uns ein Helfer beim „Sich-durchbeißen", also auch bei Zahnproblemen.

Chalzedone und *Aquamarine* unterstützen uns bei Hals- und Schluckproblemen.

Der *Zitrin* ist ein öffnender Stein für heilende Energien für den Magen, er wirkt verdauungsfördernd und stärkt unsere Selbstheilungskräfte.

Der *Rutilquarz* verhilft zur Harmonie und ist ein Heilungsstein für alle Arten von Magenproblemen. Er verströmt Klarheit und Kraft zur Veränderung der eigenen Einstellung.

Der *Achat* wirkt auf die Geborgenheitsthematik und fördert die Aufnahmebereitschaft.

Der *Chrysokoll* und der *Malachit* verdeutlichen die eigenen Grenzen und Bedürfnisse, lassen versteckte Aggressionen erkennen und verhelfen uns vom Feind- zum Freund-Bild.

Der *Karneol* verhilft uns, in den „rechten Fluß" zu kommen, ist ein Helfer bei Durchfällen oder Stauungen wie Verstopfungen.

Farbzuordnung

Da hier vom Mund bis zum Darm verschiedene Chakren angesprochen sind und somit verschiedene Farbzuordnungen, verweise ich auf die Farbeinteilung, die ich im Kapitel 2 beschrieben habe.

Heilungsgespräche

Jeder Abschnitt des Verdauungssystems kann ein Thema für ein heilendes Zwiegespräch sein, der Mund mit dem Thema „aufnehmen und kauen", die Kehle mit dem Thema „schlucken" sowie der Magen mit dem Thema „aufbewahren" oder der Darm mit dem endgültigen Verdauungsthema.

- Auswahl eines Edelsteins oder Kristalls
- Individuelle Einstimmung zur Meditation
  (Kontakt zur inneren Führung, Licht-Hülle zum Schutz und Geborgenheit)
- Reinigen und Aufladen des Edelsteins

Harmonisierung des Organs oder der Körperstelle mit dem Edelstein oder Kristall

Lege den gereinigten und aufgeladenen Edelstein auf den Körper, dort, wo du von deiner inneren Führung hingeführt wirst. Schaue mit deinem inneren Auge hin, wie das farbige Licht deines Steines sich mit deiner Aura verbindet, eins wird mit ihm. Und wenn du dazu bereit bist, dann öffne deine Türen nach innen. Erlaube, daß die klärenden, heilenden Energien deines Steines in dich hineinstrahlen. Lade dich ein, anzunehmen, was dir der Stein zu schenken vermag. Sei ein wachsamer Beobachter, was in deiner Körperregion geschieht.

(einige Minuten Zeit lassen)

Heilungsgespräch mit dem Wesen des Organs

Begrüße dein Organ (Kehle, Magen oder Darm) in aller Liebe. Bitte es, eine Gestalt anzunehmen, die mit dir in Kontakt treten kann, die mit dir reden kann. Höre gut zu, was du erfährst und frage, was du dazu beitragen kannst, damit es heiler wird. Frage, was es sich wünscht und sei bereit, deinem Organ diesen Wunsch zu erfüllen.

(einige Minuten Zeit lassen)

Danke dem Wesen deines Organs für sein Erscheinen und entlasse es wieder in seine ursprüngliche, organische Form.

Kontakt zum höheren Selbst
und Empfangen einer Heilungsbotschaft

Sende von deinem Herzen aus einen liebevollen Lichtstrahl über dein Bewußtsein hinaus zu deinem Höheren Selbst. Sei bereit für den Kon-

takt mit deiner seelischen Führung. Bitte um eine Botschaft (ein Wort, einen Satz, ein Symbol oder eine Farbe), die zur Heilung deines Organs beiträgt und die dich stärkt; und sei bereit, sie in dich einströmen zu lassen, so daß jede Zelle deines Organs davon weiß.

(einige Minuten Zeit lassen)
Danke deinem Höheren Selbst.

Engelsmeditation
Bitte den Engel der Heilung (der Reinigung oder welcher Name in dir erscheint) zu deinem Organ und sei ein liebevoller begleitender Beobachter dessen, was geschieht.

(einige Minuten Zeit lassen)
Danke dem hohen Lichtwesen für seinen Dienst in dir.

Heilung mit Hilfe deiner Herzensliebe
Halte dein Organ oder die Körperstelle in deinen feinstofflichen, liebenden Händen. Lasse das Licht und die Liebe deines Herzens in das Organ einfließen. Fülle es auf damit, soviel es jetzt braucht. Dein Verständnis und deine Liebe sind wahre Heiler.

(einige Minuten Zeit lassen)

Aktivierung deiner Selbstheilungskräfte
Erinnere dich deines dritten Energiezentrums. Es ist Sitz deiner Selbstheilungskräfte, deiner inneren Sonne. Visualisiere deine innere Sonne, damit sie so warm in dir strahlt, wie es jetzt gerade angenehm für dich ist, wie du es jetzt gerade brauchst. Lasse deine Sonne nun immer größer werden und über deinen Körper aufsteigen, so daß sie ein paar Meter über dir steht. Goldgelbe, warme, heilende Sonnenstrahlen berühren dich, durchfließen und durchwärmen dich. Öffne dich für die universelle Lebenskraft. Fühle dich wohl und geborgen. Lenke die heilenden, warmen Strahlen dorthin, wo du sie jetzt ganz besonders intensiv brauchst.

(einige Minuten Zeit lassen)

Wenn du aufgefüllt bist mit allem, was du jetzt brauchst, dann lasse die Sonne wieder kleiner werden und in dich versinken. Und wisse, daß du sie mit deiner Aufmerksamkeit, mit deiner Liebe aktivieren kannst, wann immer du sie brauchst. Danke deiner inneren Sonne.

Visualisieren eines Lichtgürtels
Stelle dir vor, daß sich ein Lichtgürtel in deiner Aura in Taillenhöhe bildet. Vorne vor dem Solarplexus ist ein wunderschön gestalteter Verschluß mit goldener Verzierung, der ein ganz besonders wirksamer Schutz für alle Arten von negativen Energien ist. Nur Licht, Liebe und Lebensenergie durchdringen diesen Lichtgürtel. Alle dunklen Energien prallen ab oder werden aufgelöst in diesem Licht.
Fühle den Schutz dieses Lichtgürtels mit der goldenen Schnalle. Visualisiere und vergegenwärtige dir immer und immer wieder diesen Lichtschutz. Besonders dann, wenn du sehr leicht "verletzbar" bist im Bauchraum.
Danke und finde deinen individuellen Abschluß.

– Ende der Meditationen –

Die Leber und die Bauchspeicheldrüse

GANZHEIT
Sobald wir das Dasein als Ganzheit erfassen
und jede Krankheit als Reifen begreifen,
wird uns das Leben als geheilt entlassen,
um höhere Sphären zu durchstreifen
und alles Werden und Vergehn,
als Spiel der Einheit zu verstehn.

(12)

Die Leber

Unsere Leber liegt im rechten Oberbauch, sie ist unsere größte Drüse im Körper. Sie wird immer mehr zu unserem Schicksalsorgan, denn sie muß sich als unser *körpereigenes Labor* mit den vielen Umwelteinflüssen auseinandersetzen. Sie ist das Hauptorgan im Pfortadersystem, das heißt, sie ist die Auswertungsstelle in uns. Das Blut der unpaaren Bauchorgane wie Dünndarm, Dickdarm und so weiter mit allen aufgenommenen Nährstoffen und auch anderen Bestandteilen kommt über die Pfortader in die Leber. Millionen von sogenannten Filterzellen untersuchen nun, was zum Weiterverarbeiten im Organismus gebraucht wird, was wasserlöslich ist und über die Nieren ausgeschieden werden kann, was veraltet und abgebaut werden soll, was giftig ist und dringend gebunden werden muß und so weiter.

Die Leber hat die Aufgaben:
– der Energieproduktion: Kohlenhydrate und Fette werden zu Energie verbrannt, damit ist sie unser *Wärmeofen* und für unseren Wärmehaushalt verantwortlich.
– der Energiespeicherung: sie ist erstens unser Kurzzeitspeicher, damit wir von einer Mahlzeit zur anderen durchhalten und zweitens bildet sie Langzeitspeicher, wie zum Beispiel Fette aus.
– des Eiweißstoffwechsels: sie baut aus den Aminosäurebausteinchen unser individuelles, körpereigenes Eiweiß auf, das die Vorstufe von anderen Eiweißgebilden (wie Blutkörperchen, Abwehrkörperchen) ist.

Vereinfacht kann man sich vorstellen, daß jeder Mensch „seine eigene Handschrift" hat, die die Leber schreibt. Die Buchstaben für diese individuelle Schrift entstammen dem Pfortaderblut – also dem, was die Darmzellen als Nährstoffe aufgenommen haben. Jeder hat dafür Sorge zu tragen, daß der Leber durch abwechlungsreiche, gesunde Ernährung auch wirklich alle erforderlichen Buchstaben zugetragen werden. Die „Buchstaben" aus erhitzter Nahrung aus dem Mikrowellenherd sind zum Beispiel wie „Hieroglyphen", das heißt Buchstaben, die wegen ihrer strukturellen Zerissenheit wie Fremdzeichen sind. Unser Körper kann die Schrift noch lesen, wenn ab und zu mal ein *falscher* Buchstabe in einem Wort ist. Die Leber ist aber dann überfordert, wenn sie ständig mit unvollständigen, unleserlichen Buchstaben arbeiten soll.

Eine weitere Aufgabe der Leber ist die Entgiftung. Die Leber baut Medikamente und Hormone ab, macht viele schädliche Stoffe „unschädlich", indem sie komplexe Bindungen schafft oder indem sie wasserlöslich macht, damit die Stoffe dann über die Nieren ausgeschieden werden können.

Sie kann aber nur abbauen, wozu sie die Formel hat, das heißt, das innere Wissen, wie es ab- oder umzubauen ist. Alkohol zum Beispiel ist ihr vertraut, bei Gärungsprozessen kommt es im Körper physiologisch vor. Künstlich hergestellte Medikamente oder Konservierungsstoffe aber sind ihr dagegen fremd. Das, was sie nicht abbauen kann, lagert sie an zunächst „unwichtigen" Orten wie Bindegeweben und Gelenken ab. Deshalb ist es so wichtig, daß wir dem Körper und damit auch der Leber die Möglichkeit geben, Altes, Abgelagertes auszuscheiden. Man kann z.B. in den Fastenzeiten den sogenannten inneren Mülleimer ausleeren.

Unser Körper reagiert in diesem Sinne mit Überblick und Verständnis, wenn er Schlackenstoffe zunächst in Bindegeweben und Gelenken „zwischenlagert" und die wichtigen Organe wie Gehirn, Herz und Nieren schont.

In der Drüsenfunktion produziert die Leber die Galle, eine aggressive Säure, die dabei hilft, die fetthaltigen Mahlzeiten zu verdauen. Die Galle wird eingedickt in der Gallenblase gelagert, bis sie im Darm gebraucht wird.

Neben der Stoffwechselfunktion (= ein Stoff wird gewechselt, ändert seine Form) hat die Leber noch Aufgaben als Blut- und Eisenspeicher, bei der Herstellung von Blutgerinnungsfaktoren und bei der Überwachung und dem Abbau veralteter Blutzellen.

Alles das zusammen macht uns deutlich, daß unsere Leber ein Hochleistungsorgan ist. Sie erkrankt an Überlastung, an einem *zuviel*, wenn sie zudem mit den Umwelteinflüssen überfordert wird. Die Leber gehört allerdings zu den Organen, welche sehr regenerationswillig sind. Wenn wir erneut das Maß finden, nimmt sie bereitwillig ihre Arbeit wieder auf.

Zum Verständnis der geistig-seelischen Entsprechung ist es wichtig zu wissen, daß die Leber unser Organ der Bewertung und der Wertung ist. Sie wertet aus, was für den Körper nützlich oder schädlich ist. Das setzt voraus, daß die Leber die *Einsicht* in innere Zusammenhänge besitzt, daß sie wirklich weiß, was für uns gut ist und was nicht. Die Leber hat im Gesicht den reflexzonentherapeutischen Bezugspunkt zwischen den Augen, welcher auch das Energiezentrum der Einsicht ist. Sie ist das Organ der Rückverbindung zu Gott, sie verfügt über die tiefe Weisheit, solche immens wichtigen Entscheidungen zu treffen, in uns zu werten.

Die Gallenblase liegt an der unteren hinteren Begrenzung der Leber im rechten Oberbauch. Sie ist ein Reservoir für die in der Leber gebildete Galle. Eingedickt verweilt die aggressive Säure in der Gallenblase, bis sie nach einer fettreichen Mahlzeit in den Zwölffingerdarm ausgeschüttet wird. Die Galle ist ein Symbol für unsere Aggressivität. Die Redewendung „da steigt mir die Galle hoch", bedeutet, daß ich wütend oder aggressiv werde. Wenn solche Gefühle unterdrückt werden, werden auch Gefühle der Aggression gestaut. Gestaute Aggressionen können in diesem Fall auskristallisieren und zu Gallensteinen werden. Besonders Frauen neigen statistisch mehr zu Gallensteinen, weil das in ihrem Körper vorkommende weibliche Hormon Östrogen die Sekretion (=Ausscheidung) der Galle hemmt. Vorsicht ist daher bei verdrängten Aggressionen und zusätzlichen Östrogenpräparaten (Anti-Baby-Pille, Hormongaben in den Wechseljahren) geboten.

In den Gallenkoliken verstopfen die „ins Rollen" gekommenen Gallensteine die abführenden Gallenwege. In Koliken, das sind krampfhafte Gefäßverengungen, erleidet der Betroffene starke Schmerzen, krümmt sich und schreit womöglich. Die gestaute Wut macht sich Luft.

In Koliken ist der Zitrin ein wahrer krampflösender Edelstein.

Die Bauchspeicheldrüse

Die Bauchspeicheldrüse liegt versteckt hinter dem Magen und vor den Nieren im linken Oberbauch. Sie führt in uns oft ein Schattendasein, wird wenig beachtet. Sie ist selbst so gutmütig zu uns, daß sie oft erst Beschwerden macht, wenn noch weniger als die Hälfte intakt ist. So mancher dumpfe Magenschmerz ist in Wirklichkeit ein Schmerz der dahinterliegenden Bauchspeicheldrüse. Sie produziert drei Arten von Verdauungssäften, die die Kohlenhydrate, die Eiweiße und die Fette aufspalten. Allzuoft vergessen wir, daß diese Drüse zum Zusammensetzen der Darmsäfte auch Flüssigkeit braucht!

Nur drei Prozent der Bauchspeicheldrüse bilden die Hormone, wovon das Insulin das Bekannteste ist. Insulin ist der Schlüssel, der dem Kohlenhydratteilchen (= Zucker) die Tür in die Körperzelle öffnet. Die bekannteste Krankheit ist in diesem Fall der Diabetes mellitus, das ist der „Zuckerdurchfall". Da Insulin fehlt, kann der Zucker nicht in die Zelle und bleibt zunächst im Blut; teilweise wird das Übermaß auch über den Urin ausgeschieden.

Wenn wir vereinfacht den Zucker als das „Süße" im Leben − als die Liebe und Zärtlichkeit ansehen, dann zeigt der Diabetiker Schwierigkeiten in der Annahme und dem Umgang mit Zärtlichkeit und Liebe an. Nur wer Liebe aufnehmen kann, kann sie auch geben. Menschen, deren Bauchspeicheldrüse krank ist, genießen nicht im vollen Maße das Leben. Die Lebensenergie, die freudigem Genuß entspringt, ist nicht zu unterschätzen. Es ist eine enorm große Energiequelle. Der

Diabetiker verbietet sich dies und jenes, und von allem darf er nicht viel. Er hat sich in große Einschränkungen verstrickt. Der Betroffene hat die Aufgabe, wieder in die genießende, annehmende Lebensenergie zu kommen, die inneren Türen für die Zärtlichkeit zu öffnen.

Edelsteinzuordnung für die Leber und die Bauchspeicheldrüse
Der *Zitrin* ist ein entkrampfender, Selbstvertrauen schenkender Edelstein, der die Stoffwechselvorgänge fördert. Er wirkt sehr körperlich auf die Bauchspeicheldrüse.
Der *Rutilquarz* ist ein Harmonie- und Heilungsstein und stärkt die Selbstheilungskräfte.
Der *Chrysokoll* fördert die Erkenntnis der wahren Bedürfnisse.
Der *Achat* fördert das „Sich-in-Geborgenheit-angenommen-fühlen" und das „Annehmen-lernen".
Der *Bergkristall* verschenkt seine klärenden, reinigenden und stärkenden Energien der Liebe.

Farbzuordnung
Für die Leber und die Bauchspeicheldrüse sind die gelben bis orangegelben Farben harmonisierend.

Heilungsgespräche
Die im vorigen Kapitel beschriebenen Meditationsanleitungen sind analog auf die Leber und die Bauchspeicheldrüse zu übertragen.

Speziell für die Leber:
Heilungsgespräch mit deinem inneren Wächter der Leber
Wähle dir zu diesem Heilungsgespräch einen gelben und einen tiefblauen Edelstein.

Stimme dich ein und reinige beide Steine in der dir gewohnten Weise. Dann entscheide dich, in welcher Hand du welchen Stein halten willst. Erlaube dir, dich beiden (der blauen und der gelben) Energien zu öffnen, so daß deine Leberregion im gelben Licht aufleuchtet und dein Stirn-Chakra zwischen deinen Augen im tiefblauen Licht. Genieße eine Weile diese Energien, und erlaube diesen Energien, ohne dein Zutun zu wirken.

Dann visualisiere dir in deinem sechsten Chakra (= verbunden mit der Einsicht) einen großen Saal, in den du eintrittst und erschaue dich umgeben von Liebe und blauem Licht. Bitte nun das hohe Wesen zu dir, daß über deine Aufgaben in der Leber wacht. Begrüße den erscheinenden Wächter in deiner Liebe. Vor langer Zeit hast du diesem hohen Wächter in liebevoller Einsicht die Anweisungen gegeben, die er in deinem Sinne ausführte und überwachte. Lebe nun im Einklang mit der Weisheit deines Herzens, wenn du überprüfst, ob du an seinen Anweisungen etwas ändern möchtest. Er wird dir getreu den Auftrag ausfüllen, den du ihm gibst.

(einige Minuten Zeit lassen)

Wenn du in liebevoller Einsicht mit dem Wächter deiner Leber übereingekommen bist, dann danke ihm und erlaube ihm wieder, sein Werk fortzusetzen.

Zum Abschluß beschenke deine Leber mit Dankbarkeit, Licht und Liebe.

Speziell für die Bauchspeicheldrüse:
Heilungsmeditation mit den liebenden Händen
Nach der Einstimmung und der Harmonisierung mit dem Edelstein begrüße deine Bauchspeicheldrüse. Lade sie ein zu einer zärtlichen, liebevollen Behandlung oder Massage mit deinen geistigen Händen. Streichle sie sanft mit all deiner Zartheit, Sanftheit und Achtsamkeit. Schenke ihr deine ganze Aufmerksamkeit und deine Dankbarkeit.

(dazu soviel Zeit nehmen, wie du brauchst)

Zum Abschluß lege dein Organ wieder liebevoll an seinen physiologischen Platz zurück, hülle es noch einmal in Licht und Liebe. Individueller Abschluß.

Das Ausscheidungssystem

Glauben ohne Liebe macht fanatisch.
Pflicht ohne Liebe macht verdrießlich.
Ordnung ohne Liebe macht kleinlich.
Macht ohne Liebe macht gewalttätig.
Gerechtigkeit ohne Liebe macht hart.
Ein Leben ohne Liebe macht krank.

Die Nieren

Bei den Nieren haben wir es mit dem Element Wasser zu tun – dem anpassungsfähigsten Element, denn Wasser paßt sich jeder Umgebung an.

Wir haben zwei Nieren. Sie befinden sich jeweils links und rechts neben der Wirbelsäule auf der Rückenseite, zwischen unterem Rippenbogen und Beckenkamm.

Alle Organe in uns, die doppelt vorkommen, haben mit dem *Kontakt zu etwas anderem* zu tun. Die Lungen haben über das luftige Atmen den Kontakt nach außen. Bei den Nieren ist es verbindlicher, stofflicher. Über die Nieren sind wir mit unseren Mitmenschen verbunden, so in der Partnerschaft, Ehe, Familie oder auch in der Vorgesetztenbeziehung. Unsere Nieren zeigen auf das *Partnerschaftsthema im Sinne einer engen mitmenschlichen Begegnung* hin.

In den Nieren finden physiologisch zwei verschiedene Prozesse statt. In der außerordentlich gut durchbluteten Nierenrinde findet ein sogenannter Filtrationsprozeß statt. Hier wird in über 1,2 Millionen Nierenkörperchen das Blut gefiltert. Große Eiweißkörper, wie Blutzellen und Abwehrkörperchen, kommen in den Blutkreislauf zurück, alles andere durchläuft als Primärharn (das ist das erste Filtrationsprodukt) einen weiteren Prozeß. In vierundzwanzig Stunden werden die Nieren von circa fünfzehnhundert Litern Blut durchflossen. Circa einhundertfünfzig Liter Primärharn werden in den Nieren bearbeitet, bis wir circa anderthalb Liter Urin ausscheiden. Diese Zahlen zeigen die enorme Leistung in diesen Organen an.

Die einhundertfünfzig Liter Primärharn durchlaufen ungefähr zehn Kilometer Nierenkanälchen! Die Nierenkanälchen liegen im Nierenmark, welches sich nach innen der Nierenrinde anschließt. Man kann sie sich (ähnlich wie im Darm) als ein Fließband vorstellen, worauf der Primärharn vorbeifließt. Die Nierenzellen links und rechts des Fließbandes haben nun die Aufgabe, wichtige Wasserteilchen vom Band wieder wegzunehmen und dem Kreislauf erneut zuzufügen. Man nennt diesen Vorgang Rückresorption. Weiterhin entnehmen die Nierenzellen dem Band wichtige Elektrolyte und tauschen sie mit Stoffen aus, die der Körper nun nicht mehr braucht, von denen er sich im Sinne der Reinigung trennen muß. Hier wird auch der Säure-Basen-Haushalt des Körpers geregelt. Die Säure steht symbolisch für das männliche Prinzip, die Basen für das weibliche. Was letztendlich auf dem Förderband liegt, wird schließlich zum Nierenbecken weitergeleitet, das einen Auffangbehälter, eine Sammelstelle für den Harn bildet. Von dort aus gelangt der Harn in die Harnleiter, die in die Harnblase einmünden.

Die Nieren sind in unserem Organismus *die* Reinigungsstationen. Sie reinigen ständig unser Blut, scheiden aus, was die Leber wasserlöslich machte, damit wir uns nicht selbst vergiften. Sie bereinigen auf der körperlichen Ebene unser Blut, auf der psychischen Ebene bereinigen sie unsere Partnerschaften. Die Elektrolyte sind die *Salze des Lebens*. Sie stehen symbolisch für unsere männlichen und weiblichen Anteile.

Wenn wir mit unseren Familienangehörigen, Schulkameraden, Kollegen und Vorgesetzten oder eben mit dem Lebenspartner konfrontiert sind, uns mit ihnen auseinandersetzen, verfallen wir oft in den Mechanismus der Projektion. Wir projizieren unsere eigene Thematik auf den anderen und wollen ihm die „Schuld" in die Schuhe schieben. Dabei ist unser Gegenüber *nur* unser Spiegelbild. Es erleichtert die Bewußtwerdung über uns selbst, wenn ich das aufmerksam beachte, was mir an den anderen auffällt, was mich stört (= lehne ich da etwas ab, was ich in mir nicht integrieren kann?) oder was ich an dem anderen mag (= wünsche ich mir diese Eigenschaft?). In dem Sein, in dem Verhalten des anderen kann ich mich selbst erkennen. Martin Buber prägte den für die Nierenarbeit so wichtigen Satz: Der Mensch wird am Du zum Ich.

Die Nieren bearbeiten die Salze nicht im rechten Maße, wie der Mensch nicht analog *seine* Themen im Blick auf sich selbst erkennt. Sie lassen dann wichtige Themen (= Salze) passieren, erkennen sie nicht als die eigenen an.

Die Redewendung: das geht mir an die Nieren, sagt aus, daß dies etwas sehr Tiefgreifendes ist und nichts Oberflächliches. Selbsterkenntnis ist nicht immer das leichteste Thema.

Das Trinken ist lebenswichtig für uns. Auf feste Nahrung kann der Körper viele Tage verzichten, zum Beispiel bei Fasten- und Trinkkuren. Auf Trinken kann er nicht verzichten. Auch auf Volksfesten, bei Menschenansammlungen und Feiern wird angestoßen und getrunken. Wir stimulieren damit unsere Kontaktfähigkeit. Wer allzu *nüchtern* ist und nicht mittrinkt, fällt auch schon mal auf. Wird Alkohol angeboten, hofft man, daß die Hemmungen fallen und man sich menschlich näherkommen kann.

Nierensteine sind Resultate von Ausfällungen und Kristallisationen bestimmter Salze. Zu hohe Konzentrationen durch zu wenig Flüssigkeitszufuhr begünstigen die Bildung von Nierengries oder Steinen. Geistig-seelisch gesehen sind Nierensteine verhärtete, auskristallisierte Partnerschaftskonflikte, die nun in sehr schmerzhaften Koliken den Ausgang suchen. Helfend sind hier Wärme (= Symbol für Öffnung), Flüssigkeit (= Flexibilität) und Sprünge (= Entscheidungen). Den Sprung wagen!

Beachten Sie in diesem Zusammenhang auch den zweideutigen Begriff des Seitensprungs.

Die Blase .

Die Harnblase liegt im sogenannten kleinen Becken hinter dem Schambein. Sie ist ein Sammelbehälter für den Urin. Wenn ein bestimmtes Füllungsstadium, ein gewisser Druck erreicht ist, empfinden wir es als Erleichterung, *los-zu-lassen*. Im übertragenen Sinne hat die Blase mit psychischem Druck zu tun, zum Beispiel in aufregenden Situationen, Prüfungssituationen, in Angstzuständen. Wie hilfreich ist es dann, den Druck loszulassen. Bei Blasenreizungen und Blasenentzündungen können wir schauen, wo wir in uns den psychischen Druck empfinden, den wir nicht mehr aushalten. Bei ständigem Harndrang oder einer „tröpfelnden" Blase ist das Weinen zu hinterfragen. Könnte der Betroffene im Weinen Druck loslassen? Warum traut er sich nicht, wirklich zu weinen – denn über die Blase ist es ein Weinen an falscher Stelle, sehr versteckt und unehrlich.

Heilende Anwendungen für das Ausscheidungssystem

Edelsteine für das Ausscheidungssystem
Der *Karneol* ist ein wahrer Helfer bei allen Reinigungsaktionen, er unterstützt den Lebensfluß. Er wirkt auf der emotionalen Ebene verfeinernd auf die Gefühle.
Der *Zitrin* und der *Rutilquarz* sind Helfer, wenn es um entzündliche, verkrampfte Prozesse im Nieren- und Blasenbereich geht. Sie schenken Wärme, Öffnung für heilende Energien.
Der *Blutjaspis* (Heliotrop) verschenkt heilende Energien für Blasenleiden, er stärkt die Lebenskraft und hilft, den „neuen Anfang" zu sehen.

Der *Bergkristall* ist der geistige Führer für die psychischen Reinigungs- und Reifungsprozesse.

Farbzuordnung
Die Nieren zählen energetisch zum Sakral-Chakra und werden daher besonders von der orangegelben Farbe harmonisiert. Bei krampfenden Beschwerden helfen auch gelbe Farben.

Heilungsgespräche
Hier beschreibe ich zwei für die Nieren ganz spezifische Heilungsmeditationen; die bei anderen Organsystemen beschriebenen Impulse gelten analog.

Reinigungsmeditation mit einem Karneol
- Auswählen eines Karneols
- Individuelle Einstimmung zur Meditation
  (Kontakt zur inneren Führung, visualisieren
  der Licht-Hülle zum Schutz und zur Geborgenheit)
- Reinigen und Aufladen des Karneols

Erlaube dir nun, dich den reinigenden, aktiven Kräften des Karneols zu öffnen. Stelle dir vor deinem geistigen Auge vor, wie unzählige kleine Putzer-Wesen aus dem Karneol strömen und über deine Aura in deine Nieren gelangen. Dort beginnen sie freudig und mit der nötigen Achtsamkeit ihre Aufgabe – nämlich deine Nieren gründlich zu reinigen und von allem Überflüssigen zu befreien. Sei in Licht und Liebe ein Beobachter dieser Reinigung, und schaue hin, wie die Poren deiner Nierenfilter gesäubert werden und alle Kanäle.

(einige Minuten Zeit lassen)

Werde dir auch auf deiner geistigen Ebene deiner Filter und Poren und deiner Kanäle bewußt. Bitte erneut um feinstoffliche, verfeinerte

Reinigungs-Wesen für deine geistige Ebene, damit auch dort eine Reinigung und Klärung stattfindet.

(einige Minuten Zeit lassen)

Wenn die Putzer-Wesen zu ihrer Zufriedenheit die Reinigung vollendet haben, kehren sie über deine Aura in den Karneol zurück. Danke ihnen, danke dem Wesen deines Karneols für diese befreienden Kräfte und spüre in dir nach.

Deine Nieren sind integriert in andere Organsysteme. Sie sind Teil von dir. Lasse deine Liebe und deine Dankbarkeit in deinen ganzen Körper fließen. In dein ganzes Wesen.

Danke Gott-Vater und Mutter-Erde und finde wieder bewußt in das Außen zurück.

Wir schonen unsere Nieren, wenn wir uns mit unseren Partnerschaftsthemen auf einer geistigen, bewußten Ebene auseinandersetzen und unsere Nieren es nicht körperlich „austragen" müssen.

Für die geistige Auseinandersetzung mit einem Menschen, mit dem wir es „schwer" haben, der uns seelisch verletzt hat, ist die nächste Beschreibung einer Heilungsmeditation für die Nieren gedacht.

Verschenken von farbigem Licht an einen Menschen
Diese Meditation wird sinnvollerweise im Sitzen ausgeführt. Achte darauf, daß deine Füße auf dem Boden stehen, die Hände ruhen mit den Handflächen nach oben geöffnet auf deinen Oberschenkeln.

Einstimmung
Atme bewußt ein und aus, folge mit deiner Aufmerksamkeit deinem Atem, bis du ruhig und entspannt bist. Bis dich nichts mehr gedanklich beschäftigt, damit du frei bist und deine Aufmerksamkeit lenken kannst.

Gehe nun mit deiner Aufmerksamkeit zu deinem Herzen, erschaue es als deine innere Quelle von Licht und Liebe. Durch deine Hinwen-

dung und Aufmerksamkeit sprudelt dieser unendliche Quell über und über. Dein Licht und deine Liebe fließen in deinen ganzen Körper – und in deine Aura. Wenn du ganz und gar aufgefüllt bist mit deinem Licht und deiner Liebe, dann lasse auch über deine Wurzeln deine Energien in die Erde fließen als Dank an Mutter Erde, die dich trägt und nährt, die dich so annimmt, wie du jetzt gerade bist.

Lasse nun erneut liebevolle Lichtstrahlen über dein Kronenchakra zu deinem Höheren Selbst fließen. Spüre die Verbindung zu deiner höchsten Führung, zu deiner seelischen Verbindung.

Bitte nun darum, daß weißes Licht über dein Höheres Selbst in dich einströme. Es fließt über dein Kronenchakra in deinen Kopf, die Wirbelsäule entlang nach unten und läßt dich noch liebevoller erscheinen.

Lenke nun diesen weißen Lichtstrahl in Höhe deines dritten Energiezentrums, im Solar-Plexus, über deinem Nabel rechtwinklig nach vorne um, so daß vor dir und deinem inneren Auge ein „Weg" beleuchtet wird.

Bitte nun den Menschen auf diesen Weg, mit dem du Schwierigkeiten hast, der dich verletzte (Konflikt, Kummer, Angst oder was auch immer). Dieser Mensch möge dir nun auf diesem lichtvollen Weg entgegenkommen. Erlaube dir, halt zu sagen, wenn er in einem Abstand steht, der für dich nach deinem Empfinden jetzt stimmt.

Frage nun diesen Menschen, welche „Farbe" er jetzt braucht. Vertraue dem ersten Impuls, der sich in dir zeigt. Vertraue dem, was du hörst, ohne zu hinterfragen. Bitte dann dein Höheres Selbst, dir diese gewünschte Farbe zu senden. So wie zuvor das weiße Licht, strömt nun diese Farbstrahlung ein, du lenkst sie um im Solar-Plexus und läßt es deinem Gegenüber zufließen. Einfach so.

(einige Minuten Zeit lassen)

Dein Gegenüber wird dir ein Zeichen geben, wenn er aufgefüllt ist mit der gewünschten Farbe. Dann danke für das Weiterleiten der Farbstrahlung. Wenn es für dich stimmig ist, kannst du ein Gespräch mit deinem Gegenüber anschließen.

Ansonsten danke ihm für sein Erscheinen und entlasse ihn wieder aus deiner Vorstellung. Setze ihn ganz bewußt wieder frei. Erblicke den Weg zuletzt frei in weißem Licht.

Erschaue auch dich zum Abschluß noch einmal ganz und gar von weißem Licht durchflossen. Danke deinem Höheren Selbst, danke der göttlichen Quelle allen Lichtes, aller Liebe für alles, wie es in dir und um dich ist.

Fühle dich ein in deinen Körper und komme in Licht und Liebe in deinem Tempo mit einem tiefen Atemzug wieder in die Außenwelt zurück.

– Ende der Meditation –

Diese Meditation kann selbstverständlich auch mit Menschen durchgeführt werden, die wir lieben, mit denen wir es leicht haben. Aber gerade mit schwierigen Beziehungen ist es eine Herausforderung, ihnen farbiges Licht ihrer Wahl zu schenken, das heißt, Kanal dafür zu sein. Überprüfen Sie Ihr Gefühl zu diesem Mitmenschen *nach* dieser Übung. Wiederholen Sie sie öfter und beachten Sie Ihre Beziehung!

Das Fortpflanzungssystem

Öffne dich den Schwingungen des Kosmos,
und Harmonie wird der Klang deiner Seele sein.

Mache dich zum Klangkörper der Stille,
und Liebe wird die Melodie deines Lebens sein.

Richte deine Sehnsucht nach innen,
und Gott wird das Licht deines Wesens sein.

(13)

Die Geschlechtsorgane

Sexualität verlangt nach Vereinigung zweier Körper,
Liebe strebt nach Vereinigung zweier Seelen.

Zum Fortpflanzungssystem gehören die männlichen und weiblichen Geschlechtsorgane. Dieser Bereich ist oft schwierig für uns, weil wir uns hier so deutlich wie sonst nie als *Teil* eines Ganzen erfahren. Wir sind entweder Mann *oder* Frau. Darum suchen wir für die Vollkommenheit das, was wir *nicht* sind, in dem anderen. Suchen die Ergänzung, die „bessere Hälfte". Versuchen in der gemeinsam erlebten Partnerschaft und Ehe das Gefühl der Unvollkommenheit auszulöschen oder zumindest zu kompensieren.

Die Betrachtungsweise, daß die *Seele androgyn* (= weiblich und männlich zugleich) ist, bedeutete mir sehr viel für mein Verständnis von Frau- und Mann-Sein. Auf der seelischen Ebene gibt es von daher keine Trennung. Demnach stellt die Seele *vor* unserem Erdendasein unsere Lebensaufgaben für das Leben auf der Erde zusammen und dabei entscheidet sie, was besser für uns ist; ob es für diese Aufgabe besser ist, Frau oder Mann zu sein. So gesehen ist es eine *Chance*, das eine *oder* andere Geschlecht zu sein.

Selbst in einem männlichen Körper sind weibliche Anteile und umgekehrt. Die Geschlechtsorgane und die Produktion der Geschlechtshormone bestimmen den Hauptanteil. Es liegt in unserer Entscheidung, in unserem „Erlaubnis-Spielraum", auch Fähigkeiten des andersgeschlechtlichen Anteils zuzulassen. Manchmal sind wir sogar dazu gezwungen. Als Frau bin ich nicht *nur* die „Empfangende", sondern auch die Gebende, Aktive, die Entscheidungen trifft, die sehr wohl „ihren Mann stehen kann". Ein Mann ist nicht nur aktiv, hart, realistisch, sondern auch empfänglich für Intuitionen, geht mit der einen oder anderen Idee „schwanger" und hat auch manchmal „schwere Geburten". Unter der harten Schale des Mannes steckt so manche empfindsame Seele, die warm und weich ist, die sich nach Verständnis ihrer Gefühle sehnt − und so manches Mal des Schmerzes wegen weint.

Machen wir es uns doch nicht so schwer zu akzeptieren, daß kein Anteil, ob männnlich oder weiblich, besser oder stärker ist als der andere. Mutter Erde braucht die männliche, geistige Sonnenkraft, um Leben hervorzubringen und zu erhalten. Ebenso braucht die geistige Kraft die Materie zur Formgebung. Ein Teil allein schafft kein Leben. *Leben ist Liebe* und drückt sich als Beziehung zu anderen aus. Ein Organ steht in Beziehung zu anderen, zusammen ergibt sich ein Organsystem. Auch die Organsysteme bedingen einander − eins allein ist sinnlos!

Ein Eremit kann allein leben, wenn er die männlichen und weiblichen Anteile in sich integriert hat und sie beide lebt. Häufig leben wir Menschen unsere Anteile in Partnerschaften und projizieren unsere andersgeschlechtlichen Züge in den Partner oder den Elternteil und so weiter.

So spiegeln sich unsere Wesensanteile in den Beziehungen zu den Mitmenschen. Es gibt drei Arten von Beziehungen:

- die Beziehung zu Gott, der Urquelle von allem,
- die Beziehung zur Außenwelt (Mitmenschen) und
- die Beziehung zu uns selbst.

Alles, was in uns und um uns geschieht, ist ein Spiegel unserer Beziehungen. Sie sind das Leben, das wir mit Liebe füllen können. Der Schlüssel für jede Art von Beziehung ist die Selbsterkenntnis. Sich in allem, was wir wahrnehmen, selbst zu sehen. Die Bereitschaft, die Beziehungen als einen Spiegel für sich selbst anzuerkennen, entlastet unsere Organe (die Sexualorgane und auch die Nieren als Partnerschaftsorgane), denn wir heben die Auseinandersetzung auf eine höhere Ebene als die körperliche.

Die wertende Umgangssprache der Männerwelt unterstützt nicht gerade die Lebensweise der Frauen, sich gleichwertig zu erleben. Begriffe wie herrlich und dämlich machen die Frauenfeindlichkeit der letzten Jahrzehnte (Jahrhunderte) deutlich. Möge jeder einzelne das dazu beitragen, was er in Liebe und von seinem Verständnis her zur Erweiterung und Erneuerung des Themas Mann und Frau hinzufügen kann.

In der Entwicklung zum Mann oder zur Frau sind zwei Stufen von besonderer Bedeutung, die Pubertät und das Klimakterium.

Die Pubertät bewirkt in der geschlechtlichen Reifung tiefgreifende Veränderungen im körperlichen und seelischen Bereich. Die Geschlechtsdrüsen, wie Hoden und Eierstöcke, beginnen mit der Produktion der spezifischen Hormone; sie werden dazu von der Hypophyse (Hirnanhangsdrüse, siehe Hormonsystem) und der Nebennierenrinde stimuliert. Die Pubertät beginnt circa im zwölften bis dreizehnten Lebensjahr, bei Mädchen mit der ersten Periode (= Menarche). Die körperliche Entwicklung dauert circa drei bis vier Jahre, die charakterlich-seelische Reifung etwa die *doppelte* Zeit. Das erste

Energiezentrum in der Genitalregion, das Wurzel-Chakra, wird nun auf besondere Weise mit Energie versorgt. Die *Kundalini-Kraft*, die bis dahin schlafende Schlangenkraft, steigt nun auf und löst enorme Veränderungen in jedem Chakra aus. Veränderungen treten auch entsprechend in den Beziehungen zur Außenwelt auf. Entfremdungen im familiären Bereich, Veränderung der Vater-Mutter-„Kind"-Verhältnisse. Die neuen Energieströme bringen Verwirrungen; das „Alte" ist überholt, das „Neue" aber noch nicht so greifbar oder vertraut.

Die Pubertät ist der Beginn des körperlichen Frau- und Mann-Seins, auch wenn von Geburt an Prägungen durch Erziehungsmuster und die Vorbilder der Eltern das Mädchen- und Jungen-Dasein formen.

Das Klimakterium (= Wechseljahre) ist eine weitere Stufe des bewußten, geistigen Frau- und Mann-Seins. In der sogenannten „Mid-Life-Crises" (= Krise in der Mitte des Lebens) werden bisherige Lebenseinstellungen überprüft und eventuell erneuert oder erweitert. Der „Sinn des Lebens" wird in Frage gestellt oder auf eine neue Weise gesucht.

Die Wechseljahre beginnen circa im fünfundvierzigsten bis fünfzigsten Lebensjahr und betreffen *beide* Geschlechter. Das Wort Klimakterium stammt vom Griechischen „klimakter" und bedeutet Leitersprosse — auf der „Leiter des Lebens" wieder eine Sprosse höher erklimmen, einen veränderten Überblick bekommen, reifer werden.

Bei der Frau vollziehen sich durch Versiegen der hormonellen Produktion große Veränderungen auch im körperlichen Bereich. Nach der letzten Periode folgt bei ihr die sogenannte Menopause, die Zeit ohne Periode. Die bekannten Hitzewallungen, das anfallsweise „heiß" sein, zeigen an, daß die Frau noch heiß und begehrenswert sein will. Sie können Hinweise auf Versäumnisängste, Nachholbedürfnisse, Panikstimmungen, Identitätskrisen sein. Die Frau ist nicht mehr die gleiche wie vorher. Diese Veränderungen bringen, ähnlich wie die Pubertät, geistige und seelische Neuorientierungen oder auch Verwirrungen und Ängste mit sich. Die in dieser Zeit für manche

Frauen aufkommende Osteoporose (Knochenerweichung) zeigt an, daß die Frau glaubt, nun ihren inneren Halt zu verlieren (näheres dazu ist beim Knochensystem beschrieben). Es ist eine Zeit, in der die Frau meist mit vielen Veränderungen im familiären Bereich konfrontiert wird. Die erwachsen gewordenen „Kinder" verlassen das häusliche Nest. Die Beziehung zum Partner (der, wenn ungefähr gleich alt, ebenfalls im Klimakterium ist) kann durch veraltete Routine-Verhaltensmuster kritisch werden. Womöglich wird die alte Berufstätigkeit wieder aufgenommen oder eine neue Eingliederung in die „aktive" Welt in Angriff genommen. Die Frau im Klimakterium setzt sich mit dem Übergang von der körperlichen zur geistigen Mutterschaft auseinander. Von nun an können keine „körperlichen" Kinder mehr geboren werden, sondern „nur" noch „geistige". Der Lebenssinn könnte so gesehen eine Leitersprosse nach *oben* klettern und nicht, wie von vielen Frauen so empfunden, eine Leitersprosse nach unten.

Klimakterische Beschwerden sind Auseinandersetzungen mit Veränderung und Altern. So auch das Klimakterium des Mannes, das sich nur auf der seelisch-geistigen Ebene abspielt. Die Hormonproduktion und die Zeugungsfähigkeit bleiben ihm bis ins hohe Alter erhalten, aber dem Altern, dem Reifen muß auch er sich stellen. Es fällt auf, daß sich gerade in dieser Lebenszeit Männer wesentlich jüngere Partnerinnen suchen, vielleicht um sich ihre „Jugend" vor Augen zu halten?

Die männlichen Geschlechtsorgane

Zu den spezifischen Organen des Mannes gehören die beiden Hoden, die das männliche Hormon Testosteron und die Samenfäden (Spermien) bilden. Für die Bildung der Spermien ist eine zwei bis vier Grad Celsius geringere Temperatur als die Körperwärme erforderlich, deshalb sind die Hoden im Hodensack außerhalb des Körperstammes. Den beiden Hoden folgen, wie eine Kappe aufsitzend, die Nebenhoden, in denen die Spermien die endgültige Reifung durchlaufen. So bekommen zum Beispiel die Spermien hier ein Enzym mit auf den Weg, daß die Haut der weiblichen Eizelle auflösen kann.

Im Nebenhoden und den folgenden Samenleitern werden die reifen, aber wegen des sauren, sauerstoffarmen Milieus noch unbeweglichen Spermien gespeichert. Erst die eiweißhaltigen und alkalischen Sekrete der beiden Bläschendrüsen, die an der Hinterwand der Harnblase liegen und der Vorsteherdrüse (= Prostata), die unter der Harnblase liegt, erlauben den Spermien die Beweglichkeit (drei bis vier Millimeter in der Minute) und die Ernährung auf dem Weg zur Eizelle. In der Prostata, einer kastaniengroßen Drüse, münden die Samenleiter in die Harnröhre, die ab dann als Harn-Samen-Röhre bezeichnet wird. Sie durchläuft das männliche Glied (= Penis) und mündet an der sehr nervenreichen, empfindlichen Eichel des Mannes. Während des Orgasmus, des gefühlsmäßigen Höhepunktes, zieht sich die Muskulatur der betreffenden Drüsen und Gänge zusammen und bewegt die Samenflüssigkeit nach außen. Hier ist die *gebende*, spendende, männliche Fähigkeit sehr deutlich.

Der erregte, versteifte Penis ist Folge eines Blutstaues. Die Schwellkörper des Penis sind stark arteriell durchblutet. In der Erregung wird der venöse Rückfluß verhindert. Das Blut staut und die Schwellkörper vergrößern und versteifen das Glied. Nach dem Orgasmus entspannt sich die venöse Gefäßblockade wieder, das Blut fließt in den Kreislauf zurück.

Die weiblichen Geschlechtsorgane

Tief im Unterbauch, im sogenannten kleinen Becken, liegt rechts und links je ein Eierstock (= Ovar); sie sind die spezifischen Geschlechtsdrüsen der Frau. In ihnen reift in jedem Zyklus aus einer Ureizelle über die Stadien der Follikel die weibliche Eizelle heran. Bei deren Bildung entstehen im ersten Teil des monatlichen Zyklusses die Östrogene, die weiblichen Hormone, die auf den gesamten Körper einwirken (siehe Hormonsystem).

Im sogenannten Eisprung (= Ovulation), der ungefähr in der Zyklusmitte stattfindet, verläßt die reife Eizelle den Eierstock und wird von dem breiten Ende des Eileiters aufgefangen. Innerhalb von zwei bis drei Tagen wandert die Eizelle nun Richtung Gebärmutter. Das im Ovar zurückgebliebene Follikel bildet sich in den sogenannten Gelbkörper um (er lagert gelbliches Fett ein) und produziert die für die zweite Zyklushälfte wichtigen Hormone, die Gestagene. Auch kleine Anteile männlicher Hormone werden gebildet und dem Blutkreislauf mitgegeben.

Wird die Eizelle auf ihrem Weg durch den Eileiter von einer männlichen Samenzelle befruchtet, nistet sich die „neu entstandene Lebenseinheit" in der dafür vorgesehenen Gebärmutterschleimhaut ein.

Die Gebärmutter (= Uterus) ist ein etwa birnenförmiges Organ, das zwischen Blase und Mastdarm eingebettet ist. Es besteht aus einer Schicht Muskulatur (= Myometrium) außen und einer Schleimhautschicht (= Endometrium) innen. Diese Schleimhaut baut sich in der ersten Phase des Zyklus auf, bereitet alles vor für eine eventuell stattfindende Befruchtung. Wenn keine Befruchtung geschieht, baut sich die Schleimhaut in der zweiten Zyklusphase wieder ab und wird in der Regelblutung als Blut und Schleimklümpchen ausgestoßen.

Die sich an die Gebärmutter nach unten anschließende Scheide (= Vagina) ist der Verbindungskanal nach außen. In dem von den Schleimhautdrüsen ständig erzeugten Sekret bauen mit uns im Wohlwollen lebende Bakterien (= Symbiose), die sogenannten Döderleinstäbchen, Glykogen in Milchsäure ab. Das so geschaffene saure Milieu wirkt Entzündungen, Infektionen und Pilzerkrankungen entgegen.

Die Vorhofdrüsen (= Bartholinischen Drüsen) sitzen im untersten

Teil der Scheide, am Übergang zu den Schamlippen, sie feuchten mit ihrem schleimigen Sekret den Scheideneingang an.

Die bisher genannten Geschlechtsorgane liegen im Verborgenen versteckt. Sind für die „weiblichen Fähigkeiten" geschaffen, nämlich das *Empfangende*, Bergende, Schutz-gebende und Reifende.

Das äußere Geschlechtsorgan ist die Vulva. Dazu zählen die großen und kleinen Schamlippen und der Kitzler (= Klitoris), die reich an Nervenendungen und damit wie die Eichel des Mannes sehr empfindlich sind.

Die Brüste zählen zu den sekundären Geschlechtsmerkmalen der Frau, da sie nicht direkt zur Fortpflanzung dienen, im Gegensatz zu den primären.

Neben dem physiologischen Eisprung, der ungefähr in der Mitte des Zyklus auftritt und mittels der Basaltemperatur und der Schleimhautbeschaffenheit „beweisbar" bzw. erkennbar ist, verweise ich auf den zweiten möglichen Eisprung, der kosmobiologischer Natur ist. Der Arzt Eugen Jonas verbreitete seit 1956 sein Wissen als Astrologe und Gynäkologe und stieß lange Zeit auf „taube" Ohren. Er fand in seiner Forschungsarbeit heraus, daß der Mond (gilt auch als *das* weibliche Symbol) enormen Einfluß auf den Menschen, insbesondere auf den weiblichen Monatszyklus ausübt. Der kosmobiologische oder Mondphasen-Eisprung findet dann statt, wenn die Mondphase genau die gleiche ist wie am Geburtstermin (Tag und Stunde) der Frau. Dieser Eisprung ist unabhängig vom Zyklus! Er kann also während der Periode, davor oder danach oder zur gleichen Zeit sein wie der biologische Eisprung. Keine natürliche Verhütungsmethode ist sicher und zuverlässig, solange nicht auch der Mondphasenzyklus berücksichtigt wird. Näheres und die Berechnungstabellen finden sie in der angegeben Literatur im Anhang (Kosmobiologische Geburtenkontrolle).

Ich kann immer wieder über das Wunder des Körpers und die unermüdliche Detailarbeit staunen. Wieviele Millionen Samenzellen (circa drei bis vier Millionen in einem Samenerguß) werden Tag für

Tag präzise gebildet und für eine bestimme Funktion vorbereitet. Und wieviel verwirklichen Ihren Auftrag? Circa dreihundert bis vierhundert Eizellen reifen in der „gebärfähigen" Zeit zwischen Pubertät und Klimakterium in einer Frau. Die Schleimhaut wird *jeden* Monat darauf vorbereitet, daß sich ein neues Leben einnisten kann.

So lehrt uns der Körper in vielen Organfunktionen – besonders deutlich aber in der Funktion der Geschlechtsorgane, immer und immer wieder bereit zu sein, für seine spezifischen Aufgaben. Mit ganzer Hingabe dabei zu sein, den individuellen Auftrag zu erfüllen, so wie wir Menschen Tag für Tag leben, Tag für Tag die Chance haben, das Leben und die Arbeit mit Liebe zu erfüllen. Denn es ist gleich, *was* wir tun – aber *wie* wir es tun, ist von außerordentlicher Bedeutung.

Die Zellen der Gebärmutter sind der Frau nicht böse, sie sind nicht trotzig, wenn keine befruchtete Eizelle ankommt und sie die Arbeit „umsonst" getan haben. Diese Reaktion kann sich aber in unserem Bewußtsein abspielen. Der weibliche Verstand, das Gefühl und das Wollen reagieren verstimmt, wenn die Frau schwanger werden will und es aus irgendwelchen Gründen nicht „klappt". In unserer Gesellschaft bestehen allerlei Normen, daß eine Frau nun einmal auch Mutter sein *sollte*. Frauen, die keine körperlichen Kinder haben können oder wollen, müßen sich mit den unterschiedlichsten Argumenten auseinandersetzen. Dies hat etwas damit zu tun, die Rolle des Frau-Seins oder Mann-Seins zu übernehmen und sie mitzuspielen. Es ist aber an der Zeit, die Rollen beider Geschlechter zu erweitern. Zunächst im Bewußtsein – dann auch im Alltag. Die Welt hat sich verändert. Wir stehen am Übergang zu einem neuen, feinstofflichen Zeitalter. Die Rolle des Mannes ist es nicht mehr, nur Herrscher und geistiger Lenker zu sein. Die Rolle der Frau ist es nicht mehr, nur Kinder zu gebären. Die Rollen vermischen sich. Zwar werden die Frauen weiterhin die Kinder empfangen und austragen, die Männer den zündenden Funken geben – aber wir werden uns bewußter werden müssen, was Mann und Frau zu sein sonst noch alles bedeutet.

Wenn eine Frau Periodenstörungen hat, sei es, daß die Regelblutung zu früh, zu spät, zu stark oder schmerzhaft ist, liegt die psychische Ursache im „Nicht-ausgesöhnt-sein" mit der eigenen Weiblichkeit, mit der Aufgabe als Frau. Die Menstruation *erinnert* die Frau *jeden* Monat an das Frau-Sein, an Fruchtbarkeit, an Empfangen, Bergen Reifen-lassen. Frauen sind diesem Rhythmus unterworfen, ausgeliefert. Zu hinterfragen sind hier Eigenschaften wie „Bereitschaft, sich zu fügen", Hingabefähigkeit, Bereitschaft, sich zu öffnen und aufzunehmen.

Wenn es zur Befruchtung kam und Schwangerschaftsprobleme auftauchen, ist eine innere Ablehnung des Kindes und/oder die Angst vor den dann auftretenden Konsequenzen zu hinterfragen. Dazu zählen Erbrechen in den ersten Schwangerschaftsmonaten und auch Aborte und Fehlgeburten. Wobei letzteres schon ein „Rauswurf" ist. Oder die Seele des Kindes hat beschlossen, wieder in das „andere Reich" zurückzukehren. Dem liegt zugrunde, daß das werdende Kind eine „ausgewachsene" Seele haben kann und diese Seele im Einvernehmen mit den elterlichen Seelen zur Erde kommen will. Seit der Empfängnis sind die Seelen von Mutter, Vater und Kind in Kontakt und in Auseinandersetzungen. So kommt es vor, daß es sich die Kindes-Seele noch vor der Geburt anders überlegt.

Schwierigkeiten bei Geburten, Verzögerungen und Komplikationen haben meist mit dem „Los-lassen" an sich zu tun. Sei es, daß die Mutter nicht hergeben möchte, was in ihr gereift ist oder sei es, daß das Kind nicht in die zunächst ungewohnte Umgebung will und an der Mutter festhält.

Die weibliche Brust hat mit „Ernährung" zu tun. Die stillende Mutter gibt dem Säugling weit mehr als Nahrung – sie schenkt ihm auch Geborgenheit, Wärme und den so wichtigen Hautkontakt. Das Kind hört den ihm seit Monaten vertrauten Herzrhythmus der Mutter. Wenn Frauen Probleme mit den Brüsten haben oder sich gar dort Tumorzellen bilden, ist zu hinterfragen, ob sie sich „ausgezehrt, ausgelaugt" fühlen. Wen nähren sie an ihrer Brust, wer saugt an ihnen auf der feinstofflichen, geistigen Ebene?

Sterilität bei Mann und Frau ist Ausdruck der oft unbewußten Abwehr oder Angst vor Bindung und Verantwortlichkeit, die durch ein Kind in das Leben tritt.

Wie viele Menschen erleben die Freuden und Leiden im *Hunger nach Beziehungen*. Im Bewußtsein, sich als Teil eines Ganzen zu fühlen, Mann oder Frau zu sein, steigt das Gefühl der Unvollkommenheit auf. Das, was ich nicht bin, *reizt* mich. Dieser Reiz weckt den Appetit, den Hunger oder gar die Gier nach dem anderen. Da liegt es nahe, die Liebe mit dem Essen zu vergleichen.

Achten Sie einmal auf Ihre Eßgewohnheiten. Essen Sie gerne im Stehen, weil „es schnell gehen muß", genießen Sie das Essen, reden Sie „über" das Essen oder „mit" dem Essen oder über ganz andere Dinge? Und übertragen Sie es auf Ihr Verhalten während Ihrer körperlichen Liebe. Sind Sie ganz bei Ihrem Partner, genießen Sie alle Feinheiten, sind Sie mit allen Ihren Wesensanteilen dabei?

Der Partner reizt uns, macht uns Appetit. Wir wollen ihn haben, ihn „vernaschen". Aber solange ich in dem anderen etwas sehe, was ich „haben", gar besitzen will — solange bin ich blind für das, was ich entdecken sollte. Der Sinn jeder Beziehung, jeder Partnerschaft ist es, im Partner die liebende Seele zu erkennen, die die göttliche Quelle und das *Eins-Sein* widerspiegelt. Ich kann durch den Partner letztendlich nichts haben, was ich nicht *in* mir selbst habe.

In dem Wort „Beziehung" steckt der Befriff des „Ziehens". In so mancher Beziehung versucht ein Partner, den anderen auf seine Seite, zu seiner Einstellung hin, „zu ziehen".

Erinnern Sie sich an die drei Arten der Beziehungen — zur Gotteskraft, zur Außenwelt und zu sich selbst. In die Partnerbeziehung projiziere ich leicht, was ich *in mir* suche und wozu ich den Zugang noch nicht gefunden habe. Je mehr ich den Partner als die „bessere Hälfte" sehe und glaube, ohne ihn nicht leben zu können, umso mehr werte ich mich und meine Verbindung zu Gott ab. Vielmehr „spiegelt" der Partner in seinem Verhalten, in seiner Art, worauf ich in mir achten soll, was ich in mir akzeptieren oder integrieren könnte.

Im Höhepunkt der körperlichen Vereinigung, dem Orgasmus, erlebe ich dieses Glücksgefühl, eins mit dem Partner zu sein. Im männlichen Geben und weiblichen Nehmen verschmelzen beide „Gaben" – aber leider nur „kurzzeitig", denn dieses Gefühl läßt sich leider nicht zeitlich festhalten. Es ist auch keine Lösung, den Orgasmus deswegen so oft wie nur möglich zu erleben. Im Orgasmus erleben wir eine sehr hohe Schwingungsfrequenz, eine Ekstase. Sie geht vom unteren, ersten Chakra aus und wirkt wie eine Flamme auf die anderen Chakren. Diese Energie ist viel zu schade, um danach gleich „einzuschlafen". Erlauben Sie sich, diese Energie, diese hohe Frequenz ganz bewußt in den Körper und in die feinstofflichen Körper zu verteilen.

Das gilt auch für den Orgasmus, den man allein erlebt – bei der Selbstliebe, weil es „keinen Partner oder keine Partnerin" gibt. Dann fühlen Sie sich eins mit sich in allen Ihren Anteilen und dem Kosmos. Fühlen Sie sich „all-eins" – verbunden mit dem All. Erkennen Sie wieder die Doppeldeutigkeit unserer Sprache?

Seien Sie sich darüber bewußt, daß Ihre Aura mit der des Partners während einer körperlichen Vereinigung eng verknüpft ist – mit allen Licht- und Schattenseiten. Die Aura-Felder sind nach der Vereinigung für viele Stunden miteinander verbunden. Chris Criscom spricht von achtundvierzig Stunden. Hellsichtige Menschen berichten, daß das Paar über das oberste Kronenchakra durch einen Regenbogen aller Farben für Stunden verbunden bleibt.

Seien Sie sich darüber bewußt, und wählen Sie mit dem Herzen aus. Wenn zu Ihrem Partner eine Lichtbrücke in der Herzebene besteht, dann harmoniert auch die Verbindung des Sexualchakras und des Kronenchakras (Regenbogen). Basiert die Sexualenergie aber nur auf der körperlichen Energie, ohne das Herzchakra miteinzubeziehen, fühlen Sie sich nach dem Orgasmus leer, ausgelaugt oder unwohl.

Den Orgasmus-Schwierigkeiten liegt sehr oft fehlendes „Loslassen-können" zugrunde. Womöglich kommen immer noch Gedanken alltäglicher oder geschäftlicher Art. Wenn ich während der körperlichen Vereinigung im Kopf, beim Denken bin, muß ich mich nicht wundern, wenn die Energie im Bauchraum fehlt. Der Orgasmus heißt in der französischen Sprache: le petit mort – der kleine Tod. Er bedeutet *los-lassen*, Verlust jeglicher Kontrolle. Wer gelernt hat, sich ständig und immer zu kontrollieren, wird es im Orgasmus schwer haben. Dahinter kann auch die Befürchtung oder Angst stecken, was denn da von mir zum Vorschein kommt, wenn ich loslasse. Womöglich kenne ich solche Anteile von mir selbst noch nicht. Das ist letztendlich eine Angst vor sich selbst, ein Zurückhalten der eigenen Energie.

Das trifft auch bei dem Thema Impotenz zu, wenn sich beim Mann der Penis nicht versteift, und ebenso bei Frigidität, wenn die Frau kein sexuelles Verlangen hat. Immer wieder ist das Thema die Angst vor sich selbst. Was passiert, wenn ich diese Energie herauslasse? Wie bin ich dann? Werde ich dann noch geliebt, wenn ich mein „wahres" Gesicht zeige?

Impotenz und Frigidität sind auch Möglichkeiten, sich körperlich zu verweigern. Man traut sich nicht, dem Partner – aus den verschiedensten Gründen – ehrlich zu sagen, daß man mit ihm/ihr nicht zusammen sein will. In der körperlichen Liebe ist ein „ja, aber..." sehr oft ein *nein*. Viele von uns trauen sich nicht, nein zu sagen, wenn ihnen danach ist. Obwohl echte Liebe ganz sicher ein Nein verträgt.

In der körperlichen Liebe bedarf es des „Sich-öffnens" auf beiden Seiten. Ist der Partner gar zu stark, zu dominant, erdrückend oder verletzend? Wenn der andere seine weiche, offene Seite zeigt, kann es dazu führen, daß er sich schnell wieder verschließen wird und seine Hingabe nicht leben kann. Viele sexuelle Probleme pendeln zwischen den beiden Polen von Hingabe und Dominanz.

Seien wir uns bewußt darüber, welche Art von Beziehungen wir schon eingegangen sind, in welcher wir jetzt gerade sind. Erlauben Sie sich ehrlich im Kontakt mit Ihrem Körper zu sein – und mit Ihren Genitalorganen. Erlauben Sie sich, hinzuschauen, wofür Sie den Partner „brauchen". Erkennen Sie in ihm/ihr *seine/ihre* göttliche Kraft – und daß er/sie nicht dazu da ist, Ihre Bedürfnisse zu befriedigen.

Heilende Anwendungen für das Fortpflanzungssystem

Edelsteine für das Fortpflanzungssystem
Der *Bergkristall* mit seinem klärenden, reinigenden Licht ist eine große Hilfe in den Erkenntnisprozessen in Beziehungen und Partnerschaften.

Der *Rutilquarz* ist ein Heilungs- und Harmoniestein für alle akuten Prozesse wie Eileiter-Entzündungen, Prostata-Entzündungen, und so weiter.

Der *Achat* ist ein Geschenk der Geborgenheit, besonders in Schwangerschaften; dann besonders deutlich in den Achat-Scheiben, die in zarten Umhüllungen die Mutter in ihrer neuen Aufgabe unterstützen und schützen, aber auch dem werdenden Leben Schutz und Geborgenheit verleihen.

Der *Jaspis* stärkt mit der erdverbundenen Energie die Unterleibsorgane und hilft, „zur Erde" zu kommen, zum Beispiel während Geburten.

Der *Granat* dient uns in seiner Stärkung, Ermunterung für alles, was *neu* beginnt – ob Schwangerschaft oder Beziehung.

Der *Rubin* verbindet die körperliche und die geistige Liebe. Er führt zur Harmonie und erinnert an die bestehenden Seelenbeziehungen.

Der *Zitrin* und der *Goldtopas* können wahre Helfer sein, wenn im Klimakterium Depressionen und schwermütige Phasen auftreten. Sie stärken das Vertrauen, daß das Leben voller Chancen, Liebe und Freude ist.

Im Zusammenhang mit dem Thema „Liebesbeziehungen" erinnere ich auch an die Edelsteine und Kristalle für das Herzzentrum, die auf verletzte Gefühle und das Gefühlsleben allgemein wertvollen Einfluß haben. Im Alltag kann man die Edelsteine der unteren Chakren ideal in Hosen- oder Rocktasche tragen, beziehungsweise die des Herzchakras an einer Kette in Herzhöhe.

Farbzuordnung
Die kräftig roten bis orangeroten Farben unterstützen das erste und zweite Energizentrum am stärksten. Sie harmonisieren, beleben und verbinden mit inneren Energiequellen.

Heilungsgespräche
Auswählen eines Edelsteines oder Kristalls
  – Individuelle Einstimmung zur Meditation
    (Kontakt zur inneren Führung, Licht-Hülle zur Geborgenheit und zum Schutz)
  – Reinigen und Aufladen des Edelsteins.

Harmonisierung eines der Genitalorgane mit Hilfe der Edelstein-energie
Lege oder halte den Edelstein direkt auf das Organ oder über die Körperstelle, die dich ruft. Stelle dir vor, wie das Licht des Edelsteins in deine Aura hineinstrahlt – öffne die Türen nach innen, damit das Licht auch in das Organ hineinwirken kann. Damit es von der Energie des Edelsteins ganz und gar durchstrahlt wird. Bleibe in voller Liebe und Aufmerksamkeit dabei.

(einige Minuten Zeit lassen)

Heilungsgespräch mit dem Wesen eines Organs
Begrüße dein Organ mit deiner ganzen Liebe und bitte es, eine Gestalt anzunehmen, die mit dir in Kontakt treten kann. Höre gut zu, was dir das Wesen deines Organs zu erzählen hat. Bitte das Wesen, dir dein jetziges Beziehungsmuster aufzuzeigen. Frage es zum Abschluß, was du Gutes dafür tun kannst, was du dazu beitragen kannst, damit es deinem Organ besser geht, damit es heiler wird.

(einige Minuten Zeit lassen)

Danke ihm, verabschiede dich von ihm und schaue mit deinem gei-stigen Auge, wie es in seine ursprüngliche, organische Form zurück-kehrt.

Kontakt zum höheren Selbst
Lenke aus deinem liebenden Herzen – dem Quell von Licht und Liebe in dir – liebevolles Licht zu deinem Höheren Selbst. Begrüße es mit deiner Liebe und öffne dich für eine Botschaft, die „du" ganz spe-ziell nur im Frau-Sein oder Mann-Sein erfüllen kannst. Lasse diese Botschaft deiner Seele in dich einströmen, nimm sie dankbar an und lasse jede Zelle, jedes Organ an dieser Botschaft, an dieser Schwin-gung teilhaben.

(einige Minuten Zeit lassen)

Sei versöhnt mit allem in deinem Wesen als Frau oder Mann. Danke deinem Höheren Selbst für die Heilungsbotschaft.

Heilungs- oder Harmonisierungsritual mit einem hohen Lichtwesen oder einem Engel
Bitte nach der meditativen Einstimmung den Engel der Heilung (oder der Reinigung oder welcher Name jetzt in dir erscheint) aus der geistigen Welt zu dir und deinem Organ. Bleibe aufmerksamer Beob-achter, wo und wie dich das hohe Lichtwesen oder der Engel berührt, was er in dir behandelt, was in dir geschieht.

(einige Minuten Zeit lassen)

Zum Abschluß danke dem hohen Lichtwesen oder dem Engel für sein Erscheinen und seinen Dienst in dir und lasse ihn wieder frei, da-mit er in sein Lichtreich zurückkehre.

Auffüllen oder Heilen der Genitalorgane mit dem Licht und der Liebe aus dem eigenen Herzen

Wende dich deinem Herzen zu, das in dir die Quelle aller Liebe, allen Lichtes ist. Diese Quelle ist unerschöpflich durch die göttliche Flamme in dir. Lasse den Licht- und Liebesstrom deines Herzens nun ganz besonders zu dem Geschlechtsorgan fließen, das deine Aufmerksamkeit ruft. Erschaue es durchströmt und umgeben von deiner Herzensliebe. Fülle es auf damit, soviel es jetzt davon braucht. Begegne deinem Organ mit der Bitte um Vergebung und Verzeihung. Deine Vergebung zu dir selbst, deine Liebe und dein Verständnis sind wahre Heiler in dir.

(einige Minuten Zeit lassen)

Zum Abschluß danke für alles, wie es in dir und um dich ist. Lasse die Quelle deines Herzens in dir wieder kleiner werden. Aber sei dir bewußt, daß sie nie versiegt, solange du lebst.

Verschenken von Farbe an eines der Organe

Lasse dich nun zu einem deiner Geschlechtsorgane führen oder gehe mit deiner ganzen liebenden Aufmerksamkeit zu dem erkrankten Organ hin. Begrüße es in voller Liebe und frage das Organ, welche Farbe es jetzt gerade braucht. Wenn dein Organ dir den Farbimpuls gegeben hat, dann bitte über dein Höheres Selbst um diese Farbe. Lasse sie von oben über dein Kronenchakra in dich einströmen und lenke es zu deinem Organ hin.

(einige Minuten Zeit lassen)

Erschaue dein Organ ganz und gar umgeben und durchstrahlt von der gewünschten Farbe. Dein Organ wird dir ein Zeichen geben, wann es genug damit ist, wenn es aufgefüllt ist mit dieser Energie. Danke zum Abschluß der göttlichen Quelle und deinem Höheren Selbst für die Farbe, die du verschenken durftest.

Kontakt zu deinem andersgeschlechtlichen Wesen in dir
 – *als Frau: Begegnung mit deinem „inneren Mann"*
 – *als Mann: Begegnung mit deiner „inneren Frau"*
Nachdem du dich mit Licht und Liebe aufgefüllt und dir erlaubt hast, dich den lichtvollen Schwingungen deines Edelsteins zu öffnen, wende dich nun deinem tiefsten, innersten Reich (deinem Bilderreich, deinem Wesen) zu.

Erlaube dir nun, dich in deiner Vorstellung in einen lichtvollen Raum einzufinden, in dem du als Frau deinem, dir ganz eigenen, inneren Mann begegnest – als Mann: deiner, dir ganz eigenen, inneren Frau. Lade dein andersgeschlechtliches Wesen ein, dir in diesem Raum zu begegnen. Erschaue das Wesen, das eins mit dir ist, das im Verborgenen dich, deine Empfindungen und Gedanken mitprägt. Wie wirkt sie/er auf dich? Was kommt dir von ihr/ihm entgegen? Kannst du sie/ihn willkommen heißen oder ihr/ihm gar ein Geschenk aus deinem Herzen überreichen?

(einige Minuten Zeit lassen)

Wenn ihr euch alles mitgeteilt habet, was jetzt mitzuteilen war, verabschiedet euch aus dieser Ebene und achte darauf, wo dein andersgeschlechtliches Wesen in deinem Körper sein wird. Verlasse dann auch du diesen lichtvollen Raum in dir.

Zum Abschluß danke deinem inneren Wesen, danke für alles, wie es in dir und um dich ist, für alles, was möglich ist und finde wieder bewußt in die Außenwelt zurück.

Kontakt oder Gespräch mit deiner Seele
Deine Seele ist verbunden mit der Urquelle, mit „Vater-Mutter-Gott" (Friedensevangelium der Essener). *Sie ist dein unsterblicher Anteil in dir, der alles von dir weiß.*

Gehe nun tief in dich hinein und finde dich auf der Ebene ein, auf der dir deine Seele in einer für dich geeigneten Form begegnen, sich dir mitteilen kann. Deine Seele weiß von allen Erfahrungen und Prä-

gungen, die du als Frau und Mann erlebtest. Sie ist gerne bereit, sich dir über dein Höheres Selbst oder deine inneren Stimme mitzuteilen. Es mag sein, daß du wie im Zeitraffer erlebst, daß du schon oft in früheren Leben mal ein Mann und mal eine Frau warst.

Du erfährst, warum es sinnvoll war, mal das eine und mal das andere gewesen zu sein und es erlebt zu haben. Und du erkennst, warum du heute Mann oder Frau bist – und für welche Erfahrungen du den Gegenpart brauchst. Welche Fähigkeiten in deinem heutigen Leben verschüttet, unterentwickelt waren und du sie deshalb im Anderen gesucht hast.

(einige Minuten Zeit lassen)

Danke deiner Seele für alles, was du durch sie erfahren und gespürt hast. Sei bereit, wieder zurückzukehren und mit deiner Aufmerksamkeit in deinem Leben „jetzt" zu erscheinen.

Erlaube deiner Aufmerksamkeit, sich in deinem Körper im Herzen einzufinden. Auch dein Herz ist weder männlich noch weiblich, es ist beides. Wie eine Quelle, nimmt und gibt es. Es empfängt das Blut und gibt es sogleich weiter. Werde dir bewußt, daß auch du beides in dir hast. Deine Genitalorgane sind dir eine Hilfe, „eine" Erfahrung des männlichen oder weiblichen Bereichs „besonders intensiv" zu leben. Danke für diese Chance – und genieße es.

Erinnere dich nun deines Lebensstromes; auch er ist männlich und weiblich zugleich und deiner Seelenschwingung ähnlich. Erlaube dir, in Kontakt zu sein mit dem dich durchfließenden Lebensstrom, der alle Wesensanteile in dir liebevoll und unterstützend berührt.

Danke deiner inneren Führung, danke der Urquelle von Licht und Liebe.

Bewege dich sanft in deinem Körper, strecke oder recke dich, atme bewußt ein und aus und komme mit einem tiefen Atemzug wieder in das Außen zurück.

– Ende der Meditationen –

Omraam Mikhael Aivanhov nimmt in seinem Buch „Liebe und Sexualität" (siehe Literarlise im Anhang) Bezug auf die unterschiedliche Energieaufnahme bei Mann und Frau. Der Mann nimmt Energie mehr von oben auf, von der geistigen Ebene her und gibt die Energie nach unten ab. Die Frau dagegen nimmt die Energie von unten auf, von der Erde her, und gibt sie nach oben ab. Wir können das ganz einfach einbauen in unsere alltäglichen Lichtschutzübungen. Noch bevor eines jeden Alltag beginnt, vergegenwärtigen Sie sich Ihre lichtvolle Aura, bilden einen Lichtschutz um Ihre Aura, die nur Licht und Liebe durchläßt und alles Graue und Negative abprallen läßt oder auflöst. Als Mann legen Sie besonders starken Schutz auf den oberen Teil der Lichthülle, als Frau auf den unteren Teil.

Das Abwehrsystem und die Lymphe

Gehe deinen eigenen Weg,
alles andere ist Irrweg.

(14)

Ein Netz — so dünn wie Seidenfäden — durchzieht unseren ganzen Körper. Es sind die Lymphbahnen. Ähnlich wie die Blutgefäße ist jeder kleinste Teil im Körper versorgt mit Lymphgefäßen. Die Lymphe selbst nennt man auch Gewebsflüssigkeit, sie kommt überall im Gewebe vor. Sie wird von den Lymphbahnen aufgenommen und entlang der Lymphgefäße, die im Aufbau denen der Venen ähneln, von der Peripherie zum Körperinneren weitergeführt. Dabei passiert die Lymphe mehrmals die Lymphknoten, das sind die Filter- und Reinigungsstationen im Lymphgefäßnetz.

Die Lymphe enthält eine große Anzahl weißer Blutkörperchen (= Leukozyten) und Lymphozyten. Sie haben die Aufgabe, das, was nicht physiologisch in den körperlichen Organismus gehört, abzuwehren und gegebenenfalls zu vernichten. Das Abwehr- oder Immunsystem entspricht der „Polizei" oder dem Militär in der Außenwelt. Erinnern Sie sich des kosmischen Gesetzes: wie innen — so außen, im Mikrokosmos wie im Makrokosmos. Es sorgt für die „innere Ordnung" und dafür, daß feindliche Mächte nicht die Übermacht bekommen und den Körper (den Organismus) zerstören.

Das Thema *Abwehr* kann für uns Menschen ein heikles Thema sein, wenn wir die Liebe „falsch" verstehen. Wenn doch die Liebe alles integriert und für Frieden und Harmonie sorgt, wieso gibt es dann solche Soldaten in uns, die etwas abwehren oder vernichten müssen?

Wir leben in einer Welt, in der so vieles seine Berechtigung zum Leben hat. Ein Bakterium, ein Virus, eine Pilzspore — jedes besitzt eine

Information und eine Lebensberechtigung und wird mit allen ihm zur Verfügung stehenden Mitteln versuchen, diese Information und dieses Leben weiterzugeben. Nun gibt es sehr verschiedene Organismen. Unser Körper zum Beispiel ist nur unter bestimmten Bedingungen lebensfähig. Kaltblütige Fische brauchen andere Lebensbedingungen als warmblütige Säugetiere. Der menschliche Körper bietet Entfaltungsmöglichkeiten für viele Arten von Kleinstlebewesen, wie zum Beispiel die Darmbakterien, die ganz und gar in Freundschaft, in Symbiose mit uns leben und uns sogar bei dem Aufbau eines Vitamins behilflich sind. Auch ein bestimmter Pilz lebt ganz physiologisch immer auf unserer Haut und hält uns dadurch andere, viel schädlichere Pilze „vom Leibe". Und doch brauchen wir für unsere Harmonie und unser Gleichgewicht eine Abwehrinstanz, eben die Lymphe mit ihren Helfern, die darüber wachen, wer sich in uns mitbewegt, oder ob bei einer Hautverletzung zu viele fremde Erreger eindringen, oder ob durch die Atemluft oder durch die Nahrungsaufnahme Fremdlinge sich zu sehr ausbreiten wollen.

In diesem Sinne ist es wichtig, die körperliche Abwehr als ein *Verteidigungssystem* zu verstehen. Unsere weißen Blutkörperchen besitzen *keine Machtansprüche*, wie wir sie in der Außenwelt oder auch in unseren Gedanken kennen. Sie bekämpfen keine anderen Wesen zu ihrem eigenen Nutzen oder zu ihrem eigenen Profit.

Der Körper ist ein in sich abgeschlossenes System, daß durch das Immunsystem bewacht und instandgehalten wird. Wird die Unordnung, das Chaos an einem Ort (Organ) zu groß, gibt die Abwehr Alarm an den ganzen Körper. Zum Beispiel veranlaßt die Abwehr bei einer Entzündung, die lokal nicht mehr in Schach zu halten ist, generalisiertes Fieber. Dann ist der ganze Körper am „Kampf" beteiligt. Steigt die Körpertemperatur um ein Grad Celsius höher, steigt die Stoffwechselrate des Körpers um das Doppelte! In den höheren Temperaturen werden die Erreger oder ihre giftigen Stoffwechselprodukte „verbrannt". Wenn wir also die gesunde Reaktion „Fieber" drosseln, begehen wir Sabotage an den eigenen Abwehrkräften. Viele Erwachsene bekommen heutzutage gar kein Fieber mehr, weil ihre Abwehr durch zuviele Unterdrückungen schon gar nicht mehr weiß, wie Fieber als Helfer zu produzieren ist.

Auch Impfungen haben in unserem Immunsystem zum Teil irreversible Schäden hinterlassen. Aus der naturheilkundlichen Sichtweise sind Impfungen zu einer unpassenden Zeit übergestülpte Informationen. Ein Kind, das geimpft wird, ist von der geistig-psychischen Seite nicht auf die Krankheitsinformation vorbereitet, deshalb der Ausdruck „zur unpassenden Zeit". Die fertige Information, die meist mit einer Impfung in den Körper kommt, nimmt dem Kind (oder auch dem Erwachsenen) die Chance, selber zu lernen, selber seine eigene Erfahrung zu sammeln, wie es mit dem Erreger umgehen kann. Auf diesem Gebiet wird sehr stark manipuliert. Die Eltern, meistens die Mütter, werden verängstigt, wenn sie gefragt werden: Wollen Sie, daß Ihr Kind Polio oder Tetanus oder sonstige Krankheiten bekommt? Natürlich „will" das niemand. Aber vom Verständnis her, was Lebenskraft und Krankheit ist, wissen wir, daß wir darauf nur bedingt Einfluß haben. Eltern sind aufgerufen, sich vorher zu informieren und sich mit dem Thema Impfung auseinanderzusetzen. Es gibt heute gute Literatur über Impfungen und ihre Folgeschäden. Es waren nicht die Impfungen, die die Seuchen früherer Zeiten beseitigt haben, sondern andere Hygienemaßnahmen und Ernährungsumstände. Wir leben heute in ganz anderen Umweltbedingungen, die neue Anforderungen an uns stellen. Doch zurück zu den Soldaten und Wächtern in uns.

Im Immunsystem gibt es verschiedene Abteilungen. Im sogenannten humoralen Abwehrsystem übernehmen es die B-Lymphozyten, spezifische Antikörper zu bilden. Diese Antikörper gehen mit den Erregern oder mit den Antigenen unauflösbare Komplexe ein. Ein Antikörper ist mit einem „Kamikaze-Soldaten" zu vergleichen, der durch seine Handlung selbst zu Tode kommt, sich in seiner Bestimmung für den Organismus opfert.

Im zellulären Abwehrsystem werden die T-Lymphozyten in der

Thymusdrüse geschult. Es werden sogenannte Gedächtnis-Zellen (= memory-cells) ausgebildet, die ihr Leben lang die Aufgabe haben, ganz bestimmte Keime, zum Beispiel Masern-Erreger oder Röteln-Erreger, zu erkennen und zu vernichten. Außerdem gibt es die großen und kleinen Freßzellen, die die Keime einfach schlucken, in sich aufnehmen und sie dort in ihrem Inneren auflösen (Vorgang der Phagozytose).

Sogenannte Killer-Zellen stürzen sich auf den Feind, töten ihn, indem sie seine Zellwand zerstören, sprengen zum Beispiel ein Loch hinein. Keine Zelle kann im Organismus mit einer defekten Zellwand bestehen. Durch die verschieden konzentrierten Lösungen innerhalb und außerhalb der Zellen platzen sie – ähnlich wie im Weltall; wäre die Luke eines Raumschiffes geöffnet, würde sie aufgrund der atmosphärischen Druckunterschiede im- oder explodieren.

Spezielle Helferzellen sind zu klein, um selbst „großen Schaden" anzurichten. Sie sind dazu ausgebildet, die Antigen-Antikörper-Reaktionen zu aktivieren, sie anzuregen. Oder sie verraten einen Feind an eine Freßzelle oder erregen die Aufmerksamkeit der Killerzellen. Wie könnte es Kampfstrategien im Außen geben, wenn sie nicht auch *in uns* wären? Wie innen – so außen.

Jeder Organismus, jedes abgeschlossene System weist seine geschriebenen und ungeschriebenen Gesetze auf. Das Immunsystem wacht darüber, wer diese Gesetze überschreitet und leitet Gegenmaßnahmen ein.

Erlauben wir uns in unserem Organismus solche Wächter. In der Ausübung ihrer Aufgaben schrecken sie selbst vor dem Tode nicht zurück; sie sind bereit, für unser System zu sterben.

Ein gesundes, harmonisches Abwehrsystem ist wichtig für ein gesundes, harmonisches Dasein. Wie in allen Bereichen können wir es auch hier übertreiben oder in den Gegenpol rutschen.

In einem der vorigen Kapitel habe ich die Allergie beschrieben, in der der Körper einen *Ersatzfeind* bekämpft. Hintergrund ist die nicht eingestandene Aggressivität gegen den "echten" Feind. Eine weitere gegen sich selbst gerichtete Aggressionskrankheit kann der rheumatische Formenkreis werden, wenn die eigenen, schützenden Knorpel in den Gelenken vernichtet werden.

Tragischer wird es im Falle von AIDS, der „erworbenen Immunschwäche". Für die naturwissenschaftliche Medizin ist der HIV-Virus der große Übeltäter. Neuere Untersuchungen haben aber ergeben, daß einige der betroffenen Menschen, die nach dem Symptomenbild an AIDS erkrankt sind, den HIV-Virus *nicht* im Blut haben. Der Virus ist es also nicht allein. Die zukünftigen Forschungen werden uns neue Erkenntnisse und damit neue Einsichten als die bisherigen bringen. Eine Sichtweise zum Verständnis des geistigen Hintergrunds von AIDS ist „falsch-verstandene-Liebe". In einem Menschen kann sich durch zuwenig, nicht genügende Liebe ein Verlassenheitsgefühl auf der seelisch-geistigen Ebene entwickeln. Unbewußte Schuldgefühle verstärken den Konflikt, wenn eine „andere" Art von Sexualität gelebt wird, als es die „Norm" wäre. Erinnern wir uns daran, daß Homosexuelle und Prostituierte zunächst die in größerer Anzahl Betroffenen waren. Später entwickelte es sich zum kollektiven Thema. Im geistigen Verständnis der AIDS-Erkrankten fehlt der „Selbstbezug", die Abwehr sieht keinen Sinn mehr in der Verteidigung. „Niemand ist zu Hause", die Abwehr erlahmt, ist müde. Es fehlt der *Wert*, sich zu verteidigen und sich zu wehren. Diese falschverstandene Liebe öffnet nun allen Erregern Tür und Tor, wertet nicht mehr, kämpft nicht mehr und der Betroffene stirbt an banalen Infekten.

Lernen wir unsere Abwehrorgane und ihre Arbeit lieben und schätzen. Seltsamerweise sind es Organe, von denen wir uns schnell trennen, so zum Beispiel die Rachen- und Gaumenmandeln (= Tonsillen) und der Wurmfortsatz (Appendix = Blinddarm). Die Rachen- und Gaumenmandeln und die lymphatischen Seitenstränge sind die ersten Filter- und Reinigungsstationen für die Atemluft und für die Nahrungsaufnahme. Bevor sie entfernt werden, was besonders häufig im Kindesalter geschieht, sollten wir erkennen, gegen *was* sich derjenige wehrt! Was spielt sich in Familie, Kindergarten oder Schule ab, daß derjenige so sehr körperlich kämpft?

Der Wurmfortsatz am Blinddarm ist die „Mandel" des Bauchraumes. Viele Lymphknoten sind als Filterstationen zwischen den Därmen verteilt, wobei der Wurmfortsatz eine zentrale Stellung einnimmt. Anhäufungen von Lymphknotenzentren sind an den Halsseiten und in den Gelenkbeugen, so zum Beispiel in den Achseln, den Ellenbeugen und den Leistenbeugen. In Zeiten großer Aktivitäten durch Entzündungen können sie anschwellen und druckschmerzhaft werden.

Die Milz im seitlichen linken Oberbauch zählt auch zu den lymphatischen Organen. Sie überwacht nicht nur die Arbeitsfähigkeit der Blutkörperchen, sondern sie ist ein wesentlicher Ort (neben Knochenmark und Leber) der Bildung von Lymphozyten und ein Ort der Antikörperbildung.

Eine zentrale „Schulungsstation" des Immunsystems ist die Thymusdrüse. „Thymos" bedeutet Lebenskraft. Sie liegt im oberen Brustkorb hinter dem Brustbein. Bis zur Pubertät ist sie unsere Wachstumsdrüse und steuert das Körperwachstum, zeitlebens aber ist sie die Drüse für das Abwehrsystem. Hier werden die T-Zellen gebildet, die dann ihre Aufgaben als Freßzellen, Killerzellen, Gedächtniszellen und so weiter zugeteilt bekommen. Im Beispiel der Zellen als Soldaten entspricht die Thymusdrüse der Militärakademie. Falsch behandelte, unterdrückte Kinderkrankheiten und Impfungen hinterlassen hier zum Teil irreversible Spuren.

Heilende Anwendungen für das Immunsystem

Edelsteine für das Immunsystem
Der *Bergkristall* in der reinigenden, stärkenden Kraft appelliert an die Ehrlichkeit in sich selbst und unterstützt Erkenntnisprozesse.
Der *Rutilquarz* hilft als Heilungs- und Harmoniestein in allen akuten

Entzündungen. Er fördert die Erkenntnis und das Annehmen des Geschehens.

Der *Chrysokoll* und der *Malachit* sind grüne, regenerierende Kräfte. Sie unterstützen die Erkenntnisse der Licht- und Schattenseiten und der individuellen Bedürfnisse. Erwähnt seien hier alle Steine und Kristalle, die das vierte Energiezentrum (Herzchakra) und somit die Thymusdrüse mit Energie versorgen.

Der *Hämatit* wirkt stärkend auf die Lebenskraft, wenn während oder nach einer Krankheit körperliche Schwächen auftreten.

Der *Karneol* ist ein Helfer und Unterstützer des Lebensflusses, zum Beispiel bei Lymphstauungen.

Farbzuordnung
Für die Aktivierung und Regeneration der Thymusdrüse ist die grüne Farbe besonders ansprechend. Für akute, heiße Prozesse sind blaue Farben hilfreich.

Heilungsgespräche

Für ein Heilungsgespräch mit den lymphatischen Organen wählen Sie sich einen entsprechenden Edelstein oder Kristall und halten Sie ihn bei akuten Entzündungen zum Harmonisieren des Organs direkt auf das erkrankte Organ. Oder legen Sie den Stein auf die Thymusdrüse bei einem zentralen Abwehr-Thema.

Wenn Sie im Kontakt mit Ihrem Höhren Selbst sind, dann bitten Sie um die Erkenntnis, was Sie dazu tun können, Ihr Immunsystem zu stärken. Oder um die Information, welche Bereiche es sind, die Sie meiden, in denen Sie sich nicht trauen, sich zur Wehr zu setzen.

Wenn Sie die Heilungsmeditation mit der Unterstützung eines hohen Lichtwesens ausführen, dann bitten Sie den Engel der Verteidigung zu sich und achten Sie darauf, wo er Sie hinführt, wie er Sie beispielhaft verteidigt, wie er Sie bewacht.

In diesem Zusammenhang erinnere ich an das hohe geistige Wesen, den Erzengel Michael mit seinem Flammenschwert, der im Kampf zwischen „Gut und Böse" achtsam, aber sicher sein Schwert der Entscheidung einsetzt.

Eine spezielle Heilungsmeditation für das Immunsystem
Kontakt zu einem Immunsystems-Wächter.
Nach dem Auswählen und Reinigen eines Edelsteines und der meditativen Einstimmung begib dich mit deiner ganzen Aufmerksamkeit, Liebe und Fürsorge zu einem der Lymphknoten in deinem Körper. Erlaube dir, mit einem der dort tätigen Wächter in Kontakt zu kommen. Begrüße ihn in deiner Liebe. Bitte ihn, dir zu erlauben, daß du ihn auf seinem Kontrollgang durch den Körper begleiten darfst. Lasse dich von ihm führen und dir zeigen, wie deine Lymphknoten-Filterstationen funktionieren, wie alles kontrolliert und überprüft wird. Welche enorme Detailarbeit es ist, die zerstückelten Bakterienwände, Parasitenteile und ähnliches wieder zu eliminieren und dem normalen Blutkreislauf mitzugeben, damit sie auf natürlichem Weg über die Nieren ausgeschieden werden können.
Du folgst dem Wächter auf dem Weg durch die Lymphbahnen. Immer und immer wieder nimmst du emsige Arbeiter wahr. In Höhe des oberen Brustkorbes mündet der größere Lymphweg in den Blutkreislauf − und ihr werdet beide ein großes Stück über die Blutbahn mitgenommen. Am Ende einer kleinen Arterie verlaßt ihr die Blutbahn und gelangt von innen her an eine Hautstelle, die von außen einen „kleinen Kratzer" erlebt hat. Durch die verletzte geöffnete Haut sind ein paar Erreger eingedrungen, die von dem dortigen Wachposten aber sogleich als Fremdlinge erkannt und schon unschädlich gemacht wurden. Eine kleine Schwellung zeigt an, daß Helfer aus nächster Nähe dazueilten. Ihr seid noch Zeugen der letzten Aufräumarbeiten.
So begebt ihr euch wieder in eine Lymphbahn, fließt mit anderen Wächtern über Lymphknotenstationen ins Blutsystem − werdet ganz

woanders im Körper wieder abgeladen. Dein Begleiter ist aufmerksam auf allen Wegen, er achtet darauf, daß alles im Körper in Ordnung ist, daß die geltenden Regelungen eingehalten werden. Auf eurem Weg kommt ihr durch ein Organ, in dem sich viele Helfer an einer überdurchschnittlich großen Zelle zu schaffen machen. Dein Begleiter erklärt dir, daß dies eine Tumorzelle war. Sie verließ ihren Zellverband, begann ihr Eigenleben und wucherte über ihre Grenzen. Eine Helfer-Zelle entdeckte sie und machte eine Killer-Zelle auf sie aufmerksam. Die Killer-Zelle begann ihre ganz spezielle Arbeit, setzte sich an der Tumorzellwand fest und sprengte ein Stück heraus. Das Gift der Killer-Zelle drang in die Tumorzelle ein und ließ sie langsam aber sicher absterben. Inzwischen haben sich mehrere Freßzellen um die Tumorzelle versammelt und begonnen, sie aufzulösen. Der Wächter erzählt, daß seine Kollegen immer wieder einmal eine Tumorzelle erkennen und sie vernichten.

Auf eurem Weg gelangt ihr auch in die Lymphstationen des Darms. Auch hier wird gearbeitet an allen Keimen, die der aggressiven Salzsäure des Magens entgehen konnten und jetzt erst im Darm ihre Ausbreitung beabsichtigen.

Wenn du magst, folge dem Wächter noch zu weiteren Kontrollstationen.

(einige Minuten Zeit lassen)

Zum Abschluß bedanke dich bei deinem Begleiter für seine Erläuterungen – und für seine Arbeit.

Fühle dich mit deiner ganzen Aufmerksamkeit, deiner Liebe und deinem Licht in Unterstützung der Edelsteinenergie in deinem ganzen Körper ein. Lade deine Liebe und deine Dankbarkeit ein, sich in dir auszudehnen.

Danke deinem Höheren Selbst, danke Gott-Vater und Mutter-Erde für alles, wie es in dir und um dich ist. Finde in deinem Tempo ganz bewußt wieder in die Außenwelt zurück.

– Ende der Meditation –

Das Hormonsystem

REIKI-Lebensregeln:
Gerade heute – sei nicht ärgerlich.
Gerade heute – sorge dich nicht.
Ehre deine Lehrer, Eltern und die Älteren.
Verdiene dein Brot ehrlich.
Sei dankbar gegenüber allem, was lebt.

Dr. Mikao Usui

Unser Körper ist in vieler Hinsicht ein Wunder – dies wird besonders deutlich, wenn man sich mit dem Hormon- und Nervensystem beschäftigt. Da kann man nur hochachtungsvoll staunen, wie einzigartig alles in uns funktioniert.

Der Körper versucht ständig, ein Gleichgewicht gegenüber allen äußeren Einflüßen zu erhalten, eine Ausgewogenheit herzustellen. Diese Konstanz des inneren Milieus nennt man *Homöostase*. Dazu gehört der Wärme-Kälte-Haushalt, das Säure-Basen-Gleichgewicht, der Blutzuckerspiegel und vieles mehr. Das bedeutet, daß bestimmte Körperfunktionen ständig angeregt bzw. gebremst werden. Dazu gibt es in unserem Körper zwei Regulationssysteme, nämlich das Hormonsystem, das langsam, aber anhaltend arbeitet und das Nervensystem, das zeitlich gesehen „kurzlebig", dafür aber sehr schnell ist.

Die meisten Hormone werden in Drüsen gebildet und bewirken in kleinsten Mengen größte Wirkungen (griech. hormon = in Bewegung setzen, antreiben). Wir kennen antriebssteigernde Hormone (männliches Prinzip) und bremsende, reaktionshemmende Hormone (weibliches Prinzip). Nach ihrer Bildung in den Drüsen werden sie einfach an das Blut, unseren Lebenssaft, abgegeben und werden im „Huckepack-Verfahren" von Eiweißkörpern im Blut bis an den Bestimmungsort mitgenommen, das heißt, die Hormone sind abhängig von der Fließ- und Diffusionsgeschwindigkeit der Körpersäfte.

Hormone sind *Botenstoffe*, die den Geweben Befehle erteilen oder, anders ausgedrückt, es sind die Schlüssel zu unseren Zelltüren für ganz bestimmte Stoffe. So wie das Thyroxin, das Hormon der Schilddrüse, der Schlüssel für Sauerstoff ist (es fördert den Stoffwechsel, die Verbrennung durch Sauerstoff), so ist Insulin, das Bauchspeicheldrüsenhormon, der Schlüssel für Kohlenhydrate.

Sie wirken in winzigen Mengen. Eine homöopathische Potenzierung von der D12 hat im Hormonsystem eine auslösende oder bremsende Wirkung. Die Schilddrüse eines Menschen zum Beispiel gibt im Laufe eines ganzen Lebens nur zwei Gramm Hormon in das Blut ab und hält damit die Energieproduktion in Gang und die Stimmung aufrecht. Ein tausendstel Gramm Insulin reicht aus, um den Blutzuckerspiegel von zweihundert Menschen im Gleichgewicht zu halten. Vier Wochen nach der Befruchtung wird in einem Embryo mit einem y-Chromosom Testosteron (männliches Hormon) gebildet, und es beginnt die Entwicklung des Hodens.

In unserem Organismus unterliegen die Hormone bestimmten Regelkreisen, sogenannten Feed-back- oder Rückkopplungsmechanismen. Es werden an bestimmte Kontrollstellen die „Ist-Werte" im Blut gemeldet, mit dem „Soll-Wert" verglichen und gegebenenfalls Korrekturen veranlaßt. Durch Hormongaben von außen greifen wir *immer* in diese oft komplizierten Regelkreise ein, zum Beispiel durch Kortisongaben oder die Einnahme von Anti-Baby-Pillen.

In der nun folgenden Aufzählung beginne ich mit der obersten Drüse, die noch am engsten mit dem zentralen Nervensystem (ZNS) verbunden ist und den Bezug zu dem höchsten Energiezentrum, zum siebten Chakra, hat — mit der Zirbeldrüse.

Die *Zirbeldrüse* oder *Epiphyse* ist unsere „biologische Uhr". Sie reagiert auf das Tag- und Nachtgeschehen. Sie ist ein auf den rhythmischen Lichtwechsel ansprechendes, neurovegetatives Steuerorgan. Sie liegt am Dach des Zwischenhirnes und ist etwa erbsengroß.

Die Epiphyse unterliegt einem größeren, von den Jahreszeiten abhängenden Rhythmus. Sie aktiviert in der Pubertät die Keimdrüsen, sie löst dort Reifungs- und Wachstumsprozesse aus (Verbindung zur Sexualität und Spiritualität). Sind die Keimdrüsen voll ausgebildet, hemmt die Epiphyse die Wirkungen von Geschlechtshormonen. Ihre bisher unentdeckten Wirkstoffe stellt sie hauptsächlich nachts her, was sie dem weiblichen Prinzip nahebringt.

Diese kleine Drüse nimmt im körperlichen Gleichgewichtssystem einen sehr wichtigen Platz ein. Man nennt sie auch das *Herz der psychosomatischen Steuerung*. Durch Yoga wissen wir, daß die Aktivierung der Epiphyse spirituelle Meisterschaft verleihen kann. Die Epiphyse gehört nämlich zu den *Haupt- oder Meisterdrüsen*. Das sind Drüsen, die aus spiritueller Sicht regelrechte Energiegeneratoren sind, die es dem Bewußtsein ermöglichen, sich auszudehnen. Sie nehmen Energien wahr, die sich schneller als mit Lichtgeschwindigkeit bewegen, das heißt, es sind die Organe, die dazu dienen, telepathisch allgegenwärtig zu sein. Es ist die höchste Drüse in uns, die Verbindung zu unserem höchsten, dem siebten Chakra hat und uns ermöglicht, uns mit dem auseinanderzusetzen, was sich außerhalb von uns befindet.

Der *Hypothalamus* ist die nächstfolgende Station, sie ist ebenfalls ein Teil des Zwischenhirns, also eng verwoben mit dem ZNS. Hypothalamus und Hypophyse sind wichtige Sammel- und Umschaltstellen für alle Informationen aus der Umwelt *und* Innenwelt. Es sind die *Tore zum Bewußtsein*.

Im Hypothalamus laufen wichtige Regulationsvorgänge ab, wie Wärmeregulation, Wach- und Schlafmechanismus, Blutdruck- und Atmungsregulation, Genitalfunktion, Fett- und Wasserstoffwechsel, Schweißsekretion usw. Hier werden Releasing-Faktoren (freisetzende) und Inhibiting-Faktoren (hemmende) gebildet.

Die *Hypophyse* oder auch Hirnanhangsdrüse ist ebenfalls etwa erbsengroß, sie sitzt genau zwischen unseren Augen, aber tief im Gehirn, ganz geschützt in Schädelknochen gebettet. In ihr werden gebildet:
- die Wachstumshormone, die den Stoffumsatz und das Wachstum fördern,
- die Hormone, die auf die Geschlechtsdrüsen wirken, wie zum Beispiel das FSH (= follikelstimulierendes Hormon), das Prolaktin (= milchdrüsenstimulierendes Hormon), das luteinisierende Hormon, das den Umbau des Eierstockfollikels in den Gelbkörper bewirkt, beziehungsweise auf die Samenfadenbildung in den Hoden wirkt,
- die Hormone, die auf andere Drüsen wirken, zum Beispiel auf die Schilddrüse oder auf die Nebennierendrüsen,
- das Oxytoxin, das die Eingeweidenmuskulatur zusammenziehen läßt und das Adiuretin, das wertvolles Wasser aus dem Nierenkreislauf zurückgewinnt usw.

Die Hypophyse wird vom sechsten Energiezentrum, vom Stirn-Chakra, beeinflußt. Sie sitzt dort, wo wir auch unser „Drittes Auge" finden.

Epiphyse, Hypothalamus und Hypophyse gehören zu den Meisterdrüsen, zu den übergeordneten Drüsen, die in der Naturwissenschaft noch wenig erforscht und in Anatomiebüchern kaum beschrieben sind. Für unsere geistige Entwicklung sind sie immens wichtig. Sie lösen höheres Bewußtsein aus und ermöglichen es uns, „Höheres" zu erfahren. Sie sind Sender beziehungsweise Antennen, welche Informationen mit einer unvorstellbaren Geschwindigkeit übermitteln und empfangen. Wir brauchen sie für alles, was wir im Zusammenhang mit Bewußtseinserweiterung und Bewußtseinserhöhung erleben.

Die *Schilddrüse* liegt vorne im Hals, am Übergang vom Hals zum Brustkorb. Das jodhaltige Hormon der Schilddrüse (Thyroxin) ist der Schlüssel, durch den alle Stoffwechselvorgänge und deren Geschwindigkeit im Körper beeinflußt werden. Vereinfacht könnte man sagen, die Schilddrüse „gibt Gas" oder „nimmt Gas weg".

Bei der Schilddrüsenüberfunktion liegt auch eine seelische Überfunktion vor. Zu hinterfragen ist hier: Erkaufe ich mir Liebe durch Leistung? Auch der Anspruch auf Perfektionismus liegt hier verborgen. Der Organismus wird dabei ständig überfordert. Es entsteht ein vegetativer Alarmzustand.

Der Mensch mit einer Unterfunktion läßt sich Zeit, sucht keine geistigen Arbeiten und arbeitet lieber morgen als heute, und das nur, wenn es unbedingt sein muß. Vielfach ist der Regelkreis von außen (iatrogen) gestört worden, etwa durch jahrelange Anti-Baby-Pilleneinnahme oder durch Metalle (zum Beispiel durch die Zahnfüllung Amalgam), die sich auf das Hormonsystem, auf das Endokrinum auswirken.

Für den Körper ist die Schilddrüsen-Überfunktion wesentlich belastender. Es ist wichtig, die seelischen Belastungen abzubauen, um „innerlich" zur Ruhe zu kommen. Bei dem Abbau von Ängsten wird der Schilddrüsenkranke auch an seine versteckten Aggressionen geführt, die er gerne leugnet. Hinzu kommt ein starkes Bedürfnis, bemuttert und umsorgt zu werden, was er durch ein fast zwanghaftes Bedürfnis kompensiert, für andere zu sorgen. Er strebt unaufhörlich nach Unabhängigkeit, obwohl er sich am liebsten anlehnen möchte.

Die *Nebenschilddrüsen* sind vier linsengroße Gebilde an den Polen der Schilddrüse. Ihre Hormone regeln den Calcium- und Phosphorhaushalt, welcher eine Wirkung auf den Knochenbau, die Blutgerinnung und die Tätigkeit der Muskeln ausübt.

Die Schilddrüse und die Nebenschilddrüsen werden energetisch vom fünften Chakra, dem Kehl-Chakra, beeinflußt.

Die *Thymusdrüse* gehört zu den Drüsen *und* zu den lymphatischen Geweben. Im Kapitel über das Abwehrsystem wurde ihre

Funktion zum Teil schon beschrieben. Man nimmt an, daß die Thymusdrüse einige steuernde Hormone oder Faktoren bildet, die naturwissenschaftlich noch nicht genau bestimmt sind. Sicher ist, daß das Vorhandensein von Geschlechtshormonen im Blut, während und nach der Pubertät, die Thymusdrüse in der Funktion als „Körperwachstums-Drüse" hemmt. Sie schrumpft in ihrer Größe, aber sie bleibt zeitlebens *die* Drüse für das Abwehrsystem.

Diese Drüse wird energetisch vom vierten Chakra, dem Herz-Chakra, versorgt.

Die *Bauchspeicheldrüse* bildet drei verschiedene Exkrete, das sind die Verdauungssäfte, die sie direkt in den Darm abgibt, und zwei Inkrete, das sind die Hormone Insulin und Glukagon, die sie direkt in das Blut entsendet. Sie liegt versteckt hinter dem Magen im linken Oberbauch.

Glukagon wirkt in der Leber arbeitsantreibend, es erhöht den Blutzucker, denn Glykogen wird über Enzyme zu Zucker umgebaut. Das Insulin senkt den Blutzucker, es ist der Schlüssel für den Zucker, damit er in das Zellinnere gelangen kann. Für den Insulinaufbau wird das Spurenelement Zink gebraucht.

Die Bauchspeicheldrüse ist eine oft vergessene Drüse, dabei ist sie lebenswichtig − wie alles in uns. Sie hilft uns im Umgang mit dem Thema Liebe − auf einer anderen Ebene als die Herzensliebe. Es geht hier mehr um die Liebe in Verbindung mit der Zärtlichkeit, sich die „süßen Wünsche" einzugestehen, die man hat, und sie zu genießen, sie zu leben. Wer nicht genießen kann, wird ungenießbar. Wer Liebe und Zärtlichkeit nicht annehmen und genießen kann, wird sie auch nicht weitergeben können, was sich in der Krankheit des Diabetes mellitus (= Zuckerharnruhr) zeigt. Der Diabetiker darf dies und jenes nicht, er versagt sich die „Süße des Lebens".

Die energetische Versorgung dieser Drüse geschieht über das dritte Energiezentrum, den Solarplexus.

Die *Nebennierenrinde* (NNR) und das *Nebennierenmark* (NNM) besitzen ein eigenes Nervengeflecht, das vom Solarplexus ausgeht, es wird aber von der energetischen Schwingung her vom zweiten Energiezentrum, dem Sakral-Chakra im Unterbauch, beeinflußt.

Die Nebennieren sind Drüsen, die als kleine Kappen auf den Nieren aufsitzen. Sie haben mit dem Nierenkreislauf nichts zu tun.

Die Nebennierenrinde bildet Hormone für den Mineralhaushalt (zum Beispiel Aldosteron) und Hormone für den Kohlenhydrat- und Eiweißstoffwechsel, so die Kortisone. Diese wirken auf die Leberenzyme und lösen den Kohlenhydrataufbau aus Eiweißen aus. Das heißt aber auch: weniger Eiweißkörper bedingen weniger Abwehrkörperchen und die damit verbundene Abwehrschwäche! Deshalb ist eine „gesunde" Steuerung, die die Menge an Kortison im Blutkreislauf regelt, sehr wichtig. Kortisoneinnahmen (von außen zusätzlich zugeführtes Kortison) bringen die eigene Produktion und Regulierung durcheinander und sollten deshalb wirklich nur in Notfällen eingenommen werden. Die Kortisone verhindern auch Verklebungen, wie sie nach Entzündungen auftreten können, und sie verhindern Ablagerungen, was man sich in der Anwendung bei Rheuma und Allergien zunutze macht.

Das Nebennierenmark bildet die Hormone Adrenalin und Noradrenalin, das sind unsere Streßhormone. Sie sind für unser aktives Tun und zur Bewältigung schwieriger Situationen erforderlich. Im Zustand der Anspannung in Streß- und Kampfsituationen gibt es im Körper folgende Veränderungen:
– das Bindegewebe verfestigt sich zu einem Schutzschild;
– die äußeren Kapillargefäße verengen sich, so daß bei Verletzungen die Gefahr des Verblutens geringer ist;
– der Blutgerinnungswert wird erhöht, Wunden schließen sich schneller;
– die Pulsation des Blutkreislaufs erhöht sich (Neigung zu Bluthochdruck);

– die Lymphflüssigkeit wird vermehrt produziert, der Körper stellt
sich auf einen größeren Abwehrkampf ein;
– der Atemrhythmus verändert sich, die Atemfrequenz erhöht sich;
– die Hemmschwellen werden geringer, Aggression wird möglich;
– der Geruchssinn nimmt ab, Sehen und Hören werden stärker;
– der Magen krampft zusammen, im Darm steht die Verdauung still.

Dies alles geschieht rein physiologisch in unserem Körper und ist
berechtigt zu seiner Zeit. Was uns aber krank macht, ist unsere „Maßlosigkeit" in vielen Dingen. Der Körper braucht dieses aktive Tun,
und er benötigt ebenso die Ruhephasen, in denen andere Prozesse
ablaufen, wie zum Beispiel die Muskelentspannung oder die Verdauung, damit die „Energiescheunen" wieder aufgefüllt werden können.

Die beiden *Eierstöcke* sind die weiblichen Keimdrüsen. Die
Grundsubstanz für die männlichen und weiblichen Hormone ist das
Progesteron. In den Eierstöcken wird daraus Östradiol, ein abgewan-
deltes Östrogen, und das Gestagen. Beide steuern den weiblichen Zyklus. Östrogen übt einen Einfluß auf die Sekrete der Gebärmutter aus
sowie auf die Beschaffenheit der Vaginalschleimhaut. Es wirkt außerdem auf viele Enzyme (Neigung zu Fettleber), auf den Zitronensäurezyklus in *jeder* Zelle, es schränkt die Bildung des Gallensekrets ein
(Gallensteinneigung), stört den Tryptophan-Abbau (depressive Stimmung) und hält Wasser und Natrium zurück (Ödemneigung). Man
beachte also, was man mit den Hormongaben von außen, wie den
Anti-Baby-Pillen oder Hormongaben in den Wechseljahren, alles beeinflußt.

Das Gelbkörperhormon im zweiten Teil des Zyklus hat einen ther-
mogenetischen Effekt, deshalb ist die Basaltemperatur im zweiten Zy-
klusteil, beziehungsweise in der Schwangerschaft höher.

Die *Hoden* produzieren neben den Spermien auch das männliche
Hormon Testosteron, welches einerseits die Bildung der Samenfäden (Spermatogenese) selbst bewirkt, aber auf die Entwicklung der

sekundären Geschlechtsmerkmale, wie Körperbau, Bartwuchs und Kehlkopfgröße (Adamsapfel) Einfluß nimmt.

Die Eierstöcke und die Hoden dienen der Fortpflanzung. Voraussetzung hierfür ist der körperliche Kontakt zu dem gegengeschlechtlichen Partner und damit die Bereitschaft, den anderen *an* - und ganz *in sich aufzunehmen*, um aus der Gemeinsamkeit etwas „Neues" werden zu lassen. Probleme und Krankheiten an Eierstöcken oder Hoden zeigen auf der psychischen Ebene an, daß der körperliche Kontakt zu dem Partner gestört ist, daß man sich ihm/ihr nicht öffnen kann und den Konflikt auf „versteckter" Ebene auslebt, weil man die Schwierigkeiten nicht anders ausdrücken kann.

Ein Organ, das ebenfalls im Beckenraum liegt und zu den Drüsen zählt, ist der *Mutterkuchen* (= *Plazenta*), der sich nur während der Schwangerschaft im weiblichen Körper ausbildet. Die Placenta ist das *erste* hormonale Steuerungsorgan in unserem Leben! In ihr werden die ersten Hormone für den Embryo gebildet, sie vermittelt die notwendigen Antikörper, übernimmt die Atem- und Stoffwechselfunktion, bis das kleine Lebewesen „es alleine kann". In ihrer enormen Leistungsfähigkeit übertrifft sie sogar die ausgewachsene und leistungsfähige Leber. Wenn die Placenta (nach der Geburt) aufgeschnitten wird, erkennt man das Bild eines Baumes mit Baumkrone und Baumstamm. Wieder zeigt sich hier der „Lebensbaum", der ein Zeichen der Entwicklung und Entfaltung ist, ein wahres Lebenssymbol. In verschiedenen alten Kulturen wurde der Mutterkuchen nach der Geburt in einem Ritual entweder verbrannt (Feuerelement = Element der Verwandlung) oder im Kreise der Familie als Speise zubereitet. In unseren Kliniken heute bekommt eine Mutter die Placenta kaum zu Gesicht; sie wird vom Arzt kontrolliert, ob sie sich im Ganzen aus der Gebärmutter herausgelöst hat – und landet dann im Klinik-Mülleimer.

Die Keimdrüsen und die Placenta werden vom ersten Energiezentrum, dem Wurzel-Chakra, innerviert.

Heilende Anwendungen für das Hormonsystem

Edelsteine für das Hormonsystem
Das Hormonsystem durchläuft den ganzen Körper, jedes Energiezentrum ist angesprochen.

Es sind alle Edelsteine und Kristalle zu nennen, wie ich sie im Kapitel 2 beschrieben habe. Jedes Chakra hat einen Bezug zu einer speziellen Hormondrüse, es wirken die Edelsteine und Kristalle des entsprechenden Chakras.

Besonders hervorheben möchte ich für die Meisterdrüsen den Amethyst, den violetten Fluorit und den Bergkristall, die uns, ähnlich wie die „übersinnlichen" Drüsen, mit dem Übersinnlichen verbinden.

Farbzuordnung
Die intensiv blauen Farben und entsprechend die blaue Aura-Soma-Essenz wirken besonders auf das sechste und siebte Chakra und somit auf die Meisterdrüsen, die eine übergeordnete, überregulative Wirkung haben. Ansonsten gilt wie für die Edelsteinzuordnung die entsprechenden Farbe des Chakras.

Heilungsgespräche

Harmonisierung der Hormondrüsen mit Hilfe der Energien von sieben Edelsteinen
– Auswählen der Edelsteine
   zum Beispiel einen Jaspis für Eierstöcke oder Hoden
   (auf die Genitalregion legen)
   einen Karneol für die Nebennieren
   (auf den Unterbauch legen)
   einen Zitrin für die Bauchspeicheldrüse
   (oberhalb des Nabels legen)

einen Chrysopras oder Chrysokoll für den Thymus
(auf den oberen Brustkorb legen)
einen Chalzedon für die Schilddrüse
(auf die Kehle legen, falls der Stein zu schwer sein sollte, seitlich davon in die Aura legen)
einen Sodalith für die Hypophyse
(zwischen die Augenbrauen auf die Stirn legen)
einen Amethyst für die Zirbeldrüse
(über den Kopf legen)
- Reinigung und Aufladung der Edelsteine
- Individuelle Einstimmung zur Meditation
(Kontakt zur inneren Führung, Licht-Hülle zur Geborgenheit und zum Schutz).

Nachdem die Steine nun gereinigt und aufgeladen und der Reihe nach plaziert wurden, erlaube dir, innerlich still zu werden. So wie sich die Wellen auf einem See glätten, so wird es auch in dir ruhig und still. Sei mit deiner ganzen Aufmerksamkeit und deiner Liebe in dir, werde dir deines Körpers bewußt.

Erinnere dich deiner Hormondrüsen, die im Körper verteilt sind. Werde dir der Verbindung der Drüsen untereinander bewußt. Wende dich nun den Energien der Edelsteine zu, die auf deinem Körper liegen, und die ihre lichtvollen Kräfte in deiner Aura verteilen. Öffne dich nun diesen Kräften. Öffne deine Pforten nach innen, so daß die Energien in Licht und Liebe auf deine Drüsen einwirken können.

Erlaube dir anzunehmen, was dir die Steine schenken. Sei aufmerksam in dir, was du fühlst. Welche inneren Seelenbilder steigen in dir auf?

(einige Minuten Zeit lassen)

Wenn du dich harmonisch und gut fühlst, aufgefüllt mit dem, was du anzunehmen bereit warst, dann komme nun zu dem Abschluß. Vergegenwärtige dir deinen lichtvollen Körper mit seinen Drüsen

und den damit im Zusammenhang funktionierenden Organen.
Wende dich dann den Edelsteinen zu, danke den Wesen der Edelsteine und Kristalle und nimm sie wieder in deine Hände, um sie mental zu reinigen.

Danke Gott-Vater und Mutter-Erde und finde in der für dich angemessenen Zeit wieder in die Außenwelt zurück.

Diese sehr kraftvolle Übung sollte in größeren Zeitabständen (etwa einmal pro Woche) ausgeführt werden. Bezogen auf eine einzelne Drüse mit einem Edelstein kann sie bei Bedarf täglich wiederholt werden.

Meditation: „Inneres Orchester"
Wähle für diese Meditation einen Bergkristall als Trommelstein oder als gewachsene Spitze. Nachdem du ihn gereinigt und aufgeladen hast, behalte ihn in deinen Händen. Erlaube dir, mit seinem Licht und mit seiner Energie zu verschmelzen, so daß ihr eins werdet. Begib dich nun in dein dir eigenes Bilderreich, auf die Ebene deiner Phantasie und Vorstellungen.

Stelle dir vor, daß jedes Organ in dir ein Musiker ist und ein Instrument spielt. Dein Körper mit seinen Organen ist ein riesiges Musikorchester. Schaue dir an, welches Organ welches Instrument wählt. Wer sitzt an der Pauke? Wer begleitet am Baß und wer am Piano? Wer spielt die erste Geige? Der Dirigent ist eindeutig — er wird repräsentiert von deinem Hormonsystem, insbesondere von den Meisterdrüsen. Sie geben den Musikern und den Organen den Einsatz, wann und wie intensiv sie ihr Instrument spielen sollen.

Die Noten, das Stück bestimmst du selbst! Die Melodie entsteht auf Grund deiner Stimmung, deiner „inneren Melodie".

Höre nun zu, beobachte das Orchester samt dem Dirigenten, das nun nach dem Einstimmen der Instrumente bereit ist, deine innere Melodie zu spielen.

(einige Minuten Zeit lassen)

Zum Abschluß danke deinem inneren Orchester für das, was du er-
lebt hast. Danke dem Wesen des Bergkristalls, der dich in seinem Licht
begleitet hat. Individueller Abschluß.

– Ende der Meditationen –

Die anderen Heilungsgesprächsformen und Impulse zu Meditationen können analog mit einer Hormondrüse ausgeführt werden.

Das Nervensystem

AUFWACHEN
endlich aufwachen
nicht mehr müde sein
den Schleier durchbrechen
sich selbst erkennen
klar atmen
SEIN
(15)

Das zweite Regulationssystem unseres Körpers, neben dem Hormonsystem, ist das Nervensystem. Es arbeitet sehr schnell und gezielt
(zum Beispiel in den Reflexen), ist dafür aber sehr kurzlebig. Wenn
wir das Hormonsystem bedingt durch seine Abhängigkeit zu Flüssigkeiten als weibliches Regulativ ansehen, dann ist das Nervensystem
das männliche Pendant. Es ist erstaunlich, wie präzise im Nerven-
bereich Sender und Empfänger miteinander verbunden sind. Ihre Kommunikation oder ihre Impulsleitung kann Geschwindigkeiten bis zu
hundert Meter pro Sekunde betragen.

Innerhalb des Nervensystems kann man wiederum in den von unserem Willen abhängigen, zerebrospinalen Teil mit Gehirn und Rük-
kenmark (männliches Prinzip) und in das willensunabhängige, autonome, vegetative System (weibliches Prinzip) unterteilen.

Bleiben wir zunächst beim *Gehirn*. Das menschliche Gehirn wiegt
circa eintausendvierhundert Gramm. Man unterscheidet die weiße
Substanz, die alle Nervenfasern zusammenfaßt (die Leitungsbahnen)
und die graue Substanz, die aus den Nervenzellen besteht. Diese
graue Substanz bildet die Hirnrinde, das ist der Sitz unseres *Bewußt-*
seins. Die Oberfläche der Hirnrinde wird durch viele Windungen

und Furchen vergrößert. In den verschiedenen Lappen, in die sie sich unterteilen, gibt es Zentren, für das Hören, Riechen, Sprechen, also für alles, was in unserem Körper geschieht. Ist zum Beispiel das motorische Zentrum gestört, laufen unsere Bewegungen nicht mehr koordiniert ab. Es gibt Zentren für das motorische Sprachzentrum, ein Schreibzentrum, einen Körperfühlbereich (Tiefensensibilität, Wärme, Kälte, Schmerz). In der Sehrinde gibt es ein Areal für bewußtes Sehen und eine Zone für optische Erinnerungen. In einer der Schläfenwindungen existiert eine Hörrinde mit einer Zone für Hörerinnerungen, ein Zentrum des Sprachverständnisses (akustisches Sprachzentrum) und ein Lesezentrum (optisches Sprachzentrum). Jede einzelne Nervenzelle im Gehirn hat einen Bezug zu einem Ort in unserem Körper oder dessen Funktion.

Zu unterscheiden ist noch das Großhirn und das Kleinhirn, wobei im Kleinhirn die organbedingten Regulationen wie Atemzentrum, Kreislaufzentrum, Blutdruckzentrum und so weiter liegen.

Das Randgebiet zwischen dem Hirnstamm und dem Großhirn wird als limbisches System bezeichnet. Von hier haben Gemütsbetonung und gemütsbedingte Antriebe ihren Ausgang. Auch hier werden die vegetative Beeinflussung der inneren Organe und die hormonalen Steuerungen geregelt. Das limbische System wirkt bei der Gedächtnisspeicherung und beim Lernen mit. Verletzungen, Infektionen, Vergiftungen, aber auch Schmerz und Emotionen wirken als „Stressoren" auf das limbische System ein und können so über vegetative und hormonale Regulationen die Gedächtnisspeicher beeinflussen. Störungen im limbischen System führen zu Angstgefühlen und Aggressivitätshandlungen. Psychopharmaka greifen oft an dieser Stelle ein und unterbrechen die Kommunikation zwischen Körper, Geist und Seele.

Unser Gehirn besteht aus zwei Hälften, der rechten und der linken Hemisphäre – wodurch schon wieder eine Einteilung ins männliche und weibliche Prinzip möglich ist. Diese beiden Hemisphären sind miteinander verbunden und zwar durch eine weiße Fasermasse, den sogenannte Balken. Dabei kreuzen sich die Bahnen in Höhe des Hinterhauptes, das heißt, die rechte Hemisphäre wirkt auf die linke Körperseite (Gefühlsseite) und die linke Hemisphäre auf die rechte Körperseite (Verstandesseite, analytisches Denken).

Die rechte Gehirnhälfte repräsentiert:
Ganzheitserfassung, Kreativität, Gefühl,
Intuition, Traumsteuerung, Raumempfinden,
Musik; ist symbolisch für das Yin-Prinzip,
Mond-Prinzip, Wasser, das Empfangende,
die weibliche Seite.

Die linke Gehirnhälfte repräsentiert:
Logik, analytisches und rationales Denken,
Intelligenz, Sprache, Rechnen; ist
symbolisch für das Yang-Prinzip,
Sonnen-Prinzip, Feuer, das Männliche und
das Gebende.

Das *Rückenmark* besteht aus Nervenfasern, es ist etwa ein Zentimeter im Durchmesser dick und vierzig bis fünfzig Zentimeter lang. Es liegt relativ geschützt im Wirbelbogenkanal und hat die Aufgabe, alle Informationen vom Körper zum Gehirn zu leiten beziehungsweise die Anordnungen der Steuerungszentrale und des Koordinationsbüros in die Peripherie weiterzugeben. Es ist eine lebenswichtige Verbindung, ähnlich wie ein weiterleitendes Telefonkabel. Unser ganzer Körper ist von einem Nervenfasernetz durchzogen. Die Nerven ziehen vom kleinen Finger und von der großen Fußzehe, von allen Organen durch das Rückenmark zum Gehirn. An den Austrittsstellen der Nerven aus dem Wirbelkanal kann es zu schmerzhaften, knöchernen Veränderungen kommen, die letztendlich die Informationsleitung beeinträchtigen.

Nun gibt es noch das *vegetative* oder *autonome Nervensystem*. Autonom deshalb, weil es nicht unserem Willen gehorcht. Dieses System ist ausschließlich für unsere Innenwelt verantwortlich und regelt die Tätigkeit der inneren Organe.

Auch hier gibt es zwei Prinzipien:
- Erstens den *Sympathikus*, als männlicher Pol ist er für die Anregung aller Funktionen zuständig (= Yang-Prinzip), wie Blutdruckanstieg, erhöhter Puls, schnellere Erregungsleitung, erhöhte Herztätigkeit, Steigerung der Atemfrequenz, Anstieg der Körpertemperatur, vermehrte Adrenalinabgabe, Pupillenerweiterung – aber auch Verschluß des Magenein- und Ausgangs, Hemmung der Verdauung in allen hiermit zusammenhängenden Organen!
- Zweitens den *Parasympathikus* oder *Vagus* genannt, der als weiblicher Pol die „Scheunen wieder auffüllt". Er fördert alle regenerierenden Funktionen, wie Verdauung, Energiespeicherung, Entspannung und Ruhe.

Wir schenken unserem Körper sehr viel Gutes, wenn wir die Zeiten der Anspannung und der Entspannung berücksichtigen. Ein harmonisches Zusammenwirken zwischen Sympathikus und Vagus ermöglicht ein harmonisches Zusammenwirken der Eingeweide. Bei der neurovegetativen Dystonie ist dieses Gleichgewicht der autonomen Regulation gestört. Meist liegen die Ursachen in einer Überlastung, in einem „zuviel" und in einer Maßlosigkeit. Es fehlt an der richtigen Einstellung, an der inneren Ruhe und an Vertrauen. Zu hinterfragen sind hierbei Furcht, Anspannung, Streß oder auch Unsicherheiten und entgegengesetzte Absichten.

In den Bereich des Kopfes und Gehirns gehört eine häufige Zivilisationserscheinung – der *Kopfschmerz*. Es betrifft mehr die „oberen Schichten" der Bevölkerung. Die Menschen, die sich besonders stark „behaupten" müssen oder wollen. Das zeigt auch schon auf, in welchem Bereich eine Energieüberfülle vorhanden ist, nämlich im Denken und im Verstand. Redewendungen wie „sich den Kopf zerbrechen", „mit dem Kopf durch die Wand wollen", „dickköpfig sein", „kopflos handeln" und so weiter deuten alle auf den Gebrauch, eventuell einen übermäßigen Gebrauch des Denkens hin. Denken ist ein *Probehandeln*! Will man durch dieses Probehandeln das echte Handeln ersetzen? Auch durch öfteres „Durchdenken" löst sich eine Sache nicht, wenn die Handlung ausbleibt. Der Kopf mit seinem Verstand ist *ein* Pol, der obere Pol. Das Herz als Sitz der Gefühle gilt als der untere Pol, der oft ein Gegengewicht zum Verstand ist. Für eine Handlung sollten Herz und Hirn zu Rate gezogen werden. Üben wir es doch, mit dem „Herz denken" zu lernen.

Der Beckenbereich mit den Genitalorganen ist der noch tiefere Gegenpol zum Kopf. In Konflikten bewegen wir uns oft von einem extremen Pol zum anderen. Viele Ursachen von Kopfschmerzen liegen in den Konflikten mit der eigenen Sexualität. Die typische Migräne zählt hierzu. Die Halbseitigkeit (ein Pol als Mann oder Frau) und die erweiterten Gefäße, wie sie nach einem Orgasmus im ganzen Körper im Entspannungszustand zu finden sind, deuten darauf hin. Es braucht sehr viel liebevolles Verständnis und Ehrlichkeit zu sich selbst, das Thema dort zu leben, wo es physiologisch hingehört.

Im typischen Spannungskopfschmerz sind die Gefäße verengt. Schmerztabletten sprengen und erweitern die Blutgefäße wieder, damit ist aber die Ursache noch nicht behoben. Der wahre Grund liegt oft in dem Leistungsdruck, in dem sich der Betroffene befindet. Überforderungen, sich zuviel, zu Großes vorzunehmen, sind oft die Hintergründe. Die echte, erste Hilfe ist das „innerliche" Loslassen von den hochgesteckten Zielen. Erlauben Sie sich als Betroffener, auch für andere Wege offen zu sein und halten Sie nicht verbissen an etwas fest. Wie stark und wie notwendig ist Ihr Ehrgeiz?

Kopfschmerzen sind eine sehr ernstzunehmende Botschaft der inneren Zentrale. Sie fordern dazu auf, die „Einsichten" zu überprüfen und gegebenenfalls die Einstellung zu sich oder zu anderen zu ändern.

In allen Weisheitslehren wird uns übermittelt, daß die Kraft der Gedanken sehr groß ist. Ein Gedanke ist eine Energie, die von der Gehirnzelle ausgestrahlt wird. Tausende von „Gedankenheinzelmännchen" warten nur auf einen Gedanken, den sie in die Tat umsetzen können.

Der Gedanke, die Idee ist der Vater aller Dinge. Bevor etwas entsteht, etwas geschaffen wird, gibt es die Idee auf der geistigen Ebene. Das Wollen und Wünschen ist der Übermittler, um es dann zur Tat werden zu lassen. Wir bestimmen unseren Tag, unseren Lebensweg durch unser Denken, Fühlen und Tun. Achten wir auf unsere positiven und liebevollen Gedanken. Sie ziehen ebensolche Taten mit sich! Nach dem kosmischen Gesetz „Was du säst, wirst du ernten" sind die Gedanken die erste Stufe, auf die wir Einfluß nehmen können.

Wir dürfen wieder lernen, unsere beiden Gehirnhälften zu synchronisieren. Es ist wichtig, daß sie in einer annähernd ähnlichen Schwingung sind. Wir speichern Wissen in unglaublichen Mengen, wir überstrapazieren die eine Hemisphäre (linke Gehirnhälfte), aber wir komponieren, wir erschaffen nichts Neues damit. Wenn wir die Synchronisation der beiden Gehirnhälften erreichen, aktivieren sie den höheren Verstand, öffnen unsere Pforten zu mehr Bewußtsein. Es ist so, als würden bisher „schlafende Teile" in uns geweckt.

Es ist naturwissenschaftlich erwiesen, daß wir nur zehn Prozent unserer Gehirnkapazität nutzen! Bisher ließen wir die restlichen neunzig Prozent brachliegen – aber nun scheint die Zeit gekommen zu sein, daß wir fähig werden müssen, uns neue Wege mit dem Wissen zu eröffnen, daß wir *in uns selbst* tragen.

Heilende Anwendungen für das Nervensystem

Edelsteine und Farbzuordnung für das Nervenzentrum
Auf die Edelsteine des sechsten und siebten Chakras, in den kühlenden, blauen und violetten Farbschwingungen, spricht das Nervensystem und „der Kopf" besonders intensiv an.

Der *Sodalith* kühlt den „heißen" Kopf, beruhigt die Gedanken und unterstützt so das klare Denken. Er wirkt stärkend auf das Selbstvertrauen und intensiviert die „Treue zu sich selbst". Er unterstützt die Intuition.

Der *Lapislazuli* ist als „heiliger" Stein auch ein Heilungsstein, er verbindet mit dem kosmischen Wissen und erweitert unseren Verstand.

Das *Falkenauge* verstärkt die „Einsicht" und unterstützt Erkenntnisprozesse.

Der *Azurit* öffnet geistige Tore in die mentale Welt und wirkt bewußtseinserweiternd.

Der *Saphir* schenkt Glauben, tiefes Vertrauen, geistige Reinigung und Erneuerung. Er fordert uns auf, den Weg des Lichtes nicht zu verlassen.

Der violette *Fluorit* untertützt das Sehen und Erkennen von einer höheren Ebene aus. Er hilft so bei der Auflösung komplexer Vorgänge.

Der *Amethyst* verbindet uns mit seiner sehr hohen Heilungs- und Transformationsenergie mit dem Universum. Er erleichtert den Kontakt zum Höheren Selbst und somit den Weg in die Einheit und in das Licht.

Der *Bergkristall* verschenkt die Christus-Energie in seiner klärenden und stärkenden Kraft.

Heilungsgespräche

Speziell für einen „gedankenvollen" Kopf ist es eine schöne Übung, das „zuviel" an Energien über die Wurzeln der Füße in die Erde abfließen zu lassen. Danken Sie anschließend Mutter Erde, daß sie das Abgegebene aufgenommen hat und auflösen wird.

Wer mit dem „luftigen" Element sehr vertraut ist, kann das Zuviel auch mit der Ausatemluft loslassen, kann das Zuviel auf den Ausatemstrom legen.

Oder Sie haben eine für Sie bisher unlösbare oder schwierige Frage, die Sie selbst betrifft und die Ihnen ständig im Kopf kreist. Dann erlauben Sie sich, mit dieser Frage über Ihre Wurzeln in Mutter

Erde hineinzugehen, ganz in die Tiefe – und Sie werden dort die Antwort finden!

Vergessen Sie auch hier das Danken nicht.

Eine sinnvolle Meditation morgens ist es, sich selbst von seinem licht- und liebevollen Herzen aus aufzufüllen, über seine Wurzeln Liebe an Mutter Erde zu senden und anschließend sein Höheres Selbst im Licht zu begrüßen. Bitten Sie Ihr Höheres Selbst dann um ein Symbol oder eine Farbe (Wort, Satz oder ähnliches), das an diesem Tag wichtig für Sie ist. Konzentrieren Sie sich auf die Ausstrahlung des Symbols oder den Klang des Wortes und leiten sie es in Ihren ganzen Körper, so daß jedes Organ und jede Zelle davon weiß. Danken Sie und achten Sie dann tagsüber darauf, ob und wie Ihnen dieses Symbol oder das Wort, die Farbe im Alltag begegnet.

Wählen Sie, ob Sie für Ihr Nervenzentrum ein typisches Heilungsgespräch, eine Harmonisierung mittels eines Edelsteines oder Kristalls oder einen Kontakt mit einem hohen Lichtwesen wünschen. Im Anschluß beschreibe ich noch eine spezifische *Heilungsmeditation mit der linken und rechten Gehirnseite*

– Individuelle Einstimmung zur Meditation
  (Kontakt zur inneren Führung, Visualisation der Licht-Hülle zum Schutz und zur Geborgenheit)

Lenke deine Aufmerksamkeit nun ganz bewußt zu deiner linken Hemisphäre in deinem Gehirn hin. Begrüße diese linke Seite mit deiner ganzen Liebe. Hier ist der Ort des rationalen Denkens, des Verstandes, deiner Sprache, deines männlichen Prinzips. Hier liegt deine Fähigkeit zur Analyse, das bedeutet ins Detail zu gehen, in die Materie hinabzusteigen. Finde in dir nun „eine Farbe", die deiner linken Seite entspricht. Vertraue dem ersten Impuls, der sich in dir zeigt, und verteile diese erste Farbe in dieser linken Gehirnhälfte. Lasse sie umgeben und durchleuchtet sein von dieser Farbe.

(einige Minute Zeit lassen)

Wechsle nun mit deiner Aufmerksamkeit zur anderen, zur rechten Seite hinüber. Hier ist der Ort deiner Kreativität, deines Gefühls, deiner Intuition. Hier erlebst du Träume, nimmst Musik auf. Deine rechte Seite spiegelt deine empfangende Seite, deine weibliche Seite wider. Es ist der Ort der Ganzheitserfassung, der Synthese. Die Synthese formt ein Neues, ein Ganzes aus Einzelteilen. Sie ist zusammenfügender, aufsteigender Art. Finde nun für deine rechte Hemisphäre eine zweite Farbe, die ihr entspricht. Lasse deine ganze rechte Seite von dieser Farbe (eine andere als die erste) durchdrungen und durchleuchtet sein.

(einige Minuten Zeit lassen)

Und nun erlaube dir, die beiden verschiedenen Farben deiner Hemisphären zu mischen. Lasse die beiden Farben ineinanderfließen, so daß eine „neue, dritte Farbe" entsteht, die Anteile von beiden Farben, von beiden Hemisphären enthält. Gib nun dieser neuen Farbe Raum, sich auszubreiten. Gewähre der Synthese Ausdehnung und Raum.

(einige Minuten Zeit lassen)

Wenn dein Kopfbereich durchleuchtet und durchflutet ist von dieser neuen, dritten Farbe, dann lasse sie nun auch in deinen ganzen Körper und in deine Aura fließen. Spüre, wie sich das anfühlt.

(einige Minuten Zeit lassen)

Wenn du dir den Zugang zu deiner inneren, verborgenen Weisheit erlaubst, wirst du immer leichter und voll tiefen Vertrauens deine dir gestellten Lebensaufgaben meistern.

Über dein Gehirn und deine Meisterdrüsen bist du an die große, universale Weisheit angeschlossen. Verbinde dich mit der Weisheit deines Herzens – dann handle.

Danke Gott-Vater und Mutter-Erde für alles, wie es in dir und um dich ist, für alles, was möglich ist. Finde in der dir angemessenen Zeit wieder in die Außenwelt zurück.

– Ende der Meditationen –

Die Sinnesorgane

Dieser Augenblick
ist
das Ziel des Lebens.

Der Sinn des Lebens
ist
diesen Augenblick
in seiner ganzen Tiefe
erfassen.

(16)

Die Tiere haben etwa siebzig Sinne − wir Menschen nur fünf. Was hat uns Menschen dazu gebracht, so viele Sinne verkommen zu lassen? Die Zeit ist reif, daß wir unser „bewußtes Sein" erweitern, unseren sechsten Sinn und weitere Sinne schulen. Unsere ausgebildeten Sinnesorgane sind Wunderwerke, und wir haben die Fähigkeit *in* uns, weitere Wahrnehmungsorgane zu „erwecken". Nur zehn Prozent unser Hirnzellen werden genutzt, in den restlichen neunzig Prozent liegen zum Beispiel die Fähigkeiten der Telepathie, die Wahrnehmung von Gedanken und anderer feinstofflicher Energien.

Die Sinnesorgane gehören zu den interessantesten Organen. Sie sind nicht minder wichtig wie Herz oder Kreislauf oder das Verdauungssystem. Diese kleinen und kleinsten Wunderwerke, wie Augen, Gehörschnecke, Gleichgewichtsorgan, Geschmackspapillen, Riechfäden, Sensoren in der Haut, geben den „großen" Organen einen gewissen „Sinn" (= Sinnesorgane). Über diese Wahrnehmungsorgane (= „die Wahrheit annehmen") haben wir Kontakt zur Außenwelt, nehmen wir unsere Umwelt in uns auf, erleben wir, teilen wir uns mit, lernen wir.

Durch ihre Funktion nehmen wir das Außen als einen Spiegel unseres Inneren wahr. Auch das ist wieder doppeldeutig: unsere Sinnesorgane spiegeln und übertragen uns das Außen – ebenso spiegelt jedes Sinnesorgan unser Innenleben!

Das Auge zum Beispiel ist in der farbigen Iris ein Spiegelbild unseres inneren Wesens, in der der Irisdiagnostiker Konstitutionen, Veranlagungen, durchgemachte Krankheiten und drohende Krankheitsprozesse ablesen kann.

Das Ohr, genauer die Ohrmuschel bis zum Gehörgang, stellt ein Abbild des ganzen Körpers in allen seinen Details dar. Das ist auch die Grundlage in der Ohrakupunktur oder Ohrakupressur. Stellen Sie sich vor, Ihr Körper läge wie ein Fötus eingerollt mit dem Kopf nach unten im Ohr, das heißt, der Kopfbereich ist im Ohrläppchen zu finden, die Wirbelsäule an der äußeren Ohrmuschelkante entlang, die inneren Organe mehr zum Gehörgang hin.

Die drei inneren Nasenmuscheln sind Abbilder des Verdauungstraktes, der Beckenorgane, des Atmungstraktes. Diese Zonen werden in der Nasenreflexzonentherapie angeregt (stimuliert) oder beruhigt (sediert).

Die Zunge – unser Geschmacksorgan – ist die „Visitenkarte der Verdauung", ein Barometer des Stoffwechsels. In der Zungendiagnose erkennt man an der Farbe und Beschaffenheit des Zungenbelages Störungen im Verdauungstrakt. Die Zungenspitze gibt Auskunft über Speiseröhre und Mageneingang, der mittlere Zungenbereich über Magen, Leber und Bauchspeicheldrüse, der Zungengrund mehr über den Darm. Alte Hausärzte wußten, warum sie sich zuerst die Zunge herausstrecken ließen.

Die Haut ist erst recht ein „Fernsehschirm" unseres Inneren. Sie bildet eine wichtige Projektionsfläche, wir bräuchten nur hinzuschauen. In den sogenannten Head'schen Zonen, die vorwiegend auf der Haut des Rückens liegen, erreicht der Therapeut oder Masseur *jedes* Organ im Inneren und kann gezielt stimulieren oder sedieren.

Die Sinnesorgane sind die *Frühwarnsysteme* des Körpers. Sie arbeiten an der „vordersten Front", besonders die Fernsinne, wie Augen und Ohren, melden uns Gefahren schon in großer Distanz, damit wir uns zur Flucht oder Verteidigung vorbereiten können. Der Geruchssinn gehört ebenfalls zu den Fernsinnen, auch wenn er nur wenige Meter bewältigt. Die Nahsinne, wie Berühren und Schmecken, bedingen Nähe und nächsten Kontakt. So ist es bei uns Menschen verständlich, die wir oft Angst vor echter Nähe empfinden, daß unsere Fernsinne weitaus mehr benutzt, ja fast überstrapaziert werden. In prozentualer Verteilung gebrauchen wir zu dreiundachtzig Prozent das Sehen, circa elf Prozent das Hören; bei den Nahsinnen circa dreieinhalb Prozent Berührung, anderthalb Prozent Riechen und ein Prozent Schmecken.

Wir Menschen erleben uns und die Umwelt in drei Bereichen der Wahrnehmung:
– wir nehmen die „äußere Umwelt" wahr in einem immerwährenden Kontakt mit den Sinnesorgansensoren, die die Abläufe des Augenblicks, Gegenstände und Personen registrieren:
durch die Augen alles, was ich sehe,
durch die Ohren alles, was ich höre,
durch die Haut (besonders der Fingerkuppen)
alles, was mich berührt,
über die Nase alles, was ich rieche,
über die Zunge alles, was ich schmecke.
– Wir nehmen zweitens die „innere Welt" wahr, auch das ist ein immerwährender Kontakt mit den Sensoren, die die gegenwärtigen inneren Vorgänge, wie Hunger, Durst, Schmerz, Lust und körperliche Manifestationen von Gefühlen melden.
– Wir nehmen drittens unsere „Phantasiewelt" wahr; dies ist ein innerer Prozeß unseres Denkvermögens. Es ist ein sich erinnern, vermuten, planen, phantasieren und sich vorstellen. Es hat nicht unbedingt etwas mit der aktuellen Realität zu tun.

Alle drei Arten von Wahrnehmung basieren auf dem Hintergrund von Erfahrungen und Erkenntnissen. Alle Erfahrungen werden in Relation, das heißt in Beziehung zu etwas, verarbeitet. Die Wahrnehmung von Gegenständen, Personen und Abläufen in der Umwelt geschieht durch Sensoren oder Rezeptoren, die die spezifischen Reize aufnehmen und zum Gehirn als „Auswertungsstation" weiterleiten. Das, was wir wahrnehmen, sind immer Formen von Energie, so die elektromagnetischen Wellen, Druckschwankungen der Luft, chemische Prozesse und Beschleunigungsenergie.

Die Augen

Befreiende Tränen des Verstehens
schwemmen Balast aus den Augen,
lösen Verkrustungen des Herzens,
rollen über die Wangen
und fallen zurück zur Erde.
(17)

Die beiden Augen sind zwei kugelige Gebilde, die geschützt in den dafür im knöchernen Gesichtsschädel vorgesehenen Augenhöhlen liegen. Um sich an den knöchernen Wänden nicht zu verletzen, sind sie von sogenanntem Baufett umgeben. Bei übertriebenen Diäten oder stark auszehrenden Krankheiten wird selbst dieses Baufett aufgebraucht, und der Augapfel sinkt weit in die Augenhöhlen hinein.

Den Augapfel selbst umgeben drei Häute. Während die äußere, weiße Lederhaut einen Schutz (Druckauffang-Struktur) bietet, ist die zweite Haut stark mit Gefäßen versehen, um das umliegende Gewebe zu ver- und entsorgen. Die innerste Haut ist die Netzhaut, auf der sich die sogenannten fünfundsiebzig bis einhundertfünfundzwanzig Millionen Stäbchenzellen (Schwarz-Weiß-Sehen) und die drei bis sechs Millionen Zapfenzellen (Farb-Sehen) befinden, in denen der eigentliche Sehvorgang stattfindet.

Die „Öffnung zur Welt" bildet sich vorne durch die schützende klare Hornhaut; dieser folgt nach innen die farbige Regenbogenhaut (= Iris) mit der Pupille in der Mitte. Die Linse liegt hinter der Pupille und vor dem gallertartigen Glaskörper, der das Innere des Augapfels bildet. Besondere Fortsätze in der Nähe der Iris produzieren das Augenwasser (nicht die Tränen), das für den Binnendruck des Auges wichtig ist. Die ständig von den unter den Augenbrauen liegenden Tränendrüsen gebildeten Tränen feuchten die Hornhaut an. Mit dem Wimpernschlag verteilen wir die Flüssigkeit.

Von der innersten Netzhaut geht an der Hinterwand des Augapfels der Sehnerv ab, der die aufgenommenen Eindrücke in das Sehzentrum des Gehirns weiterleitet. Das Gesehene und Erkannte wird zum Wahrnehmungszentrum nach innen geleitet, die *Einsicht* erfolgt also im Innern. Einsichten bringen uns Ausblicke! So wie wir die Spiegelung des Außen hineinnehmen (= Sehen), so spiegeln wir auch das *Innere* von uns nach außen. Die Augen sind die „Fenster der Seele". Sie sind die Spiegel der Seele und des Inneren. Wer bewußt tief in die Augen schaut, sofern das Gegenüber die Möglichkeit und die Erlaubnis bietet, sieht mehr als nur die schwarze Pupille. Das grobstoffliche und körperliche Auge sieht die schwarze Pupille, das feinstoffliche, geistige Auge aber sieht Qualitäten, wie Offenheit, Liebe oder Haß, Verständnis, Traurigkeit, Schmerz oder Freudvolles. Vielleicht erkennt es ganze Zusammenhänge, die mehr als Worte sagen können, in einem Augenblick.

Die Augen lassen nicht nur Einblicke von außen hinein, sondern auch Gefühle und Stimmungen heraus. Tränen zum Beispiel offenbaren immer eine psychische Situation. Wir kennen Freudentränen und Tränen des Schmerzes.

Zweideutige Redewendungen aus dem Volksmund belegen dies:
- jemandem den Wunsch von den Augen ablesen,
- man spricht vom offenen, bösen, magischen Blick,
- jemandem tief in die Augen schauen,
- blind für etwas sein,
- etwas nicht sehen wollen, usw.

Das „nicht-sehen-wollen" oder das „nicht-sehen-können" sind Schlüsselworte bei Augenproblemen. Es geht bei allen Fehlsichtigkeiten immer wieder um die Frage: „Was will ich nicht sehen?" Was nimmt mir die Einsicht? Die Antwort wird in den verschiedensten Variationen immer die gleiche sein: Ich will mich *selbst* nicht sehen, wie ich bin. Ich stehe meiner Einsicht selbst im Wege.

In der Kurzsichtigkeit sieht man das Nahe (das Kurze) gut, aber für die Ferne und für den „Weitblick" braucht man die Korrektur durch die Brille. Der Kurzsichtige beschäftigt sich zu sehr mit seinem jetzigen Zustand, verfängt sich darin und will nicht in die Zukunft schauen. Er lehnt den Weitblick und damit den Überblick ab, eventuell ist ihm die Aussicht in die Zukunft zu schmerzlich und bedrohlich. Was kommt da auf denjenigen zu? So mancher Kummer resultiert aus einer „geistigen" Kurzsichtigkeit.

In der Weitsichtigkeit sieht man klar und deutlich in die Ferne. Was weit weg ist, ist für den Betroffenen nicht so bedrohlich wie seine nächste Umgebung. Er beschäftigt sich — im Gegensatz zu dem Kurzsichtigen — gar nicht gern mit sich selbst, lenkt lieber von sich ab. Er sieht das nicht, was er gerade nah vor Augen hat, was ihm nah ist. Die Weitsichtigkeit kommt häufiger im Alter vor, wenn der Zustand des Alterns konfliktbeladen ist. Die Kurzsichtigkeit betrifft eher die Jugendlichen, zum Beispiel in der Pubertät, wenn man ahnt, was als Frau oder Mann auf einen zukommt.

In der Blindheit wird die äußere Projektion völlig entzogen und der Blinde extrem aufgefordert, nach innen zu schauen. Wenn die Funktion eines Sinnesorgans erlischt, wie in der Blindheit, werden die Wahrnehmungen über die anderen Sinnesorgane intensiviert. Zum Beispiel übernehmen bei Blindheit der Tastsinn und das Gehör die Energie und versuchen die Information auf anderem Wege in den Körper zu leiten; sie versuchen zu „ersetzen". Ich kenne einen erblindeten Gesundheitsberater, der dankbar für seine Blindheit wurde. Er sagt, durch den Zwang mehr über das „Spüren" wahrzunehmen, habe er erst den ganzen Menschen „sehen" gelernt; ein Händedruck sagt ihm mehr als den Sehenden.

Die Krankheit des grauen Stars ist Folge einer Linsentrübung, das heißt, auch die Sicht und die Einsicht sind trübe. Will man nichts mehr sehen? Die getrübte Sicht ist mit der Jalousie eines Fensters vergleichbar, die man herunterläßt. So verliert die Sicht ihre Schärfe und das Leben seine Verletzlichkeit.

Beim grünen Star oder Glaukom wird der Augeninnendruck zu groß, das Kammerwasser kann nicht genügend abfließen. Der psychische Druck der nicht geweinten Tränen wird zu groß. Gestaute Emotionen und gestautes Weinen oder auch ein gestautes Loslassen sind die Ursachen. Der Glaukom-Erkrankte hat zunehmend weniger Gesichtsfeld, bis zum Röhrensehen; es ist so, als würde er mit Scheuklappen in das Leben schauen.

Der Stand der Augen in den Augenhöhlen sagt auch etwas aus: hervortretende Augen zeigen eine nervöse, alles durchdringende Lebensweise an. Während Augen, die tief in den Augenhöhlen liegen, auf eine zurückhaltende Gefühlsäußerung oder Traurigkeit schließen lassen.

In der neurolinguistischen Programmierung (NLP) lernt man unter anderem darauf zu achten, *wo* der Mensch Bezug auf die gestellte Frage oder das gerade betroffene Thema hinschaut. Schaut er zum Beispiel bei einem Stichwort „Mutter" nach oben rechts, konstruiert er visuell (über das Sehen) die Mutter; schaut er nach oben links, erinnert er sich visuell an seine Mutter. Ein Rechtshänder wird den

Augenstand nach rechts verändern, wenn er über das Sehen oder Hören konstruiert, und er wird nach links schauen, wenn er sich visuell oder auditiv (über das Hören) erinnert.

Soweit die Erläuterungen zu den beiden Augen. Das dritte Auge, das äußerlich nicht sichtbar ist, wird dem sechsten Energiezentrum zwischen den beiden Augen zugeordnet. Es ist mit der geistigen Einsicht verbunden und ist Sitz der mentalen Sinne, wie ich es im Stirnchakra beschrieben habe.

Es gibt eine Fülle von Übungen, die die Augen in ihrer Funktion des Sehens unterstützen beziehungsweise entlasten. Wir sollten uns dessen bewußt sein, daß wir sehr viel von unseren Augen verlangen und sie oft überfordern. Mit dem künstlichen Licht „verlängern" wir den Tag, entgleisen so dem natürlichen Tag und Nacht-Rhythmus. Hierbei ist das Glühbirnenlicht dem natürlichen Licht noch am ähnlichsten; das häufig vorkommende Leuchtstoffröhrenlicht, welches kein Rot-Spektrum enthält, irritiert die empfindsame Zirbeldrüse, die ein solches Licht nicht als Licht anerkennt.

Wenn wir der Netzhaut zu wenig Möglichkeiten geben durch Ruhe, Schlaf oder Entspannungsübungen den im Sehvorgang verbrauchten Sehpurpur wieder aufzubauen, müssen wir uns nicht über „müde" Augen und nachlassende Sehfähigkeiten wundern.

Für das Erkennen von Grenzen und Belastungen ist der *Malachit* und der *Chrysokoll* sehr unterstützend. Ansonsten ist das *Falkenauge* ein „Einsicht und Erkenntnis" fördernder Edelstein.

Gelbe und grüne Farbtöne unterstützen die Regeneration der Augen und der Sehfähigkeit, blaue und violette Farbtöne wirken fördernd auf die Einsichtsfähigkeit.

In Augen- und Sehtrainingskursen und ebensolcher Literatur erfährt man unterstützende Übungen wie zum Beispiel:
- das-Brennpunkt-Verändern: für circa fünf Sekunden auf einen nahen Gegenstand schauen, danach auf etwas Entferntes,
- das-Augenmuskulatur-Entspannen: umfahren Sie mit Ihrem Blick die liegende Zahl acht (Lemniskate),

– im „Lichtbaden" nehmen Sie das noch angenehme, aber helle Licht
der Sonne oder einer entprechenden Stärke einer Glühbirne mit
geschlossenen Lidern bewußt auf,
– verschiedene Formen von Augenmeditationen und so weiter.

Die Ohren

Man muß die Musik des Lebens hören.
Die meisten hören nur die Disharmonie.
Theodor Fontane

Das Sinnesorgan Ohr beinhaltet zwei Organe, nämlich das Gehöror-
gan selbst und das Gleichgewichtsorgan mit dem Organ zur Wahrnehmung von Beschleunigungen. Sie liegen eingebettet in den seitlichen Schädelknochen.

Das äußere Ohr, bestehend aus der sichtbaren Ohrmuschel und
dem Gehörgang, übt im Sinne des Hörvorgangs eine Trichterwir-
kung für die ankommenden Schallwellen aus. Das Trommelfell ist
eine bindegewebige Membran, die für ihre Geschmeidigkeit unbedingt vom Ohrschmalz eingefettet sein muß. Es ist der „Druckemp-
fänger", der die Schallwellen in das sich anschließende Mittelohr weiterleitet. Dort übernehmen drei kleine Knöchelchen die Schallwellen; sie heißen nach ihrem Aussehen Hammer, Amboß und Steigbü-
gel. Sie sind gelenkig miteinander verbunden und verstärken das An-
kommende, um es dann an das Innenohr abzugeben. Die Verstär-
kung des Schalls um das Einhundertachtzig-fache erfordert eine
enorme Beweglichkeit. Vernarbende Entzündungen oder gar Ablagerungen in diesem kleinen Raum können Ursachen für die Schwerhörigkeit sein. Das Mittelohr weist über die Ohrtrompete (= Eustachi-
sche Röhre) eine Verbindung nach unten zum Rachenraum auf. Sie ist
durch Aneinanderliegen ihrer Wände normalerweise geschlossen.

Beim Gähnen und Schlucken wird sie geöffnet und bewirkt dabei einen kurzdauernden Druckausgleich des Luftdrucks zwischen der Außenwelt und der Luft der Paukenhöhle, wie das Mittelohr auch genannt wird.

Das Innenohr nennt man durch seine Gänge und Ausweitungen auch Labyrinth. Es liegt tief im Inneren des Felsenbeins, das ein Teil des seitlich zur Mitte gelegenen Schädelknochens ist. Im untersten Teil des Innenohrs liegt das eigentliche Hörorgan, die „Hörschnecke". Circa zweieinhalb Windungen bieten ungefähr tausendsechshundert Hör- oder Sinneszellen den Raum für ihre Funktion. Diese Hörzellen sind so aufgebaut, daß zwischen Stützzellen kleine Härchen eingelagert sind. Um diese Zellen und die feinen Härchen befindet sich Endolymphe; das ist eine klare, eiweißarme, Hohlräume-ausfüllende Lymphflüssigkeit. Auf diese Endolymphe treffen nun die im Mittelohr verstärkten Schallwellen auf, bringen sie in Schwingung und bewegen dadurch die Sinneshärchen. Dieser Impuls ist eine Hörempfindung, die an das Hörzentrum über Nervenbahnen weitergeleitet wird. Werden wir uns dieses speziellen, bis ins Detail durchdachten Hörvorgangs bewußt und auch, wie oft wir durch Lärm unser Hören überstrapazieren.

Im oberen Teil des Innenohrs befindet sich das Gleichgewichtsorgan. Hier sind die Sinneszellen an verschiedenen Bögen, Gängen und Ausweitungen angebracht. Diese Art von Sinneszellen haben über ihren feinen Schöpfchen von Sinneshaaren eine aus Gelatine bestehende Deckplatte, in welche kleine Kalksteinchen (Otolithen) eingelagert sind. Eine Änderung der Geschwindigkeit oder eine Lageveränderung des Kopfes führt zu einem Impuls, weil dann die Kalksteinchen auf die Sinneshaare drücken oder ziehen. So gibt es in diesem Bereich Wahrnehmungen von Erdschwere, geradliniger Beschleunigung und Drehbeschleunigung.

Schwindel, Taumel und Orientierungsverluste liegen in der Fehlfunktion des Gleichgewichtsorgans begründet. Wenn im sogenannten Hörsturz ein kleines Blutgefäß reißt und sich das gegenüber der

Lymphe dickflüssigere Blut in diese Räume ergießt, kann man sich ausmalen, das Schwindel und Schwerhörigkeit die Folgen sein können. Die Schwerhörigkeit oder Taubheit kann auf beschädigter Schallleitung (Verknöcherung oder Ablagerungen in der Gehörknöchelchenkette, vernarbende Entzündungen) oder geschädigter Aufnahme der Impulse (Verletzung im Innenohr, Unflexibilität der Sinneshaare) beruhen.

Redewendungen wie:
– auf dem Ohr hört der nichts,
– für etwas taub sein,
– ich kann es nicht mehr hören,
– wer nicht hören will, muß fühlen,
– jemandem ein Ohr leihen,
– zuhören, hinhören, auf jemanden hören,

machen darauf aufmerksam, daß das Hören ein „in-sich-aufnehmen" ist, ein „hereinlassen". Das Ohr, genauer das äußere, sichtbare Ohr, ist an sich passiv. Außer „mit dem Ohr wackeln" oder die Hand zur Vergrößerung des Trichters hinter das Ohr halten, können wir nichts tun. Das Hören und das Hineinnehmen ist der aktive Vorgang und bezieht sich auf die Verwertung und Auswertung des Gehörten. Wir haben die Möglichkeit, uns dem „Hören" zu verschließen. Aber ein dauerndes „nicht-hören-wollen" führt dann irgendwann zum „nicht-hören-können", weil sich organische Veränderungen einstellen. Dadurch nehmen wir uns nicht nur das, was wir wirklich nicht mehr hören können, zum Beispiel die gut-gemeinten-Ratschläge, die Vorschriften und die Ermahnungen, sondern wir hören dann auch nicht mehr das Singen der Vögel oder das leise Plätschern des Baches.

Hören hat etwas mit *Ge-horsam* zu tun, mit gehorchen. Schaffen wir es, zu selektieren und zu gewichten, wenn wir gehorchen? Hören wir auf unsere innere Stimme? Oder ist es bequemer, zunächst einfacher, dem „Außen", den Eltern, dem Ehepartner zu gehorchen?

Wir provozieren eine Entzündung, zum Beispiel eine Mittelohrentzündung, als ein Zeichen des schwelenden Konfliktes im Hören, der dann die Erreger als geeigneten, zündenden Funken annimmt. Kinder im Alter von zwei bis drei Jahren neigen zu Ohrentzündungen. Ihr eigener Wille wächst, sie kommen in das Trotzalter, und sie wollen nicht hören, was ihnen gesagt wird.

Diese innere Stimme, die im Kontakt zu unserem Höheren Selbst zu uns spricht, ist nicht laut! Sie brüllt uns nicht an oder die Ohren voll. Wir müssen still werden, bewußt in uns hineinhören, um sie zu hören und sie zu verstehen. Sie hat Zeit und wartet, bis wir Erfahrungen mit unserem eigenen Wünschen und Wollen gemacht haben. Das Höhere Selbst ist immerzu bereit, uns auf den einfachsten, lichtvollsten Weg hinzuweisen. Aber häufig gehen wir Menschen Umwege. Dadurch verlaufen wir uns manches Mal in Sackgassen.

Wir Menschen stehen ständig in Zwiegesprächen mit uns selbst. Dabei liegt es in unserer freien Entscheidung, ob wir ein „freundschaftliches und gutmütiges" Gespräch führen, ob wir unser eigener Rechtsanwalt sind oder ob wir uns mit Beschuldigungen, harten Worten und Anklagen überhäufen wie ein Staatsanwalt.

Carl Huter sieht in seinen Büchern: „Die Grundlagen der Menschenkenntnis" (siehe Literaturliste) das Ohr als Ausdruck des inneren Seelenlebens. Er erkennt im Ohr den Ausdruck des inneren Seelenzustandes, den Adel und die Schönheit der Seele. In der Dreiteilung des Ohres beschreibt er das untere Drittel als den materiell-stofflichen Bezug (= Körper), das mittlere Drittel als den seelischen Bezug (=Seele) und das obere Drittel mit den geistigen Gefühlkräften (=Geist) verbunden. Das Ohr ist in der embryonalen Entwicklung übrigens das erste Organ, das ausgebildet wird.

Die Nase

Die großen Taten der Menschen
sind nicht die,
welche lärmen.

Adalbert Stifter

Die Nase gehört zusammen mit dem Rachen zu den oberen Luftwegen. Sie ist „das Tor zur Atmung". Die Atemluft wird in den Nasengängen der Nasenmuscheln durch kleine Flimmerhärchen gefiltert und gereinigt. Durch die starke Durchblutung der inneren Nase und die dadurch bedingte Körperwärme wird die Atemluft bei ihrem Durchgang erwärmt. Bestimmte Zellen in den Nasenschleimhäuten produzieren das Nasensekret, das die einströmende Luft anfeuchtet. Die Nase ist somit eine wichtige erste Station der Atemluft der Reinigung, Erwärmung und des Anfeuchtens. Trockene und kalte Luft reizt die Luftwege.

Die Nasenhöhlen sind durch feine Gänge mit den sogenannten Nasennebenhöhlen verbunden. Da gibt es die Stirnhöhlen (mehrere Kammern über der Nase in der Stirn), die beiden Oberkieferhöhlen (links und rechts neben der Nase im Oberkiefer über den Zähnen), die Keilbeinhöhle (eine größere Kammer hinter der Nase zum Schädel hin gelegen) und die Siebbeinzellen (mehrere kleine Kammern zwischen Stirn- und Keilbeinhöhle). Während des „Schniefens" zieht man das Nasensekret, das zum Beispiel während eines Schnupfens mit unzähligen Erregern durchsetzt ist, über diese Verbindungsgänge in die Nasennebenhöhlen, was dann dazu führt, daß sich die dortige Schleimhaut auch noch entzünden kann. Die luftgefüllten Nasennebenhöhlen sind Resonanzorgane, sie beeinflussen den Klang der Stimme.

Die Nasenatmung ist auch deshalb wichtig, weil wir mit der Einatmung nicht nur die Luft als ein Sauerstoffgemisch einatmen, sondern wir nehmen mit jedem Atemzug die Lebensenergie (Prana) in uns hinein. Über die Nasenatmung verteilt sich ein Teil des Pranas schon im Kopfbereich, noch bevor es die Lungen erreicht. Beim Kleinstkind wird durch die Nasenatmung die Ausbildung der Nasennebenhöhlen gesteuert.

Über das Wunder eines Atemzuges können wir immer wieder staunen. An *einem* Atemzug haben *alle* Zellen des ganzen Körpers teil. Jede Zelle wird durch ein *einziges* Atemholen versorgt und steht so in Verbindung mit dem ganzen Körpersystem.

Die Nase übernimmt neben den oben erwähnten Funktionen für die Atmung auch noch die Aufgabe des Riechens, sie ist das Wahrnehmungsorgan des Riechens. In der Nase sind drei Nasenmuscheln ausgebildet, wobei im obersten Nasengang der obersten Nasenmuschel (zur Stirnhöhle und den Siebbeinzellen als dem Dach der Nasenhöhle hin) die sogenannten Riechzellen sitzen. Circa zehn Millionen feinster Riechhärchen (Sinnesfäden) sind bereit, die Duftstoffe aus der Luft an ihrer Oberfläche festzuhalten. Jedes Riechhärchen hat am freien Ende eine ganz spezielle Öffnung, in die jeweils nur eine ganz bestimmte Molekülform hineinpaßt. Das Riechen geschieht nach dem „Schlüssel-Schloß-Mechanismus". Hat sich bei einem Riechfaden das genau passende Gegenstück angelagert, wird der Impuls über den Riechnerv zum Riechzentrum weitergeleitet, der wiederum auf Grund vorangegangener Erfahrungen auswertet. Wenn wegen des wahrgenommenen Geruchs Gefahr besteht, wie zum Beispiel beim Einatmen von Ammoniak oder giftig riechenden Gasen, löst das Riechzentrum im Gehirn kurzzeitig Atemstillstand aus. Wenn der Geruch angenehm ist, können Meldungen des Gehirns sogar Sekretionen auslösen (zum Beispiel Gerüche, die Appetit machen).

Man weiß, daß Stoffe mit kugelförmigem Aufbau kampferartig, drachenförmige blumenartig und scheibenförmige moschusartig „riechen". Das Riechorgan gewöhnt sich innerhalb weniger Minuten an Gerüche, weil dann die entsprechenden Rezeptoren besetzt sind.

Selbst eine hundertfache Geruchskonzentration würde dann keinen Nervenimpuls mehr auslösen können.

Der Geruchssinn ist um ein Vielfaches empfindlicher als der Geschmackssinn. Er warnt uns nicht nur vor Gefahren wie Giftgasen, Brandgeruch oder verdorbener Nahrung, sondern er setzt auch Speichel- und Magensaftabsonderung in Gang. Im Gehirn hat er einen Bezug zum limbischen System (siehe Nervensystem), das heißt, er kann Lust- und Unlustgefühle auslösen. Die Düfte bestimmter ätherischer Pflanzenöle haben auch therapeutische Wirkungen; so ist Rosmarin eher anregend, Lavendel ausgleichend und beruhigend. In diesem Zusammenhang verweise ich auf die Aromatherapie, deren Wert nicht zu unterschätzen ist.

Wir kennen Redewendungen, wie:
- einen guten Riecher haben,
- eine feine Nase haben,
- die Nase voll von etwas haben,
- jemanden nicht riechen können.

Sie sagen deutlich genug, was damit gemeint ist. Während eines Schnupfens, wenn die Nasenschleimhäute angeschwollen sind und enorme Mengen an Nasensekret produziert werden, mit dem die Erreger hinausgeschwemmt werden sollen, können wir uns auf der psychischen Ebene fragen, von was wir die Nase voll haben? Oder was uns stinkt? Beim Schnupfen ist der Konflikt schon ins Fließen gekommen. Der Körper reinigt sich schon mittels des übermäßigen Sekrets — analog reinigt sich auch die Psyche. Deshalb sollte ein Schnupfen nicht aufgehalten, sondern unterstützt werden. Im Handel übliche „Luft-verschaffende" Nasensprays sprengen nur die Nasenschleimhäute und lassen sie dann verkümmern.

Kennen Sie Ihren ganz persönlichen Körpergeruch ohne alle Duftseifen, Deodorants und Parfums? Er entsteht in den speziellen Duftdrüsen, die jeder Mensch, besonders in der Achsel- und Genitalregion, hat. Mögen Sie sich selbst riechen? Oder brauchen Sie jeden Tag und immerzu Düfte, um Ihren Eigengeruch zu vertuschen?

Wenn wir einen liebevollen und ehrlichen Kontakt zu uns selbst erlauben, uns selbst wieder gerne riechen, dann werden wir auch „den anderen riechen können".

Die Zunge

Den wahren Geschmack des Wassers
erkennt man in der Wüste.
Jüdisches Sprichwort

Die Zunge ist ein Organ der Mundhöhle. Sie ist ein kräftiger Muskel, der von einer derben Schleimhaut überzogen ist. In dieser Schleimhaut liegen die vielen kleinen, warzenartigen Papillen, welche die eigentlichen Geschmacksknospen enthalten. Ob es nun die Blätterpapillen, die pilz- oder fadenförmigen Papillen sind, die von der Zungenwurzel bis zur Zungenspitze verteilt sind, alle besitzen sie die Sinneszellen, die durch einen besonderen Geschmacksporus wie kleine Stiftchen herausragen.

Es gibt vier Grundqualitäten des Geschmacks: salzig, süß, sauer und bitter. Jede Qualität hat ihre besonderen Empfänger. Süß und salzig werden besonders an der Spitze wahrgenommen, sauer an den Zungenrändern, bitter am Zungengrund. Alle anderen Geschmacksqualitäten, und derer gibt es ja sehr viele, sind Gemische aus diesen vier. Hitze und Kälte wirken auf der Zunge wie ein Schock und beeinträchtigen die Geschmacksempfindung.

Die Zunge ist nicht nur ein Organ der Geschmacksempfindung, sie regt durch den Geschmack auch die Speichel- und Magensaftproduktion an. Durch die Zunge erfolgt beim Kauen eine Durchmischung des Speisebreies. Durch das Zurückziehen der Zunge entsteht ein

Sog, den wir zum Vorgang des Trinkens brauchen. Außerdem benötigen wir sie zum Sprechen. Probieren Sie einmal, Mitlaute ohne die Zunge zu sprechen.

Die Zunge ist für die Tast-, Temperatur- und Schmerzempfindung sehr stark mit Nerven durchsetzt. Sie vergrößert um das Mehrfache. Kennen Sie auch den Zustand nach einer Zahnarztbehandlung, wenn etwas an den Zähnen „verändert" wurde, zum Beispiel sitzt noch irgendwo ein klitzekleiner Rest Zahnstein oder eine neue Zahnfüllung mußte eingesetzt werden? Ihre Zunge erinnert Sie ständig daran, indem sie immer wieder „daran" stößt. Selbst ein kleines und dünnes Haar auf der Zunge meldet sie als einen großen Fremdkörper und Störenfried.

Auf der psychischen Ebene hat die Zunge einen Bezug zum Genießen. Denken Sie an den „Gaumengenuß". Unterschätzen Sie diese Qualität des Genießens nicht. Es ist ein enorm wichtiger Aspekt in der Lebensenergie, in unserem Erleben und Tun, uns des Genießens zu freuen. Das Essen genießen, ein Konzert oder eine Massage genießen. Das Leben mit allen seinen Erfahrungen genießen!

Genießen ist eine tiefe Erfahrung und etwas Ganzheitliches. Wenn ich eine Mahlzeit genieße, nehme ich alle Details wahr, nehme sie ganz bewußt und „genießerisch" in mich auf, lasse den ganzen Körper daran teilhaben.

Die Zunge weist auch auf Lust hin. Wenn wir auf etwas Lust haben, fahren wir schon mal mit der Zungenspitze an den Lippen entlang und zeigen damit an, daß wir uns dem ganz öffnen und es hineinnehmen wollen. Dabei wird auch offenbar, ob wir „einen guten Geschmack" haben.

In der Pathophysiognomik (Krankheiten aus dem Gesicht erkennen) lernt man, das Aussehen und die Beschaffenheit der Zungenschleimhaut auszuwerten. Die Zunge ist die Visitenkarte der Verdauung (siehe allgemeine Beschreibung der Sinnesorgane).

Die Haut

Mancher findet nur darum ein Haar in der Suppe,
weil er das eigene Haupt schüttelt,
solange er ißt.

Friedrich Hebbel

Die Haut ist unsere äußere Grenze. Hätten wir unsere Haut nicht, würden wir in unsere Umgebung zerfließen und mit den anderen zusammen verschmelzen. Innerhalb unseres Körpers trennen ebenfalls Häute und Schleimhäute einzelne Organe voneinander.

Die äußere und sichtbare Haut besteht aus drei Schichten. Zuoberst sehen und betasten wir die Oberhaut mit der im physiologischen Sinne toten Hornhaut und der darunter liegenden Keimschicht. Diese Keimschicht bildet beständig neue Zellen, die beim nach außen Wandern den passiven Hautschutzmantel (gegen Druck, Reibung, chemische Einflüße) bilden.

Unter der Oberhaut befindet sich als zweite Schicht die Lederhaut, die eine erstaunliche Festigkeit, Schmiegsamkeit und Dehnbarkeit aufweist; sie ist besonders wichtig über den Gelenken. Sie stellt das aktive Schutzorgan der Haut dar, denn in ihr sind "Wächter und Polizisten" (Histiozyten und Granulozyten), die in Spalten und Verletzungen eingedrungene Erreger erkennen und bekämpfen können. In der Lederhaut liegen auch die meisten Hautsinneszellen. Für jede Eigenschaft gibt es einen speziell dafür vorgesehenen Empfänger beziehungsweise Rezeptor. So gibt es Tastscheiben und Tastkörperchen, Druckrezeptoren, sensible Rezeptoren für die Kälte, Rezeptoren für die Wärmeempfindung, freie Nervenendungen für die Schmerzempfindung — jedes hat nur *eine* spezielle Aufgabe.

Die dritte Schicht der Haut ist die Unterhaut, die zwischen der Haut und den tiefer gelegenen Organen mit Muskeln und Knochen vermittelt. Sie besteht aus lockerem Bindegewebe mit mehr oder minder reichlich eingelagertem Fett. Die Menge des Unterhautfettgewebes ist zum Teil hormonell bedingt.

Zu den Hautanhangsgebilden zählen die Haare, die Nägel, die Schweiß- und Talgdrüsen. Bei den Haaren unterscheidet man die Langhaare, wie Kopf- und Barthaare, mit denen wir unser Aussehen mitbestimmen. Die Kurz- und Borstenhaare, wie Wimpern und Nasenhaare, erfüllen dagegen fast immer Schutzfunktionen. Das sogenannte Wollhaar ist das feinste Haar und bekleidet alle Körperteile.

Die Lang- und Wollhaare dienen unserem Schutz vor Kälte. Wenn wir zum Beispiel Gänsehaut bekommen, richtet sich die kleine Muskulatur des Haarschaftes auf und vergrößert dadurch das uns umgebende Luftpolster. Wir bekommen aber nicht nur in der Kälte eine Gänsehaut, sondern auch in ängstlichen und gefahrvollen Situationen. Wir symbolisieren damit unser Bedürfnis nach Schutz, einer „dickeren" Haut, nach zusätzlichem Raum und den Wunsch, es möge uns nichts „zu nah" kommen.

Die Nägel an den Fingern und den Fußzehen sind vom Nagelfalz her wachsende, verhornte Platten, die Schutz- und Tastfunktion haben. Selbst aufgrund des Aussehens und der Beschaffenheit der Nägel können Rückschlüsse auf Sauerstoffversorgung, Giftausscheidungen, Stoffwechselstörungen und so weiter gezogen werden (siehe Literaturliste:

Die Schweißdrüsen sind auf der ganzen Haut verteilt; besonders viele befinden sich in den Handtellern und auf den Fußsohlen. Aus ihrem Ausgang, der Schweißpore, sondern sie den Schweiß ab, der zu achtundneunzig Prozent aus Wasser besteht, den Rest bilden Harnstoff, Salze und eventuell noch schädliche Stoffwechselprodukte. Beim Schwitzen unterscheidet man das aktive Schwitzen durch Muskelarbeit und das passive, zum Beispiel im Fieber oder in der Sauna.

Die über den Körper verteilten Talgdrüsen enden fast immer in einem Haarbalg und sondern eine fettige Substanz ab. Zusammen mit dem Schweiß (Wasser und Salze) entsteht so der „Säureschutzmantel" der Haut, der ein wichtiger Schutz gegen Bakterien ist.

Die Haut ist mehr als eine Abgrenzung und ein Schutzorgan (aktives und passives). Sie ist das wichtigste Organ zur Regelung des Wärmehaushalts. Durch die mehr oder weniger starke Durchblutung des Hautgefäßnetzes wird die Wärmeabgabe gesteigert oder vermindert. Sie ist außerdem ein Atmungsorgan und unterstützt damit die Ausscheidung. Was nicht allein über die Lungen abgeatmet werden kann, hat noch eine Chance, über die Haut „ausgedunstet" zu werden. Nicht nur deshalb ist die Beschaffenheit der „Kleidung als zweiter Haut" wichtig, sie soll die Hautatmung unterstützen und nicht unterbinden.

Unsere Haut ist ein „Ausdrucksorgan", sie zeigt in ehrlicher Weise unsere psychische Verfassung an, zum Beispiel im Rot-werden vor Scham, Blaß-werden vor Schreck. Das Gelb-Werden bei einer Leberentzündung zeigt die Verfassung des Organs an. Die Haut ist eine *Projektionsfläche* unseres Inneren! Es gibt Menschen, die eine „dünne Haut" haben, denen etwas schneller unter die Haut geht als anderen. Menschen mit einem „dicken Fell" haben es in dieser Hinsicht etwas leichter. Bei der Schuppenflechte (= Psoriasis) ist gerade die Abgrenzung das konfliktbeladene Thema. Die Haut zeigt mit ihren Schuppen die zusätzliche „Panzerung"; dahinter verborgen liegt oft ein weiches, eventuell verletztes Inneres. Im Volksmund sagt man: hinter einer rauhen Schale steckt ein weicher Kern.

Wenn sich ein Hautausschlag auf der Hautoberfläche zeigt, gibt es im Inneren ein analoges Thema. Das kosmische Gesetz − „wie innen − so außen" − erlaubt hier keine Ausnahme. Bei einem Hautausschlag bricht etwas von innen nach außen durch − es „durchbricht die Abgrenzung". Es will nach außen und in das Bewußtsein. Es ist daher sehr wichtig, daß die Behandlung der Hautausschläge nicht von außen nach innen geht, indem mit Salben und äußerlichen Anwendungen die Ausschläge wieder „hineingedrückt" beziehungsweise unterdrückt werden. Hautausschläge werden in der heilsamen Weise von innen her behandelt. Sei es durch die Einsicht, was als psychisches Thema die Grenze durchbricht und nach außen drängt, oder durch eine Umstellung der Ernährung, wie es zum Beispiel bei unreiner Haut sinnvoll ist. Es gibt heute so viele, hartnäckige, therapie-resistente Hautausschläge, weil der Bezug zur inneren Ursache au-ßer Acht gelassen wird. Wenn Sie unter einen Hautausschlag lei-den, schauen Sie in sich hinein und fragen Sie sich, ob Sie „sich wohl in Ihrer Haut fühlen"? Oder ob Sie „aus Ihrer Haut fahren könnten"?

Der Juckreiz ist auch ein wichtiger Botschafter. Er reizt und juckt nicht nur auf der Haut, sondern bei näherem Hinschauen gibt es ganz sicher noch etwas auf der psychischen Ebene, was da juckt, kribbelt, prickelt oder kratzt. Sich zu jucken oder gar sich wund zu kratzen, ist oft eine versteckte Art der Aggression gegen sich selbst. Sanft mit sich umzugehen ist anders, als sich mit den Fingernägeln (oder Bürsten) zu kratzen.

Die Haut steht in engem Kontakt mit bestimmten inneren Orga-nen, so zum Beispiel mit den Lungen und den Nieren. Alle sind sie Ausscheidungsorgane. Was die Nieren nicht als wasserlösliche Sub-stanz ausscheiden können, was die Lungen nicht ausatmen können, hat noch eine letzte Ausscheidungschance über die Haut. Leider ken-nen wir zu viele Maßnahmen, den Schweiß und andere Körpersub-stanzen zu unterdrücken. Die Erfahrungen haben gezeigt, daß sich unterdrückte, von außen nach innen behandelte Hautausschläge auf den Atmungsorganen als Asthma zeigten. Wenn nun der Lungenfach-arzt das Asthma behandelt, kann es sein, daß der Hautausschlag wie-derkommt. Innere Krankheiten, die mit einem Hautausschlag einher-gehen, wie Masern, Röteln und Scharlach, zeigen durch das sich an-schließende „Häuten" auch den inneren Entwicklungsschritt. Bei Kin-dern ist das besonders deutlich.

Bei der Haut ist Grenze und Abgrenzung das eine Thema – der Kontakt das andere. Die Haut ist das wichtigste Sinnesorgan der Be-rührungs-, Tast-, Temperatur und Schmerzempfindung! Sie ist neben den Lungen ebenfalls ein *Kontaktorgan*. Die Haut an meiner vorder-sten Front meldet meinem Inneren und meiner Steuerungszentrale, mit was ich in „Kontakt" und in „Berührung" bin. Ein nicht „berührtwerden-wollen" führt zur verstärkten Abgrenzung (etwa in der Schuppenflechte) und damit in die Isolation.

In diesem Zusammenhang „Haut und Kontakt" sind Massagen und Behandlungen, wo Hände angelegt werden, von großer Bedeutung. Alle Massagen, alle Reflexzonentherapien gehen über die Haut von außen nach innen. Sie nehmen die Information oder den Impuls des Anregens oder Beruhigens mit hinein, eventuell direkt zu dem Organ hin – oder über Umwege, wie die nervliche Entspannung. Wer sich auf der Haut selbst berührt oder sich berühren läßt, muß wissen, daß diese Berührung auch im Inneren, auf der feinstofflichen Ebene, etwas auslöst. Eine Massage ist wie ein Zwiegespräch zwischen dem Organ und Ihnen – oder zwischen zwei Körpern. Wir erfahren Massage schon im Mutterleib, während unseres Wachsens durch die Bewegungen der Mutter. Ist nicht die Geburt die wohl stärkste und intensivste Massage, die wir je erleben können?

In einem Buch über sanfte Massagen (siehe Literaturliste) fand ich einen schönen Satz über die Massage: „Each massage is a message" (jede Massage ist eine Botschaft). So gesehen ist die Haut ein kompliziert funktionierendes Organ mit Verbindungen zu allen tiefer gelegenen Organen und als Wahrnehmungs- und Sinnesorgan eine der wichtigsten Empfänger- und Sendestationen.

Heilende Anwendungen für die Sinnesorgane

Edelsteine für die Sinnesorgane
Besonders intensiv auf die Augen wirken:
Das *Falkenauge*, er unterstützt die Einsicht und das Erkennen.
Der *Bergkristall* verströmt sein reinigendes und stärkendes Licht, er ist *der* Lichtbringer.
Der *Sodalith* und der *Lapislazuli* fördern das Erkennen, das innere Schauen und die Einsicht.
Der *Malachit* und der *Chrysokoll* unterstützen uns im Annehmen unserer bisher begrenzten Sichtweisen und unserer Schattenseiten.

In die Region der Ohren und des Hörens wirkt der *Karneol* bei Durchblutungsstörungen harmonisierend.

Die Edelsteine des fünften Energiezentrums (Kehl-Chakras) haben den Bezug zum Hören und zum „inneren Hinhören".

Der *Chalzedon* läßt uns wieder „Feines" und „Leises" hören, macht uns „hellhöriger" für unsere innere Stimme.

Der *Aquamarin* unterstützt dies auf noch höheren, geistigen Ebenen.

Bei akuten Entzündungen der Nasenschleimhaut und der Nasennebenhöhlen helfen besonders gut der *Bergkristall* und der *Rutilquarz* im Sinne der Erste-Hilfe-Steine.

Der *Karneol* bringt uns wieder in den Lebensfluß und hilft bei verstopften Nasengängen und Stauungen.

Bei akuten Hautausschlägen leiten der *Bergkristall* und der *Rutilquarz* ebenfalls Heilungsprozesse ein. Anschließend wähle man den Stein, der dem inneren Konflikt zugrunde liegt.

Der nach innen öffnende *Zitrin* kann bei der „Panzerung", dem vermehrten Bedürfnis nach Schutz, ein lichtvoller Helfer sein.

Der *Malachit* und der *Chrysokoll* unterstützen das Erkennen eigener Bedürfnisse, wecken das Verständnis und die Liebe zu sich selbst.

Farbzuordnung

Violette und blaue Farbtöne (Aura-Soma-Essenzen) unterstützen die Einsicht der Augen. Die hellblaue Farbessenz, im Halsbereich aufgetragen oder in der Aura verteilt, wirkt heilend auf die Ohren und den Mundbereich. Da die Haut unseren ganzen Körper umgibt, können viele Farben unterstützend sein, wobei gelb und orangegelbe Farben Mut und Vertrauen stärken, sich die zugrunde liegenden Themen anzuschauen.

Heilungsgespräche

Auch hier können Sie eines der Heilungsgespräche oder eine Heilungsmeditationen wählen, die schon in anderen Organkapiteln beschrieben worden sind. Dazu zählen die Harmonisierung eines Sinnesorgans mit einem Edelstein oder Kristall, ein Heilungsgespräch mit dem Wesen eines Sinnesorgans, zum Beispiel mit der Hüterin des Augenlichtes, dem Hüter des Hörens oder ähnliches, Kontakt zum Höheren Selbst und Aufnahme einer Heilungsbotschaft, ein Reinigungsritual mit dem Engel der Reinigung; oder Sie fragen das Sinnesorgan, welche Farbe es zur Gesundung braucht, bitten um die Farbe und lenken Sie dorthin.

Heilende Phantasiereise speziell für die Augen
– Auswahl eines Edelsteins oder Kristalls
– Individuelle Einstimmung zur Meditation
  Kontakt zum Höheren Selbst, Visualisation der Licht-Hülle zum Schutz und zur Geborgenheit)
– Reinigen und Aufladen des Edelsteins oder des Kristalls.

Fühle dich wohl, geborgen und lichtgeschützt in deinem Körper. Dein Lebensstrom fließt ungehindert voller Liebe und Kraft durch dich. Ein Teil deiner Aufmerksamkeit wacht darüber – den anderen Teil der Aufmerksamkeit lasse nun in dein innerstes Reich der Seelenbilder hineintauchen. Sei bereit, dich auf der Reise in dein Inneres von dem Licht deines Edelsteins oder Kristalls begleiten zu lassen. Finde dich ein auf deiner dir vertrauten Wiese. Schaue aufmerksam um dich, wie deine Wiese heute beschaffen ist, wie das Wetter ist, und so weiter. Nimm' die ganze Landschaft um dich herum wahr und begib dich auf den Weg, der sich vor dir zeigt. Du gehst ihn entlang und siehst in der Ferne ein Haus, auf das dein Weg genau zuführt. Auch dieses Haus (Steinhaus, Palast oder Tempel) ist dir in deinem Inneren vertraut. Dort angekommen, steht die Tür für dich offen. Du trittst ein, schaust dich im Empfangsraum, von dem vielerlei Türen ausgehen, um. Du gehst zielstrebig auf die Tür mit der Aufschrift „Selbsterkenntnis" zu. In den Raum eingetreten, nimmst du gedämpftes Licht und die verschiedensten Spiegel wahr. Die Spiegel sind ganz besonderer Art. Sie spiegeln nicht wie gewohnt alles das zurück, was hinein-

schaut, sondern sie verdeutlichen nur „einen" Aspekt, nur eine Sache ganz besonders.

Gehe nun begleitet von deinem Licht und voller Zuversicht hinein in den Raum der Spiegel, bereit, wieder einen Teil deines Wesenskernes zu erkennen. Bitte dein Höheres Selbst, dich nun zu drei Spiegeln zu führen, die eine Licht-Seite von dir zeigen. Stelle dich dann jeweils vor einen Spiegel und schaue dir diese Gabe oder Fähigkeit an.

(einige Minuten Zeit lassen)

Bitte nun dein Höheres Selbst, dich zu weiteren drei Spiegeln zu führen, die jeweils eine Schattenseite von dir wiedergeben. Habe Mut und Vertrauen, sie dir in diesem geschützen Rahmen, in dem du nun bist, anzuschauen. Es ist wichtig, daß du sie dir zunächst nur anschaust, sie mit deinen Augen erkennst.

(einige Minuten Zeit lassen)

Wenn du noch magst, kannst du nun dein Höheres Selbst bitten, dir aufzuzeigen, was dir helfen wird, deine erkannten Schattenseiten zu integrieren und sie so dem Licht der Erlösung näherzubringen.

(einige Minuten Zeit lassen)

Wenn du auch damit zu Ende gekommen bist, danke und gehe wieder zur Tür zurück, in den Empfangsraum deines Hauses. Wieder auf dem Weg über die Wiese wirst du dir bewußt darüber, was es für dich bedeutet, drei Licht- und drei Schattenseiten von dir wahrgenommen zu haben. Was es für deinen heutigen Tag bedeutet.

Ruhe dich auf deiner Wiese noch eine Zeit lang aus. Danke deinem Höheren Selbst, deiner inneren Führung für das Begleiten und Leiten. Verlasse dann auch das Bild deiner Wiese, steige in dir wieder empor und lasse deine Anteile der Aufmerksamkeit wieder miteinander verschmelzen. Nimm bewußt deinen Körper wahr und betrachte deinen Körper als eine Ganzheit. Sei deinen Augen dankbar, die für dich das Außen und das Innen sehen, wie es in dir und um dich ist. Danke dem Wesen deines dich begleitenden Edelsteines und finde in Liebe, Licht und Dankbarkeit wieder bewußt in die Außenwelt zurück.

– Ende der Meditation –

Spezielle Meditation für das Ohr
Üben Sie sich im *Lauschen*. Lauschen Sie in sich selbst hinein; welche Geräusche kennen Sie von sich außer dem gelegentlichen Gurgeln im Bauchraum oder Ihrem Herzschlag? Oder lauschen Sie nach einer meditativen Einstimmung auf Geräusche von außen, zum Beispiel auf Vogelgezwitscher oder ähnliches, und spüren Sie Ihren inneren Reaktionen darauf nach.

Tonmassage:
Wählen Sie *vor* der Tonmassage (Heilbehandlung für das Ohr) sorgfältig die Musik dafür aus. Wenn es ein klassisches Musikstück ist, sollten Sie es gut kennen, damit Sie während der Meditation nicht über plötzlich laute oder schnelle Teile erschrecken. Meditationsmusiken gibt es in den verschiedensten Variationen, so daß Sie für sich sicherlich ein geeignetes Musikstück finden. Im Aquamarin-Verlag gibt es hierzu speziell einen Musik-Katalog, in dem die verschiedensten Meditationsmusiken angeboten werden.

Bereiten Sie alles für eine Meditation im Liegen vor, in der Sie sich von der gewählten Musik massieren lassen. Wählen Sie die Lautstärke für Ihre Musik und stimmen sich dann ein.

Zur Meditation
Lenke nun deine ganze Aufmerksamkeit zu deinen Ohren hin. Lasse sich dort dein Licht und deine Liebe des Herzens ausbreiten. Werde dir dann den Klängen der Musik bewußt. Was hörst du in diesem Augenblick? Deine Ohren leiten die Klänge in dich hinein. Sei nun bereit, auf eine erweiterte Art und Weise zu „hören". Höre mit dem ganzen Körper. Widme dich mit ganzer Aufmerksamkeit und Liebe den Klän-

gen der Musik. Der Klang, die Töne sind Schwingungen. Diese Schwingungen verteilen sich im Raum, kommen auf dich zu. Sie wirken auf deine Aura, auf deine Lichthülle ein. Stelle dir vor, wie diese Schwingungen des Klanges die Schwingungen deiner Aura berühren, sie sanft streicheln, sich gar mit ihnen verbinden. Wie sie aufeinander auftreffen, spielerisch, tänzerisch.

Wenn du das ausgekostet hast, dann öffne deine Türen und Pforten nach innen. Sei bereit, die harmonisierenden Schwingungen der Klänge ganz bewußt in dich hineinzunehmen. Das kann über deinen Hauptkontakt des Hörens, über deine Ohren, geschehen, es kann aber auch sein, daß du sie über deinen Nabel oder eines der Chakren einläßt – oder über deinen ganzen Körper.

Lasse dich streicheln von den Klängen, lasse dich sogar massieren. Lasse es zu, daß die heilenden Klänge deine Organe reinigen, durchströmen, durchfluten. In der Strömung der Töne wird so einiges Altes mitgerissen und ausgeschwemmt.

(einige Minuten Zeit lassen)

Spüre immer wieder liebevoll in dich hinein, welchem Organ es besonders wohl tut, welches Organ besonders sanfte Massage braucht und welches Organ auch etwas mehr Druck verträgt. Spüre die heilsame Kraft der Töne und Klänge.

Spüre, wie deine Seele in den Klängen badet oder tanzt.

Wenn du ganz und gar aufgefüllt bist und die Tonmassage beenden möchtest, dann stelle dir vor, wie die Klänge ein letztes Mal dein Inneres ausfüllen, dann deine Aura und zuletzt sich nur noch im Raum außerhalb von dir verteilen. Deine Ohren bleiben nun ausschließlich deine Organe des Hörens. Danke Gott-Vater und Mutter-Erde für alles, wie es in dir und um dich ist und finde in deinem Tempo ganz bewußt wieder in die Außenwelt zurück.

– Ende der Meditation –

Wie man mit Musik und Klängen arbeiten kann, ist in Ralph Tegtmeiers Buch „Musikführer für die Reise nach Innen" (siehe Literaturliste) zusammengestellt.

Spezielle Heilmeditation für die Haut, Behandlung mit den feinstofflichen Händen

Individuelle Einstimmung in die Meditation
Betrachte nun in deiner Vorstellung deine feinstofflichen, geistigen Hände. Werde ihrer ganz bewußt und streiche nun sanft über deine Haut an der Oberfläche deines Körpers oder über ein bestimmtes Organ in deinem Inneren. Berühre deine Haut mit großer Sanftheit, Achtsamkeit und liebevoller Fürsorge. Berühre deine Haut, als wäre es das Wertvollste und Wunderbarste, was du dir jetzt vorstellen kannst. Eventuell erhältst du den Impuls, eine Hautpartie besonders sanft zu ertasten oder auch fester zu massieren oder sie irgendwie sonst zu behandeln.

(einige Minuten Zeit lassen)

Zum Abschluß streiche noch einmal mit aller Zartheit über deine Haut (über den Hautausschlag oder das behandelte Organ). Danke den geistigen Kräften für alles, was möglich ist, und finde in deinem Tempo wieder ganz bewußt in die Außenwelt zurück.

– Ende der Meditation –

Diese Meditation kann abgewandelt werden, indem das Ertasten, Streicheln und Massieren nicht mit den feinstofflichen, geistigen Händen ausgeführt wird, sondern mit den liebenden, leiblichen Händen.

Legen Sie Ihre Hände auf Ihre Haut auf oder über das schmerzende Organ (oder die betroffene Körperregion). Stellen Sie sich vor, wie Ihre Liebe und Fürsorge durch Ihre Hände über die Haut in das Innere fließt. Oder streichen Sie sehr liebevoll darüber und tasten oder massieren Sie. Unsere Hände und unser Gefühl haben wir *immer* bei uns. Wir sollten sie viel öfter in diesem Sinne gebrauchen. Trainieren Sie viel öfter Ihr Tastgefühl. Die Fingerkuppen sind durch die unzähligen Nervenendigungen so feinfühlig. Vertrauen Sie dem, was Sie beim Ertasten fühlen, welche Intuitionen in Ihnen auftauchen.

Erlauben Sie sich wieder einmal, einen Baumstamm, ein Stück Baumrinde, eine Blume – oder Ihren Partner – zu ertasten.

Der Halte- und Bewegungsapparat

*Empfange das Leiden
als einen Boten des Himmels,
doch laß' ihn weiterziehen,
wenn er weiterziehen will.*
(18)

Das Knochen-, Gelenke und Muskelsystem

Die Knochen, Gelenke, Muskeln und Bänder gehören zum sogenannten Halte- und Bewegungsapparat.

Bei den Knochen unterscheiden wir Röhrenknochen von Plattenknochen. Röhrenknochen sind zum Beispiel der Oberarmknochen, die beiden Unterarmknochen, Ober- und Unterschenkelknochen, ebenso die Finger- und Fußknöchelchen. Zu den Plattenknochen zählen das Brustbein, die Schädelknochen und die Beckenschaufeln. Beide Arten weisen wiederum auf die Dualität hin, auf das *sowohl als auch*, denn sie sind im Inneren, im blutbildenden Knochenmark, fast weich, und außen gibt uns die feste, harte Struktur die nötige "Stütze". Das Gehirn ist zum Beispiel ganz von den Schädelknochen schützend und bergend umgeben.

Alle Knochen zusammen bilden das Skelett. Hätten wir das Skelett als rahmengebende Stütze nicht, wären wir ein zusammengesunkenes Häufchen von weichen Organen, und die Funktionen würden wegen des fehlenden Haltes zusammenbrechen. Erkennen Sie, wie wesentlich auch Ihre Knochen zu dem beitragen, was Sie sind? Sie sind nicht minder wichtig als Verdauungsorgane oder das Ausscheidungssystem. Der Knochen schenkt uns Halt, Stütze, Festigkeit und Schutz. Diese Eigenschaften gelten sowohl für den grobstofflichen, materiellen Bereich als auch für den feinstofflichen, psychischen. Wenn wir Konflikte im knöchernen System haben, setzen wir uns mit dem Thema Festigkeit, Stabilität und dem *inneren Halt* auseinander.

Wir begegnen auf unserem Lebensweg Härte und Weichheit, so, wie wir es auch in uns wiederfinden. So mancher Lebens- und Reifeprozeß erfordert von uns, daß wir standfest und hart bleiben. Sind wir unangemessen und überzogen hart, ja spröde, werden wir daran zerbrechen. Auf der körperlichen Ebene verdeutlicht ein Knochenbruch, daß analog auf der seelisch-geistigen Ebene auch etwas „gebrochen" ist.

Auf der körperlichen Ebene wird der gebrochene Knochen in Gips ruhiggestellt, geschient oder es wird operativ mit einer Metallplatte der Halt „ersetzt", bis sich neues Knochenmaterial gebildet hat. Wenn in unserem Inneren, im Geistigen, etwas zerbrochen ist, tut uns Stütze, Halt und Anteilnahme von außen ebenso gut, bis es innerlich wieder „geheilt" ist.

Ebenso ist es mit der Thematik: Weich-sein, Weichheit und *Nachgiebigkeit*. Es ist und bleibt immer eine ganz individuelle Entscheidung, wann wir weich und nachgiebig oder fest und hart sind. Achten Sie sorgsam auf Ihre Wahl und „besprechen Sie Ihre Entscheidung mit Ihrer inneren Führung, Ihrem Höheren Selbst". Falsch verstandene Liebe ist oft der Hintergrund des „zu-weich-seins", des „zu-nachgiebig-seins". Echte Liebe sagt auch einmal *nein*! Erinnern Sie sich des Themas: Abwehr. In Fürsorge und im Verantwortungsbewußtsein für unseren Organismus müssen (und dürfen) wir zu einigen (auch zu Erregern) nein sagen.

Ich kenne von mir das Verhaltensmuster, mir Liebe und Anerkennung durch Leistung zu „erkaufen". Schon dreimal provozierte ich damit die Zwangsregulation eines Gipsbeines, weil ich meine eigenen Grenzen nicht beachtete.

Wenn bei Kleinkindern ein Knochen bricht, kommt es oft zu einer sogenannten „Grünholzfraktur". Wenn Sie ein etwa fingerdickes grünes Baumästchen knicken, bricht es nicht ganz durch, sondern feste und elastische Fasern überdehnen sich, halten aber dennoch beide Stücke zusammen. Kinder sind in diesem Alter noch „formbarer" und noch nicht so erstarrt, wie wir Erwachsenen. Bei älteren Menschen werden die Knochen spröder, der Kalzium- und Phosphathaushalt (beides sind wichtige Elemente für den Knochenstoffwechsel) verändert sich analog der geistigen Festigkeit oder Starrheit.

Osteoporose ist die „Knochenentkalkung", bei der der Knochen (= Os) porös wird; sie kommt bei Frauen durch die hormonelle Umstellung nach den Wechseljahren häufiger vor. Es betrifft Frauen, die den *inneren* Halt verloren haben. Wichtig für diese Frauen ist es, in der „neuen Aufgabe" einen neuen Sinn, einen neuen Halt zu finden und stabil und fest zu sein.

Die Wirbelsäule, dank deren Stütze wir aufrecht stehen, besteht aus:
- 7 Halswirbeln, darauf lagert der Kopf,
- 12 Brustwirbeln, davon gehen die 12 Rippenpaare für den Brustkorb ab,
- 5 Lendenwirbeln, die stärksten Wirbel, unser „liebes Kreuz",
- dem Kreuzbein, mit ihm sind die Beckenschaufeln verbunden,
- 4-5 kleinen Steißbeinwirbeln, die fest miteinander verwachsen sind.

Der kompakte Wirbelkörper gibt die Stütze und die Festigkeit. Der sich nach hinten anschließende Wirbelbogen ist ein Schutz für das Rückenmark, das die Nervenbahnen enthält. Die Nervenbahnen sind unsere Verbindungen, unsere „Telefonkabel" zwischen den Organen und der Steuerungs- und Koordinationszentrale Gehirn. Zwischen den Wirbelkörpern liegen die Bandscheiben, das sind Knorpelscheiben mit einer gallertartigen Masse im Innern. Sie verbinden einerseits die Wirbelkörper miteinander und verhindern gleichzeitig, daß Knochen an Knochen reibt. Sie ermöglichen die Flexibilität und Beweglichkeit der Wirbelsäule, damit wir uns „beugen" können — auch im doppeldeutigen Sinn. Im Bandscheibenschaden sind diese Knorpelscheiben verrutscht und berühren oder klemmen gar einen vorbeiziehenden Nerv ein. Gereizte oder eingeklemmte Nerven sind enorme Schmerzen, die jeder kennt, der seinen Ischiasnerv schon einmal erspürte oder der weiß, wie sich ein Hexenschuß anfühlt.

Die psychische Thematik liegt zum Teil im Überladen mit Last und Aufgaben. „Man lädt sich zuviel auf den Rücken". Sie kann aber auch im „Nicht-beugen-wollen" liegen. Im Hexenschuß zeigt man im Schmerz seine „Steifheit", die körperliche Wirbelsäule zwingt den Betroffenen in eine ehrliche Haltung und zeigt, was man vor dem Ereignis versäumte. Wieder sind es Aspekte wie:

– die eigenen Grenzen nicht respektieren,
– nicht rechtzeitig nein sagen können,
– sich zuviel zumuten,
– Hochmut statt Demut zeigen,
– die geistige Unbeugsamkeit deutlich zeigen,
– im steifen Hals die geistige Hartnäckigkeit leben.

Die Gelenke sind Verbindungen zweier Knochenanteile, die zusammen mit Bändern (Bindegewebsfasern) die Beweglichkeit ermöglichen. Knorpelige Überzüge an den Knochenenden schützen vor Abnutzung und unterstützen einen reibungslosen Bewegungsablauf. Das Schultergelenk zum Beispiel besteht aus dem Schlüsselbein von vorne, dem Schulterblatt von hinten und dem Oberarmkopf. Die Hüfte bildet sich aus dem unteren Beckenschaufelanteil und dem Oberschenkelkopf.

Gelenkschmerzen und Gelenksteifigkeit zeigen über die körperliche Unbeweglichkeit auch die geistige Unbeweglichkeit. Meistens werden sie durch Wärme gelindert. Wärme ist in diesem Sinne ein Symbol für Zuwendung und Liebe. Bei der Arthritis und Gicht werden in den Gelenken Stoffwechselschlacken abgelagert beziehungsweise versteckt. Der Körper weiß nicht, wie er sie wegen der großen Mengen ausscheiden soll. Es ist eine Zwischenlagerung in den Gelenken oder auch in Muskelanteilen (Weichteilrheuma) in der Hoffnung, daß der Mensch eine Möglichkeit bietet, diese Schlacken auszuscheiden. Die „inneren Mülleimer" leeren sich sinnvollerweise in Diäten und Fastenzeiten. Psychisch sind überholte und alte Lebensprinzipien symbolisiert, ebenso veraltete Gefühls- oder Verhaltensmuster oder dogmatisches Denken und ähnliches.

Das „Band" ist ein verbindendes und „verbindliches" Element. Eine Bänderdehnung, eine Zerrung oder gar ein Riß zeigen an, daß wir körperlich und geistig „zu weit" gegangen sind. Achten Sie dann voller Liebe und ohne Wertung, wie denn zur Zeit Ihre Lebensumstände sind. Wo sind Sie zu weit gegangen? Wo sind Sie zu straff oder zu lasch?

Unsere Körperhaltung zeigt unsere innere Haltung an. Beobachten Sie einmal Menschen aus diesem Blickwinkel, wenn Sie an einem Bahnhof oder in einer Warteschlange, einem Volksfest oder sonst irgendwo sind. Schauen Sie hin. Wie geht der Mensch? Aufrichtig mit festem, sicheren Schritt oder eher unsicher trippelnd? Vor Gram und Kummer gebeugt oder gar steif? Locker und beschwingt? Die Schultern zum Schutz des Halses hochgezogen?

Schließen auch Sie einmal für einige Minuten vor einem Spiegel die Augen und nehmen eine Haltung ein, wie Sie sie schon oft eingenommen haben. Welches Bein ist mehr belastet? Brauchen Sie unbedingt die Hosen- oder Rocktasche für eine Ihrer Hände? Verschränken Sie die Arme vor Ihrem Bauch? Wie locker sind Ihre Schultern? Erspüren Sie das Gefühl, das mit dieser Haltung verbunden ist – und öffnen Sie dann die Augen und schauen sich Ihr Spiegelbild einmal ganz neutral und möglichst wertfrei an.

Erlauben Sie sich auch einmal, die Haltung eines anderen Menschen nachzuahmen. Spüren Sie dann nach, wie es sich anfühlt, so dazustehen. Erinnern Sie sich auch der aufgedrängten, erlernten Haltung zum Beispiel eines Soldaten. Versetzen Sie sich in die Situation und in das Gefühl, mit vielen anderen im Gleichschritt zu marschieren. Da bleibt kein Raum für Individualität; alle führen das aus, was einer befiehlt. In dem Wort „Befehl" finde ich die Bedeutung des Wortes „*fehl*" (Fehler) wieder.

Erlauben Sie sich einmal, ganz bewußt zu gehen. Ziehen Sie Ihre Schuhe aus und gehen Sie mit aller Aufmerksamkeit etwa zehn bis fünfzehn Minuten durch den Raum. Achten Sie auf jede kleinste Bewegung in Ihrem Körper, von den Füßen bis zu Muskelbeteiligungen des Rückens zur Gewichtsverlagerung und so weiter. Was sich doch alles für nur einen Schritt bewegt!

Viele naturheilkundliche Therapien beschäftigen sich mit der äußeren und inneren Haltung, so zum Beispiel das Rolfing oder die Feldenkrais-Methode. Auch in der Bioenergetik arbeitet man anhand der Körperhaltungen. Man nimmt die Gefühle und die bei bestimmten Körperhaltungen auftretenden Spannungen an und integriert sie in das ganze Wesen. Wir können in allen Körperteilen von uns, so auch in den Gelenken, alte Muster und Strukturen, Gefühle wie Zorn oder Trauer „verstecken". Es liegt in unserer Entscheidung, ob wir unseren Körper und somit unser ganzes Wesen von vielem befreien; ob wir bereit sind, dieses Erfahrene zu erkennen und auch wieder loszulassen, ob wir offen und beweglich sind, für neue Impulse und Auseinandersetzungen.

Mit Hilfe der willkürlich zu bewegenden Skelett-Muskulatur haben wir die Möglichkeit und die Kraft, uns zu „bewegen". Die unwillkürliche Muskulatur wird von dem autonomen Nervensystem gesteuert und wirkt auf die Eingeweide, wie Magen, Darm und Herz. Durch das Zusammenziehen des Oberarmmuskels kann ich den Unterarm hochheben. Wenn dieser Muskel erschlafft, sinkt der Unterarm wieder herunter. Es gibt eine Vielzahl von Muskeln, von denen jeder nur *eine* spezielle Funktion hat — das ganze Leben lang. Wir können die Muskeln auch trainieren, zum Beispiel durch bestimmte Arbeiten oder durch sogenanntes „Fitness-Training in Krafträumen". Seien Sie aufmerksam, wofür Sie es tun. Was ist Ihr Motiv dabei? Es mag Lebensfreude sein, der Spaß an der Bewegung oder in einem Mannschaftssport das gemeinsame Tun und Ziel. Im „herzhaften Lachen" zum Beispiel fordern wir eine große Anzahl an Muskeln — mit Bauchpresse und allem drum und dran. Also lachen Sie mal wieder, oder haben Sie nichts, worüber Sie lachen könnten?

Bei der Muskelschwäche ist der Lebensantrieb zu hinterfragen. Will man wirklich aktiv am Leben teilhaben oder will man sich durch die Schwäche zurückziehen? Konfrontiert die Muskelschwäche mit der geistigen Beschäftigung?

Muskelkrämpfe geben neben dem aus dem Gleichgewicht geratenen Elektrolythaushalt den Hinweis auf innerliche „Krämpfe", das Leben nicht freud- und liebevoll zu genießen, sondern in allem einen Krampf (einen Kampf) zu sehen. Verkrampft seinen Weg zu gehen schmerzt. Verkrampfungen sind Engstellen, die Lebensenergien fließen nicht, auch Blut und Lymphe zirkulieren in verengten Bahnen. Man versperrt sich.

Heilende Anwendungen für den Halte- und Bewegungsapparat

Edelsteine für den Halte- und Bewegungsapparat
Der Zitrin hilft bei verkrampfter Muskulatur, er stärkt das Vertrauen, sich den Raum zu nehmen, den man braucht und „zu sich zu stehen".
Der *Karneol* verhilft in den rechten Lebensfluß, wenn es Stauungen gibt.
Der *Calcit*, besonders der grüne Calcit, unterstützt das Anschauen und Abbauen von Ablagerungen in Gelenken.
Der *Bergkristall* führt uns in Liebe und Verständnis zu den Hintergründen der körperlichen Symptome.
Der *Rutilquarz* entschärft die Schmerzsituation bei akuten, rheumatischen Schüben oder bei einem Hexenschuß.
Der *Sodalith* beruhigt entflammte Entzündungen in Gelenkbereichen.

Allgemein bringen uns dichte, opake Edelsteine mit den dichten und festen Anteilen in uns in Kontakt.

Farbzuordnung

Bei den Farbzuordnungen gelten die Analogien, die im zweiten Kapitel beschrieben wurden. Bei heißen, akuten Prozessen wählen Sie eine kühlende, blaue oder violette Farbe. Rote, orangefarbene und gelbe Farben wärmen.

Heilungsgespräche

Entscheiden Sie sich bei Problemen im Knochen- und Muskelsystem für eine der genannten Heilungsmeditationen. Harmonisieren Sie die betroffene Körperstelle mit einem entsprechenden Edelstein oder Kristall, führen Sie ein Heilungsgespräch mit dem Wesen eines Gelenkes oder eines Muskels, füllen Sie es mit einer gewünschten Farbe auf. Eine liebevolle Massage mit den feinstofflichen oder den leiblichen Händen bringt soviel Erleichterung, es ist der Genuß des Angenommenseins, so wie man ist.

Heilungsmeditation speziell für die Knochen

– Auswählen eines Edelsteines oder Kristalls
– Einstimmung zur Meditation
   (Kontakt zur inneren Führung, Visualisation der Licht-Hülle zum Schutz und zur Geborgenheit)
– mentale Reinigung des Edelsteins oder Kristalls

Erlaube dir, dich in deiner Liebe und deiner Aufmerksamkeit in deinem Knochengerüst einzufinden. Durchwandere alle deine stabilen, festen Anteile in dir. Lasse dich zu einem Knochen in dir führen, in dem du jetzt ganz besonders viel Härte wahrnimmst. Spüre dich dort ein. Lasse deine Liebe und das Licht deines erwählten Edelsteins dorthin fließen. Spüre auch nach, ob diese Härte gerechtfertigt ist. Wo bist du hart und fest oder unnachgiebig im seelisch-geistigen Bereich? Ist jetzt die Zeit gekommen, daran etwas zu verändern und wenn ja, was? Was genau bedarf der Veränderung?

(einige Minuten Zeit lassen)

Lasse dich nun zu einem Knochenanteil führen, in dem du weich und nachgiebig bist. Fühle dich mit deiner ganzen Liebe und dem Licht deines Edelsteins hier ein. Erkenne, was es im übertragenen Sinne auf der seelisch-geistigen Ebene bedeutet und erkenne den Hintergrund und das Motiv, warum es so war. Hatte es eine Konsequenz für dein Leben? Bist du hier bereit, etwas zu verändern?

(einige Minuten Zeit lassen)

Lasse nun Dankbarkeit und liebendes Verständnis in deine Härte und deine Weichheit fließen. Beide haben ihre Berechtigung. Du hast damals so gut gehandelt, wie du konntest. Durch deine Offenheit und Bereitschaft nach innen zu schauen, stehen dir im Kontakt mit deinem Höheren Selbst neue Wege offen.

Gehe nun mit deiner Aufmerksamkeit zu deinen Gelenken hin – eventuell zu einem schmerzhaften Gelenk. Begrüße diese Körperstelle in Liebe und Dankbarkeit und schaue hin, was du dort wahrnehmen kannst.

(einige Minuten Zeit lassen)

Zum Kniegelenk: Danke deinen Knien, daß sie deine ganze Körperlast tragen. Prüfe in dir, vor wem du zu knien bereit bist, vor wem oder was du auf die Knie gehen möchtest. Was zwingt dich im Leben auf die Knie? Deine Kniegelenke sind die Orte der Demut.

Zum Ellenbogengelenk: Mit Hilfe deines Ellenbogengelenkes streckst du die Arme und Hände zum Geben und Empfangen aus. Was lastet auf deinen Händen, daß deine Ellenbeugen schmerzen? Wie groß ist deine Bereitschaft, anzunehmen und in dich hineinzunehmen?

Zu den Händen: Was schmerzt dich in deinen „Handlungen"? Spüre, was du ab jetzt mit deinen Händen zu geben bereit bist.

Zu den Füßen: Mit deinen Füßen gehst du deinen Weg, viele Stunden stehst und trittst du auf ihnen herum. Schritt für Schritt tragen dich deine Füße, sorgen für den Kontakt mit Mutter Erde. Wie behandelst du deine Füße? Achte auf die Bedürfnisse deiner Füße, zum Beispiel im Schuhkauf. Massiere deine Füße, denn in ihnen findest du Kontakt zu deinem ganzen Körper (Fußreflexzonen).

Danke zum Abschluß deinem ganzen Körper für sein „So-Sein". Danke Gott-Vater und Mutter-Erde für alles, wie es in dir und um dich ist. Danke dem Wesen des dich begleitenden Edelsteins und finde in der dir jetzt angemessenen Zeit wieder in die Außenwelt zurück.

– Ende der Meditation –

Das Organbewußtsein

Das Gewebe des Lebens

Was immer der Erde wiederfährt,
wiederfährt auch den Kindern der Erde.
Der Mensch
hat das Gewebe des Lebens nicht erschaffen,
er ist in ihm lediglich eine Faser.
Was immer er diesem Gewebe antut,
tut er sich selbst an.

Sog. Seattle-Rede

(19)

Sie sind nun mit den einzelnen Organen und Organsystemen vertraut geworden — über den verstandesmäßigen und bewußten Weg des Lesens und über das Einfühlen, das Erspüren in Ihrem eigenen Körper. In diesem Abschnitt will ich Ihnen verdeutlichen, wie wichtig die Abhängigkeiten der Organsysteme untereinander sind. Ein System ist von dem anderen abhängig; zudem gibt es unter den Organsystemen eine Hierarchie, die mir durch die Homöopathie vertraut wurde. Was wäre der Magen, wenn er nicht Regulationen wie Appetit oder Abneigung über das Gehirn erfahren würde. Wer sagt den Muskeln in den Armen und Händen, daß sie nach dem Apfel greifen sollen? Es ist alles ganz eng miteinander verwoben.

Die folgende Aufstellung zeigt die Rangfolge der Körpersysteme auf und nennt in der Reihenfolge innerhalb des Systems das wichtigste Organ:

1. Das Nervensystem mit dem Stamm-, Groß- und Kleinhirn, darauf

folgt das Rückenmark, dann die Nervengeflechte, dann die Sinnesorgane.

2. Das Kreislaufsystem mit dem Herz, darauf folgen die arteriellen und venösen Blutgefäße, das Blut und die Lymphbahnen, Lymphknoten und die Lymphe selbst.

3. Das Hormonsystem mit Zirbeldrüse, Hypophyse, Schilddrüse und Nebenschilddrüsen, die hormonproduzierenden Teile der Bauchspeicheldrüse sowie Eierstöcke oder Hoden.

4. Das Verdauungssystem mit der Leber, Gallenblase, Bauchspeicheldrüse, dem gesamten Verdauungskanal (vom Mund bis zum After) und seinen begleitenden Drüsen.

5. Das Atmungssystem mit den Lungen, den Bronchien, der Luftröhre und dem Nasen-Rachenraum.

6. Das Ausscheidungssystem mit den Nieren, den Harnleitern und der Blase.

7. Das Fortpflanzungssystem mit Eierstöcken und Gebärmutter bei der Frau, bzw. Hoden und Prostata beim Mann.

8. Das Knochensystem mit den verschiedenen Knochen, Gelenken und Bändern.

9. Das Muskelsystem mit der glatten (unwillkürlichen) und gestreiften (willkürlichen) Muskulatur.

10. Das Hautsystem umfaßt die Haut mit ihren Anhangsgebilden wie Drüsen, Haaren und Nägeln.

Die einzelnen Organe und Organsysteme sind über Meridiane, das sind feinstoffliche Energiebahnen, miteinander verbunden. Es gibt zwölf Meridiane, die die Organe mit Energie versorgen, so wie Flüsse durch das Land ziehen und es mit lebensnotwendigem Wasser beleben. Die chinesische Medizin hat schon zweihundert Jahre vor unserer Zeitrechnung diese Meridiane und die auf ihr liegenden Akupunkturpunkte genauestens beschrieben. Sie wußten auch bis ins Detail Bescheid über die Beziehungen der Meridiane zueinander und damit über die Beziehungen der Organe untereinander.

Die chinesische Organuhr

Die chinesische Organuhr zeigt auf, daß in vierundzwanzig Stunden nacheinander die zwölf Meridiane für *je zwei Stunden intensiver als sonst* von der Lebensenergie durchflutet werden. Diese zwei Stunden sind die sogenannte Maximalzeit oder Hauptarbeitszeit des Meridians, was nicht bedeutet, das der Meridian danach keine Energie mehr hat, beziehungsweise das Organ in der restlichen Zeit nicht arbeitet. Wenn wir in unserem Tagesablauf zur *gleichen* Stunde immer wieder Beschwerden oder Schmerzen verspüren, beziehungsweise immer zur gleichen Zeit nachts aufwachen oder ähnliches, dann können wir anhand der chinesischen Organuhr ablesen, welches Organ (welcher Meridian) zu dieser Zeit seine Hauptarbeitszeit hat.

Die chinesische Organuhr lautet wie folgt:
(Sommerzeitverschiebungen müssen umgerechnet werden)

11 − 13 Uhr: Herz
13 − 15 Uhr: Dünndarm
15 − 17 Uhr: Blase
17 − 19 Uhr: Niere
19 − 21 Uhr: Kreislauf/Sexus
21 − 23 Uhr: 3-fach-Erwärmer
23 − 1 Uhr: Gallenblase
1 − 3 Uhr: Leber
3 − 5 Uhr: Lunge
5 − 7 Uhr: Dickdarm
7 − 9 Uhr: Magen
9 − 11 Uhr: Milz/Bauchspeicheldrüse.

Erläuterung zum 3-fach-Erwärmer: er ist verantwortlich für den Zustand der Arterien und Venen, außerdem reguliert er die Atmung, den Kreislauf, die Nahrungsaufnahme und die Verdauung, das Ausscheidungssystem der Nieren und die sexuelle Kraft.

Die Lebensenergie fließt von einem Meridian zum nächsten, dabei bezeichnet man das Organ, von dem die Energie kommt, als „Mutter" und das darauffolgende Organ als „Sohn". Wenn also um drei Uhr nachts die Energie von der Mutter zum Sohn weitergegeben wird, fließt sie von der Leber zur Lunge. Verbraucht die Leber als Mutter aber sehr viel Energie wegen erhöhter Entgiftungsarbeit, kann man sich ausmalen, daß die Lunge als Sohn schon weniger Energie bekommt als vorhergesehen. Solche Zusammenhänge sind sehr wichtig zu beachten. Es ist demnach doch immer der *ganze* Mensch krank oder im Ungleichgewicht; wenn *ein* Organ überlastet oder krank ist, betrifft es auch andere, sich anschließende Systeme.

Es folgt nun eine Anleitung für eine Heilungsmeditation, die die Selbstheilungskräfte mobilisieren wird. Wir kennen Selbstheilungskräfte in der inneren Sonne, im Solarplexus, die wir durch unsere Aufmerksamkeit beleben und im Körper zu bestimmten Organen lenken können. Eine weitere Möglichkeit ist es, den „inneren Arzt" (innere Ärztin) oder den „inneren Heiler" (innere Heilerin) zu erwecken, der in unseren Herzen wohnt und ihn zu bitten, in uns „etwas zu reparieren" oder uns auf etwas hinzuweisen. Wir können auch mit ihm gemeinsam „an die Arbeit gehen".

Heilmeditation

Eine Reise des inneren Heilers durch den Körper
– Auswählen eines Rutilquarzes oder Bergkristalls
– Einstimmung zur Meditation
  (Kontakt zur inneren Führung und Visualisation der Licht-Hülle zum Schutz und zur Geborgenheit)
– Reinigen und Aufladen des Edelsteins.

Behalte deinen lichtvollen Edelstein in deiner Hand, so daß er sein Licht in deiner ganzen Aura verteilen, sich mit deinem ausstrahlenden Licht verbinden kann.

Gehe dann mit deiner Aufmerksamkeit zu deinem Herzen hin und erschaue dein Herz als eine unendliche Quelle in dir, die übersprudelt vor Wärme, Licht und Liebe für dich. Erlaube diesen Strahlen, sich in deinem ganzen Körper zu verteilen, sich auszudehnen. Jedes Organ, jede Zelle und jeder Zellkern bekommt so viel Licht und Liebe, wie er jetzt braucht.

(einige Minuten Zeit lassen)

Erlaube nun deinem inneren Heiler (oder deiner innerern Heilerin), der (die) in deinem Herzen wohnt, Gestalt anzunehmen. Begrüße ihn (sie) in liebevoller Freundlichkeit und bitte ihn (sie), dich auf deiner Reise durch deinen Körper zu begleiten.

So geht denn gemeinsam durch deinen Körper, umgeben von dem harmonisierenden Licht deines Edelsteines.

Findet euch zuerst an deinen Atmungsorganen ein. Erlebe ganz bewußt dein Ein- und Ausatmen. Spüre, wie sich dein Brustkorb hebt und senkt — wie beim Einatmen "mehr" als nur frische Luft in dich einzieht (Inspiration = Spirit = Geist) — und wie du beim Ausatmen immer wieder die Chance hast, "mehr" als nur verbrauchte Luft abzugeben. Durch die Atmung bist du mit dem Außen verbunden, ein rhythmischer Austausch Tag und Nacht.

Beobachte deinen inneren Heiler, was er dort beachtet oder ausführt, was er dir zeigt.

Gehe danach zu deinem Herzen hin. Spüre deinen Herzschlag. Dein Herz schlägt ruhig und regelmäßig und mit der Kraft, die du jetzt gerade brauchst. Es schlägt in einem geführten Takt, in deinem dir ganz eigenen Rhythmus. Es arbeitet genau so lange, wie es sich ausruht. Beobachte in Liebe und Dankbarkeit diesen Takt.

Achte darauf, was dein innerer Heiler dort tut, auf was er dich hinweist, was du eventuell noch nicht wahrgenommen hast.

Mit jedem Herzschlag wird das Blut, dein Lebenssaft, in den Kreislauf gepumpt. Ein dichtes Netz aus Adern und Venen durchzieht deinen ganzen Körper, damit alles in dir versorgt und entsorgt wird.

Spüre diese Kraft in deinem Lebensfluß und die Flexibilität und den Widerstand der Gefäßwände. Höre zu, was dir dein Begleiter dazu zu sagen hat.

Die Blutgefäße werden von Lymphbahnen begleitet. Deine Lymphe säubert, reinigt und schützt dich vor so vielem. Lasse Liebe und Dankbarkeit mitfließen und achte wieder auf deinen inneren Heiler, was er mit deinen inneren Wächtern bespricht.

Gehe dann weiter zu deinen Verdauungsorganen. Beginne im Mund. Hier wird alles zerkleinert, was du zu dir nimmst. Deine Kehle schluckt, was du schlucken willst. Deine Speiseröhre leitet es weiter zum Magen, der das Aufgenommene (Nahrung, Gefühle, Nachrichten) aufbewahrt, mit Magensaft durchmischt und in kleinen Portionen an den Dünndarm weitergibt, wo es aufgespalten und in das Blut aufgenommen wird. Im Dickdarm wird das noch Brauchbare, zum Beispiel Wasser, rückresorbiert und die dort gebildeten Vitamine aufgenommen. Der Rest wird aufbewahrt, bis du das Unverdauliche durch den Enddarm abgibst. Spüre, wie sich in deiner Fürsorge und in deinem Licht alles wohlig entspannt. Nimm dankbar an, auf was dich dein innerer Heiler noch aufmerksam macht.

Die Bauchspeicheldrüse im linken Oberbauch gibt ihre wichtigen Säfte zur Verdauung dazu. Spüre sie, sie liegt hinter dem Magen, fast versteckt, und es tut ihr so gut, mit Liebe beschenkt zu werden. So ist sie auch dir behilflich, Zärtlichkeit und Liebe anzunehmen, die dir geschenkt wird. Was tut dein Heiler dort?

Spüre nun deine Leber im rechten Oberbauch. Sie erkennt für dich, was gut oder giftig ist, sorgt für deine Wärme (Energiebildung) und baut dich immer wieder auf (Eiweißbildung). Erschaue sie von deinem Licht umgeben, schenke ihr Dankbarkeit und beobachte deinen inneren Heiler.

Gehe dann weiter zu deinen Nieren. Durch sie fließt sehr viel Blut, damit sie für dich Unbrauchbares und Belastendes herausfiltern und als Urin über die Blase nach außen abgeben. Schaue hin, was du und dein innerer Heiler dort vorfindest und was es dort zu tun gibt.

Begrüße nun als nächstes deine Geschlechtsorgane, die Organe in deinem Bauchraum, die dir ermöglichen, Frau oder Mann zu sein, durch deren Dasein dir eine Form von Kreativität geschenkt wird. Lasse dort deine Liebe und dein Licht leuchten und höre zu, was dein innerer Heiler dir hier mitzuteilen hat.

Fühle dich dann in deine Knochen und Muskeln ein. Dank der Festigkeit deiner Knochen und Wirbelsäule bekommst du Stabilität, dank deiner Gelenke, Bänder und Muskeln Beweglichkeit und Kraft. Spüre deine Arme und erkenne sie umarmt von deiner Liebe. Erschaue deine Hände im Licht, mit ihnen gibst und nimmst du. Mit Hilfe deiner Beine und Füße gehst du deinen Weg und vertrittst deinen Standpunkt.

Auf was macht dich dort dein innerer Heiler aufmerksam?

Arme, Beine und dein ganzer Körper sind durchzogen von Nerven. Begleite mit Licht und Liebe diese Bahnen, die alle, zum Teil durch das Rückenmark, zum Teil direkt, zu deinem Gehirn ziehen. Dein Gehirn ist deine Steuerungszentrale, von hier aus werden alle Informationen von außen und von innen mit Hilfe des Nerven- und Hormonsystems verarbeitet und gegebenenfalls reguliert. Die Zirbeldrüse, eine winzige Drüse in deinem Gehirn, empfängt Schwingungen deines Höheren Selbst, stellt die Verbindung zu deiner Seele dar und übermittelt dir wichtige Botschaften. Erkenne diese feinstoffliche, hohe Arbeit an, verschenke dort deine Dankbarkeit und achte darauf, was dein innerer Heiler noch hinzufügen kann.

Dein Kopf ist Sitz der meisten Wahrnehmungsorgane, deiner Sinnesorgane. Danke liebevoll deinen Augen für das, was sie für dich sehen, deinen Ohren für das, was sie für dich hören, deiner Nase für alles, was sie für dich riecht, deiner Zunge für das, was sie für dich schmeckt und auch deiner Haut überall auf deinem Körper für alles, was sie für dich aufnimmt, was in Kontakt und Berührung mit dir ist. Spüre nach, ob du dich in deiner Haut wohl fühlst und streiche voller Zartheit und Sanftheit über deine Haut. Beobachte wieder deinen Begleiter, was er für deine Haut tun kann.

Schaue nun zum Abschluß voller Liebe und Dankbarkeit auf deinen ganzen Körper — als eine Ganzheit. Alle Organe sind wichtige Bausteine eines Ganzen. Ein Organsystem ist abhängig vom anderen, deine Liebe und dein Licht fördern ein harmonisches Zusammenwirken der einzelnen Systeme. Dein Körper ist Hülle und materieller Ausdruck deiner Seele. Sei sensibel für deine körperlichen Signale, damit dein körperliches Wohlbefinden dein seelisches Befinden fördert.

Begleite deinen inneren Heiler nun wieder zum Herzen zurück, danke ihm für seine Hinweise und für sein Tun. Verabschiede dich herzlich von ihm und sei dir gewiß, daß du ihn, wann immer du ihn brauchst, rufen und ihn um seine Mithilfe bitten darfst.

Danke auch dem Wesen deines Edelsteines für sein sich Verschenken, danke Gott-Vater und Mutter-Erde für alles, wie es in dir und um dich ist.

Bewege dich sanft in deinem Körper, recke oder strecke dich und komme in deinem, für dich angemessenen Tempo wieder in die Außenwelt zurück.

– Ende der Meditation –

Zusammenstellung von Heilungsgesprächen und Heilungsmeditationen

- Auswahl eines Edelsteins oder Kristalls
- individuelle Einstimmung zur Meditation
  (Kontakt zur inneren Führung, Visualisation der Licht-Hülle zum Schutz und zur Geborgenheit)
- mentales Reinigen und Aufladen des Edelsteins

1. Harmonisierung des Organs oder der Körperregion mit der Energie des Edelsteins oder Kristalls
   Lege oder halte den Edelstein direkt auf das Organ oder über die Körperstelle. Stelle dir vor, wie das Licht des Edelsteins in deine Aura hineinstrahlt. Öffne die Türen nach innen, damit das Licht auch in das Organ hineinwirken kann. Bleibe mit deiner ganzen Aufmerksamkeit und Liebe dabei. Achte darauf, welche Seelenbilder in dir aufsteigen und nimm sie dankbar an. Danke dem Wesen deines Edelsteines oder Kristalls.
   – Individueller Abschluß der Meditation –

2. Heilungsgespräch mit dem Wesen eines Organs
   Begrüße dein Organ mit deiner Liebe und bitte es, eine Gestalt anzunehmen, die mit dir in Kontakt treten kann. Höre gut zu, was dir das Wesen deines Organs zu erzählen hat. Frage es zum Abschluß, was du Heilendes oder Unterstützendes dazu beitragen kannst, damit es gesund bleibt oder heiler wird. Danke ihm und lasse es in seine ursprüngliche Form des Organs zurück.
   – Individueller Abschluß der Meditation –

3. Kontakt zum höheren Selbst und Empfangen einer Heilungsbotschaft

Sende von deinem Herzen aus einen liebevollen Lichtstrahl über dein Bewußtsein hinaus zu deinem Höheren Selbst. Sei bereit für den Kontakt mit deiner seelischen Führung. Bitte um eine Botschaft (ein Wort, einen Satz, ein Symbol oder eine Farbe), die dein Organ heilt und stärkt. Sei dann bereit, sie in dich einströmen zu lassen, damit jeder Teil deines Körpers und jede Zelle davon erfährt. Danke deinem Höheren Selbst.

– Individueller Abschluß der Meditation –

4. Heilungs- oder Reinigungsritual mit hohen Lichtwesen oder Engeln

Bitte den Engel der Heilung (der Reinigung oder welcher Name in dir erscheint) aus der geistigen Welt zu dir und deinem Organ und sei liebevoller Beobachter, was geschieht, wo und wie dich dein Engel berührt. Danke dem hohen Lichtwesen für sein Erscheinen und seinen Dienst in dir.

– Individueller Abschluß der Meditation –

5. Heilung durch die Liebe deines Herzens

Wende dich deinem Herzen zu, das in dir die Quelle aller Liebe und allen Lichtes ist. Diese Quelle ist unerschöpflich durch die göttliche Flamme in dir. Lasse den Licht- und Liebesstrom deines Herzens nun ganz besonders zu dem Organ oder der betroffenen Körperregion fließen. Erschaue es durchströmt und umgeben von deiner Herzensliebe. Fülle es auf mit deiner Liebe, soviel es jetzt davon braucht. Dein Verständnis und deine Liebe in dir, sind wahre Heiler. Danke deiner unendlichen Quelle in dir.

– Individueller Abschluß der Meditation –

6. Behandlung durch deinen inneren Heiler

Gehe mit deiner Aufmerksamkeit in dein lichtvolles Herz und belebe deine Selbstheilungskräfte. Bitte deinen dir ganz eigenen in-

neren Heiler (oder die innere Heilerin), dir zu erscheinen. Begrüße
ihn „herzlich" und bitte ihn, mit dir gemeinsam zu dem schmerzen-
den oder erkrankten Organ zu gehen und beachte dort, was er, als
dein Heiler in dir, dort tut oder auf was er dich hinweist.

Begleite ihn nach getaner Arbeit wieder in dein Herz zurück
und danke ihm.

– Individueller Abschluß der Meditation –

7. Behandlung mit deinen feinstofflichen Händen

Erschaue in deiner Vorstellung deine feinstofflichen, geistigen
Hände. Werde ihrer ganz bewußt und streiche nun sanft über das
Organ oder die Körperregion oder nimm es voller Achtsamkeit
und liebevoller Fürsorge in deine Hände. Halte es, als hättest du
dein Wertvollstes oder auch Verwundbarstes in deinen Händen.
Eventuell erhältst du den Impuls, es sanft zu massieren oder es ir-
gendwie sonst zu behandeln. Zum Abschluß lege das Organ wie-
der sanft in seine ursprüngliche Lage zurück. Betrachte es als ganz
eingegliedert in das entsprechende Organsystem und streichle in
aller Zartheit darüber.

– Individueller Abschluß der Meditation –

8. Heilung durch Farbe

Finde dich mit deiner Liebe an dem Organ oder der Körperregion
ein und frage das Organ, welche Farbe es jetzt braucht. Vertraue
dem ersten Impuls, der sich in dir zeigt, ohne zu hinterfragen,
warum es gerade diese Farbe sein soll. Wenn du die Farbe weißt,
bitte über dein Höheres Selbst um diese gewünschte Farbe, lasse sie
über dein siebtes Kronenchakra in dich einstrahlen und lenke sie
dorthin, wo sie gebraucht wird. Erschaue dein Organ oder die Kör-
perregion durchströmt und umgeben von der gewünschten Farbe.
Dein Organ wird dir ein Zeichen geben, wann es aufgefüllt ist.

Erinnere dich des abschließenden Dankens.

– Individueller Abschluß der Meditation –

9. Harmonisierung durch eine Kristallmassage

Mit einer kleineren Kristallkugel (Durchmesser circa zwei bis drei Zentimeter) oder auch mit einer naturbelassenen Bergkristallspitze lassen sich sehr wertvolle Massagen auf den Hautreflexzonen im Gesicht (der geistige Aspekt), in den Händen (der seelische Aspekt) oder auch an den Fußsohlen (der körperliche Aspekt) ausführen. Lasse dich dabei führen, wie lange und wie fest du auf der Hautstelle bleiben sollst oder zu welchen Bewegungen du geführt wirst.

Danke zum Abschluß dem Wesen des Kristalls.

– Individueller Abschluß –

Quellennachweis

(1) Walter Vogt, Löschblatt Meditationen, Selbstverlag Walter Vogt, Kohlhütte, Kirchheimbolanden 1984,

(2) Georgos Vithoulkas, Die wissenschaftliche Homöopathie, Burgdorf-Verlag, Göttingen 1987, Seite 8

(3) ebenda, Seite 47

(4) ebenda, Seite 67

(5) Mechthild Scheffer, Bach-Blütentherapie, Irisiana-Verlag, München 1985, Seite 10

(6) Silvia Wallimann, Engelgebete, Verlag Hermann Bauer, Freiburg 1990, Seite 65

(7) Dr. E. Bordeaux-Székely, Das Friedensevangelium der Essener, Buch 1, Verlag Bruno Martin, Südergellersen 1988, Seite 49

(8) Löschblatt Meditationen s.o.

(9) Engelskarten, Transart München, aus dem Buch von Gitta Mallasz, Die Antwort der Engel, Daimon-Verlag, München 1984,

(10) Wolfgang Poeplau, In die Mitte der Welt führt deine Spur, Christophorus-Verlag, Freiburg 1984, Seite 10

(11) Löschblatt Meditationen s.o.

(12) Löschblatt Meditationen s.o.

(13) Löschblatt Meditationen s.o.

(14) Engelskarten s.o.

(15) Löschblatt Meditationen s.o.

(16) Löschblatt Meditationen s.o.

(17) Löschblatt Meditationen s.o.

(18) Engelskarten s.o.

(19) Rudolf und Michaele Kaiser, Sonnenfänger, indianische Botschaften, F. Coppenrath-Verlag, Münster 1984, Seite 46

Literaturliste

Omraam Mikhael Aivanhov, Liebe und Sexualität, Prosveta Verlag, Frejus, Frankreich 1987

Bodo Baginski/Shalila Sharamon, Kosmobiologische Geburtenkontrolle, Windpferd-Verlag, Durach 1988

Barbara Ann Brennan, Licht-Arbeit, Goldmann Esoterik, München 1989

Otto Buchinger, Heilfastenkur, Bruno-Wilkens-Verlag, Bad Beversen

Rüdiger Dahlke, Der Mensch und die Welt sind eins, Kalaish-Buch, Hugendubel, München 1987
ders.) Bewußt fasten, Urania-Verlag, München 1987

Chris Griscom, Heilung der Gefühle – Angst ist eine Lüge
Goldmann-Verlag, München 1988

Ernst Issberner-Haldane, Die medizinische Hand- und Nagel-Diagnostik, Verlag Hermann Bauer, Freiburg 1984

Ursula Klinger-Raatz, Die Geheimnisse edler Steine (1986), Engel und Edelsteine (1988), REIKI mit Edelsteinen (1990), Windpferd-Verlag, Durach

Elisabeth Kübler-Ross, AIDS – Herausforderung zur Menschlichkeit, Kreuz-Verlag, Stuttgart 1988

Hellmut Lützner, Wie neugeboren durch Fasten, Gräfe und Unzer-Verlag, München 1988

Klaus Mögling, Sanfte Massagen, Goldmann Taschenbuchverlag, München 1988

Lennart Nillson, Eine Reise ins Innere des Körpers, Verlag Rasch und Röhring, Zürich 1987

Wally und Jenny Richardson, Die geistigen Heilkräfte der Edelsteine, Aquamarin-Verlag, Grafing 1989

Hubert Scharl, Die Organsprache, T. Marczell-Verlag, München 1976

Shuttle/Redgrove, Die weise Wunde Menstruation
Fischer-Taschenbuchverlag, Frankfurt 1982

Ralph Tegtmeier, Musikführer für die Reise nach Innen, Der heilende Regenbogen, Edition Schangrila, Durach 1985

Kurt Tepperwein, Die Botschaft deines Körpers, Carval-Verlag, Triesen 1984

Melli Uyldert, Verborgene Kräfte der Edelsteine, Hugendubel-Verlag, München 1983

Vicky Wall, The Miracle of colour-healing, Auro-Soma Therapy, The Aquarian Press, Wellingborough England 1990

Das große White Eagle-Heilungsbuch, Aquamarin Verlag, Grafing 1985

Anneliese Wittig, Die chinesische Organuhr, T. Marczell-Verlag, München 1987

Index